ARMANDO B. FERRARI

Blucher

ARMANDO B. FERRARI

Textos teóricos e seminários clínicos

Organizadores
Paolo Carignani
Fausta Romano

Tradução e colaboração
Stefania Buonamassa

Armando B. Ferrari: textos teóricos e seminários clínicos
Título original: *Armando B. Ferrari - Il pensiero e le opere*

Publisher Edgard Blücher
Editor Eduardo Blücher
Coordenador editorial Rafael Fulanetti
Coordenação de produção Andressa Lira
Produção editorial Kedma Marques
Preparação de texto Bárbara Waida
Diagramação Thaís Pereira
Revisão de texto Helena Simões Miranda
Capa Laércio Flenic
Imagem da capa Sylvia Buonamassa, Graphic Designer.
Imagem quarta capa Motivos abstratos de Armando B. Ferrari, Sítio Burle Marx, Rio de Janeiro, Brasil.

Blucher

Rua Pedroso Alvarenga, 1245, 4º andar
04531-934 – São Paulo – SP – Brasil
Tel.: 55 11 3078-5366
contato@blucher.com.br
www.blucher.com.br

Segundo o Novo Acordo Ortográfico, conforme 6. ed. do *Vocabulário Ortográfico da Língua Portuguesa*, Academia Brasileira de Letras, julho de 2021.

Dados Internacionais de Catalogação na Publicação (CIP)
Angélica Ilacqua CRB-8/7057

Armando B. Ferrari : textos teóricos e seminários clínicos / organizado por Paolo Carignani, Fausta Romano ; tradução de Stefania Buonamassa. - São Paulo: Blucher, 2024 .

400 p.
ISBN 978-85-212-2340-5

1. Psicanálise 2. Ferrari, Armando B. I. Carignani, Paolo II. Romano, Fausta III. Buonamassa, Stefania

24-2071 CDD 150.195

Índice para catálogo sistemático:
1. Psicanálise

Os curadores desejam agradecer a dona Barbara Levi Ferrari a generosidade e o afeto com os quais promoveu e facilitou a publicação deste livro.

Conteúdo

Sobre o autor

Armando B. Ferrari, filho de pais italianos, nasceu no Canadá em 1922, mas muito cedo, ainda criança, mudou-se com a família para a Itália, perto da cidade de Pavia, na região noroeste do país. Quando adolescente, juntou-se a grupos anarquistas e participou, desde muito jovem, da atividade antifascista. Em 1941, com 19 anos de idade, foi preso pela polícia em Milão durante uma panfletagem clandestina e, após um período detido na delegacia central da cidade, foi transferido para o presídio de San Vittore, onde sofreu tortura por longo tempo. Em 1942, o Tribunal Fascista condenou-o a quinze anos por associação clandestina e instigação à insurreição (acrescidos de quatro meses por ter cantado "La Marseillaise" no fim do processo). A pena restritiva de liberdade deveria ter transcorrido no presídio de Castelfranco Emilia, mas um ano depois conseguiu fugir e se juntou à Resistência Italiana. Tornou-se Comissário Político da Brigada Piave e participou da construção da República do Vale dell'Ossola.[1]

---

1 A República do Vale dell'Ossola foi uma república *partigiana*, isto é, fundada pelas forças de resistência não regulares italianas, instituída no norte do país em 10 de setembro de 1944 e reconquistada pelos fascistas em 23 de outubro do mesmo ano. Diversamente das demais iniciativas similares, a República dell'Ossola conseguiu,

Depois da guerra, trabalhou como jornalista para a edição milanesa de *Italia Libera*,[2] à época sob a direção de Leo Valiani;[3] publicou em 1946 o livro *Che cos'è l'anarchia?* (O que é a anarquia?), sobre a história do pensamento anárquico; e, em 1947, partiu para a América Latina como correspondente por conta de alguns jornais. Depois de ter enviado reportagens de vários países da América Central e da América do Sul, chegou ao Brasil, onde resolveu fixar residência, e continuou seu trabalho de jornalista, escrevendo para a *Folha de S.Paulo* e para *O Estado de S. Paulo* com o pseudônimo de Daniele Vampa. Formou-se em Sociologia, com interesse preponderante na Antropologia, e lecionou Sociologia na Universidade de São Paulo (USP) enquanto, aos poucos, se aproximava da psicanálise. Todavia, por dois anos (estamos no final dos anos 1950), realizaria várias missões de pesquisa antropológica no Alto Xingu, ocasião na qual estudaria especialmente os rituais de morte dos Kamayurá, dos Yawalapiti e dos Waurá, de idioma tupi-guarani. E ainda os Bororo, os Nambikwara e os Botocudos, que já haviam recebido, quinze anos antes, a visita de Claude Lévi-Strauss.

Casou com Barbara Levi, filha do amigo Rino Levi, o mais importante arquiteto de São Paulo, e da união nasceram três filhas. Qualificou-se como analista junto à Sociedade Brasileira de Psicanálise de São Paulo (SBPSP), da qual se tornaria rapidamente membro didata, e assim tornou-se membro pleno da Associação Psicanalítica Internacional (IPA). Os primeiros trabalhos científicos – publicados em italiano pela primeira vez na obra *Armando B. Ferrari: Il pensiero e le opere* (2022) – trazem evidentes os sinais de sua formação antropológica e,

---

em pouco mais de um mês de existência, enfrentar não apenas as condições impostas pelo estado de guerra, mas também elaborar uma organização articulada, com a instituição da Junta Provisória de Governo. Durante os, embora breves, 40 dias de liberdades, foram redigidas reformas de orientação democrática, que sucessivamente serviriam de inspiração para a redação da Carta Constitucional italiana.

2 Jornal oficial do Partido de Ação, cuja primeira edição foi publicada e distribuída em Milão em 1943.

3 Jornalista, antifascista, político e historiador italiano (1909-1999).

sobretudo, de sua experiência em campo. Em termos psicanalíticos, sua formação será primeiro freudiana, depois kleiniana e finalmente bioniana, por meio das análises pessoais e do ensinamento de vários analistas retornados ao Brasil da Europa. No período entre 1973 e 1978, Ferrari participou intensamente dos seminários e das conferências que Bion manteve no Brasil, durante quatro viagens distintas.

Na segunda metade dos anos 1970 – quando o país estava sob o controle de uma junta militar e depois de trinta anos de permanência na América do Sul –, Ferrari retornou definitivamente à Itália, para trabalhar com o filósofo Emilio Garroni sobre o tema da Relação Analítica. Entrou na Sociedade Psicanalítica Italiana, decidindo, porém, não atuar em nível didático e institucional. Nessa época começa sua principal produção científica, que culminaria em 1992 com a publicação do livro *O eclipse do corpo: uma hipótese psicanalítica*. Este ensaio reúne as principais hipóteses de Ferrari acerca do papel da relação corpo-mente na formação do aparato psíquico, propondo mudanças significativas na teoria e na clínica psicanalíticas. A obra introduz um conceito central de seu pensamento teórico, o Objeto Originário Concreto, que altera, em sua essência, a teoria das "relações objetais", atribuindo ao corpo o papel de primeiro objeto – *concreto* (isto é, não simbólico) e *originário* (isto é, não introjetado) – com o qual a mente *in statu nascendi* entra em relação, tornando-se, assim, matriz de todas as relações de objeto sucessivas.

Como consequência dessa mudança de perspectiva, sucessivamente proporia uma visão diferente do trabalho com os adolescentes em *Adolescência: o segundo desafio*, de 1994, e uma revisão de conceitos centrais do pensamento psicanalítico, como os de "ego", "complexo edípico" e "identidade de gênero" (temas sobre os quais a psicanálise ainda estava agarrada à visão freudiana) em *A aurora do pensamento*, de 1998, conferindo a esses conceitos uma dimensão menos cristalizada e *mais dinâmica*.

No decorrer dos anos 1980 e 1990, além de uma intensa atividade clínica, dedicou-se ao ensinamento e às supervisões em pequenos e grandes grupos de psicanalistas e psicoterapeutas de formação distinta, criando sucessivamente uma conexão entre seus alunos italianos e brasileiros e organizando a cada dois anos uma série de Encontros ítalo-brasileiros de psicanálise.

Em 2002, a IPA concedeu a Ferrari a qualificação de psicanalista de crianças e adolescentes. Em 2005 publicou o que seria seu último livro, *Vida e tempo*, no qual retoma vários temas clínicos e antropológicos, como o mito, o tempo na relação analítica, o trabalho com crianças e com os doentes terminais. Em 2005, fundou o Istituto Psicoanalitico di Formazione e Ricerca, que ganhou seu nome após sua morte, ocorrida poucos meses depois.

Prefácio

Ana Maria Stucchi Vannucchi

Escrever o prefácio deste livro do nosso querido Ferrari me enche de alegria e satisfação, mas ao mesmo tempo se configura como uma grande responsabilidade! Ferrari esteve entre nós por muitos anos e aqui deixou uma herança psicanalítica importante, tendo analisado vários de nossos renomados e conhecidos analistas, como Ana Maria Azevedo, Myrna Pia Favilli, Fabio Hermann, Marisa Mélega, entre outros. O que salta à vista para um observador atento é que seu espírito livre, além de uma postura anarquista e antifascista do ponto de vista político, abriu possibilidades de uma profunda originalidade para cada um de seus analisandos – que evidentemente a conquistaram também –, não configurando um grupo fechado, com ideias dogmáticas.

Penso que esse aspecto seja muito importante para um analista, porque reflete respeito e consideração pela alteridade, tema muito falado, mas, do meu ponto de vista, muito pouco presente verdadeiramente nas relações entre os seres humanos, mesmo entre analistas. O trabalho psíquico envolvido na travessia entre o princípio de prazer-dor e o princípio de realidade (no qual se configura uma possível alteridade) supõem uma análise profunda da mente primitiva de todos nós, sempre apta a criar um mundo próprio e englobar o outro em seu espaço de crenças e certezas.

Ferrari nasceu em Montreal, mas logo a família mudou-se para perto de Bergamo, onde seu pai geria o restaurante do aeroporto. Teve uma infância solitária, mas cheia de aventuras, entre as quais "fazer peso" nos aviões movidos a hélices e construir um moto-perpétuo, atividades que mais tarde, em sua entrevista a Luigi Santucci, ele associaria com angústias edípicas e desejo de afrontar a morte, sempre presente nos encontros com os jovens pilotos que aprendiam ali o novo ofício. Vê-se que o futuro psicanalista estava já vivo em sua personalidade de menino, em sua capacidade de aventurar-se pelo desconhecido.

Depois encontramos o adolescente que se apaixona pelo anarquismo – primeiramente pelas leituras, depois pela ação – e, com um grupo de amigos, escreve e distribui textos antifascistas pelas ruas de Milão, acabando preso pelo regime de Mussolini. Em seguida vive sua atividade na Resistência Italiana, período durante o qual se envolve em dura luta e novas prisões. Ao fim da Segunda Guerra, é convidado a ser correspondente do jornal *Italia Libera* na América Latina, ocasião em que teve a oportunidade de conhecer muitos países, apaixonando-se pelo Brasil e aqui decidindo ficar: sua "pátria de coração", como ele dizia. Amava a música brasileira, especialmente o samba, e tinha profundo interesse pelas culturas africana e indígena, que aqui se manifestam sincreticamente.

Mais tarde, no início dos anos 2000, Ferrari organizou vários encontros ítalo-brasileiros em que os dois grupos trabalhavam intensamente, trocando pontos comuns e divergências. Participei de todos eles com muita satisfação, e hoje tenho a impressão de que Ferrari buscava, com esses encontros, integrar Itália e Brasil: seus dois amores, ou, como diz Carignani no prefacio à edição italiana, suas duas almas.

No Brasil, retomou estudos acadêmicos, diplomando-se em Sociologia pela Universidade de São Paulo (USP). Em seguida fez inúmeros trabalhos de pesquisa antropológica com as tribos indígenas do Mato Grosso e do Alto Xingu, investigando seus rituais de morte e problematizando a questão da destrutividade e da pulsão de morte e suas relações com a frustração. A partir daí, o salto para a psicanálise estava dado, no meu entender, pois Ferrari teve a oportunidade de ampliar e aprofundar sua visão da subjetividade humana e de suas relações com o meio social, levando sempre em conta o corpo e sua relação com a realidade psíquica, ou mente, como ele chamava. Assim, fez sua formação na Sociedade Brasileira de Psicanálise de São Paulo (SBPSP), onde chegou a analista didata, percorrendo um caminho teórico de Freud a Klein e aproximando-se muito de Bion, mas mantendo sua originalidade e seu pensamento próprio. Analisou-se com Henrique Julio Schlomann, Virginia Leone Bicudo e Frank Philips.

Publicou vários artigos preparatórios, durante muitos anos, para poder lançar em 1995 sua tese fundamental, que nomeou de uma forma poética: *O eclipse do corpo*. Nela, Ferrari explicita seu pensamento essencial, afirmando que a mente nasce para conter os impulsos provenientes do corpo e dar-lhe significação. No entanto, deixa claro que essa representação nunca é total, aproximando-se aqui das atuais ideias sobre a mente primordial (Bion, 1976, 1977), ainda não nascida e ancorada no corpo. Diferencia-se aqui de Klein, pois propõe que o primeiro objeto da mente seja o corpo, e não o seio ou a mãe, trazendo relações novas entre o objeto originário concreto (OOC) e o mundo externo que configuram as nascentes funções psíquicas. Cunhou ainda os termos *uno* e *bino*, expressando o uno a verticalidade, a relação corpo/mente, e bino a horizontalidade, a relação com os outros significativos. Do encontro entre essas duas coordenadas nasce o espaço psíquico, necessário para se ter distância e poder pensar os impulsos marasmáticos provenientes do corpo.

Embora em seu pensamento a sensorialidade tenha função de destaque, aproxima-se muito de Bion (1962) em sua teoria do pensar, pois coloca a necessidade vital do desenvolvimento psíquico para poder "dar conta" do físico, da corporeidade. Ferrari formulou inclusive a noção de função beta, da qual dependeriam o desenvolvimento e a estabilidade da função alfa. Mas também se diferencia bastante de Bion, pois, além da ênfase na sensorialidade, Ferrari não supõe a existência de preconcepções que buscam realização por meio da experiência, seja de encontro do seio (concepção) seja de não encontro do seio (frustração – pensamento), embora a noção de experiência seja fundamental nos dois autores.

Assim, o OOC constitui-se como a origem de todo e qualquer psiquismo, fonte primária de emoções e simbolização, trazendo uma ruptura epistemológica com relação à noção de objeto em psicanálise. Como diz Paolo Carignani no prefácio à edição italiana, concreto "significa não completamente representável", o que geralmente "passa batido" aos leitores mais apressados: o OOC é o primeiro objeto da mente nascente, mas dialeticamente é a origem de onde essa mente pode nascer.

No belíssimo livro *Aurora do pensamento*, Ferrari retoma essas reflexões e de fato traz as questões anteriormente colocadas com mais profundidade ainda, acompanhadas de um pensamento filosófico de base. Suas observações sobre o ego e o complexo edípico formulados por Freud procuraram trazer movimento e dinamicidade: cunhou o termo *constelação edípica*, afirmando que o complexo de Édipo não se resolve nunca e que nos movemos em diferentes lugares desse triangulo ao longo da vida, bem como *configuração egoica*, que está sempre adquirindo novos matizes e novas identificações ao longo da vida. Dentro dessa configuração encontramos também questões relativas à identidade de gênero, tão frequentes na atualidade, para as quais Ferrari propôs os termos feminilidade e masculinidade de base, de caráter psíquico-corpóreo, as quais evoluem durante toda a vida de forma dinâmica e instável. Desenvolveu também neste livro a noção de rede de contato, produzida pelas intersecções entre as emoções/sensações e as possibilidades de pensamento, formando nós e correspondências significativas da relação corpo-mente, "brotos de pensamento".

O pensamento de Ferrari me marcou de maneira profunda, especialmente no que diz respeito às suas concepções sobre a adolescência, considerada por ele como um período de extrema turbulência, especialmente em função das modificações corporais da puberdade que se impõem ao jovem, tornando-o desconhecido e estranho a si próprio e demandando a criação de uma "nova" mente, ancorada na experiência de si e do mundo, distante da onipotência da mente infantil. Dizia que "para conhecer, é necessário fazer", ter experiências, de onde resultou em uma crítica ao conceito de *acting out* na adolescência, evidenciando uma perspectiva ética.

Ferrari enfatizava a especificidade da adolescência, afirmando que ela não poderia ser reduzida a um prolongamento da infância. Deixava clara a importância desse período na vida de cada um e a necessidade de vivê-lo profundamente, sob pena de sacrificarmos a personalidade e a identidade. Seu pensamento se desenvolveu de forma dialética, com a proposta de vários binômios, pares de opostos que se intercambiam e se movimentam entre si. Fez várias considerações sobre as percepções do espaço e do tempo nesse período, associando a elas os binômios anorexia/bulimia, claustrofobia/agorafilia, claustrofilia/agorafobia, harmonia/desarmonia, compreendidos de forma dinâmica, elemento fundamental de seu pensamento. Quanto ao binômio ilusão/desilusão, típico desse momento, Ferrari esclarecia que a chegada das desilusões trazidas pelo princípio de realidade precisa ser banhada pela esperança, observação que aprecio muito e utilizo bastante em meu trabalho clínico.

O sonho adolescente foi considerado continente de aspectos precursores ou antecipadores do futuro, no sentido de encerrar elementos da construção de uma identidade em processo. Além disso, o sonho adolescente pode ser pensado como uma mente do corpo, uma forma pela qual o corpo, com suas sensações e emoções, fala à mente. Chama a atenção a linguagem que o analista usa nos encontros com os adolescentes, enfatizando a importância de despir-se de preconceitos e abrir-se para uma comunicação genuína com eles, utilizando empatia e compaixão, continência para a intensidade das emoções, e sobretudo respeito e sensibilidade.

Interessou-se muito pela Relação Analítica (RA) e pela linguagem desenvolvida em cada dupla analítica. Quando retornou à Itália em 1976, associou-se ao semiólogo Emilio Garroni com o objetivo de aprofundar seus estudos nessa área. Dizia que a RA é um processo em constante transformação e constituição, num contexto autointerpretante de trocas, emoções e sentimentos, envolvendo aspectos transferenciais e contratransferenciais, voltado para o futuro e o desconhecido: "é o processo que faz emergir e dá significado ao vivido e não o contrário". Menciona inclusive que o analista assume, "como centro do próprio interesse, não tanto o analisando como tal – transformando-o em analisando-objeto –, mas o próprio *espaço* no qual é possível uma relação entre analista e analisando". Nesse sentido aproxima-se novamente de Bion, quando este formula a noção de cesura, propondo que o ponto de interesse do analista está neste espaço entre ambos: "investigar a cesura, não o analista, não o analisando, não o inconsciente, não o consciente, não a sanidade, não a insanidade, mas a cesura, o vínculo, a sinapse, a (contra)transferência, o humor transitivo intransitivo" (Bion, 1977, p. 136).

Ferrari propõe que o paciente "vá em direção de si mesmo" e que o analista "volte-se na direção de si mesmo", no sentido de estar sempre em contato com sua bagagem de experiências pessoais, suas percepções e suas intuições, bem como suas transformações teóricas. Utiliza-se do termo proposição analítica, em lugar de interpretação, no sentido de uma hipótese oferecida pelo analista que precisa ser considerada pelo analisando para adquirir veracidade, como um convite à simbolização, ao pensar. Propõe que o analista não focalize os conteúdos verbalizados, mas os modos e as formas pelos quais o analisando se apresenta. Preocupou-se muito com a linguagem utilizada na Relação Analítica, propondo a existência de vários registros de linguagem (onírico, psicótico, delirante, paranoico, fóbico-obsessivo, contudo sem caracterizá-los como patologias). Destaca que o analista precisa poder acompanhá-la de maneira flexível junto com o paciente, de forma a poder comunicar-se com ele e, acima de tudo, ampliar as possibilidades de comunicação do paciente consigo próprio. Nesse ponto da comunicação na dupla analítica, podemos ver muitos elementos de contato com Bion (1992) e Winnicott (1963), que tanto se debruçaram sobre a questão.

Os seminários clínicos trazem verdadeiras joias do trabalho analítico de Ferrari em suas supervisões italianas, ainda inéditas no Brasil. São seminários temático-clínicos em que cada tema é abordado de diferentes ângulos teóricos, sempre em referência a um caso clínico. Os temas se estendem da técnica psicanalítica com crianças, pré-adolescentes e adolescentes a semelhanças técnicas no trabalho com pacientes psicóticos e adolescentes, problemas de técnica psicanalítica, cisão e responsabilidade, inveja e medo.

Detenho-me nesse último, em que Ferrari observa uma constante recusa de abertura para o novo no ser humano, pois ela implica pensamento e responsabilidade, dor e medo. Assim, propõe que a inveja seja voltada predominantemente a si próprio e aos próprios recursos, e não ao objeto externo: "temos medo de conhecer quem realmente somos". Enfatiza aqui a dinâmica fobia/filia, evidenciando o medo do novo e o apego ao conhecido, familiar, confortável. Esse seria o aspecto desarmônico da inveja, tal como propõe Klein (1957). Mas Ferrari propõe também um aspecto harmônico da inveja, origem da gratidão e de um processo de comunicação com o outro, e também matriz da competição e do estímulo para o desenvolvimento.

Ao analisar o caso clínico, Ferrari chama a atenção do supervisionando para que não aponte as capacidades concretas da analisanda, mas as possibilidades simbólicas vividas na experiência emocional com o analista. Fala também do fim da análise, que ocorre quando o analisando diz: "sou capaz". Assim, o início da análise comporta a fobia dos próprios recursos, e o fim da análise, a filia dos próprios recursos. Dá como exemplo a fábula da sopa de pedra, em que o analista coloca sua competência, ou seja, a pedra, mas todo o resto fica por conta do analisando. Ao comentar o caso da analisanda que queria diminuir o número de sessões, alegando falta de dinheiro, sugere que ela teria a crença de que "usar é perder". Ferrari afirma: "usar é crescer, não perder! Cai a conta no banco e aumenta a capacidade mental!". Refere que, na adolescência, cada um se sente uma constante ao redor da qual o mundo gira. Com a vida, vamos percebendo que somos uma variável, e tudo isso traz sofrimento psíquico, pois "as pessoas que têm mais percepção da vida têm maior sofrimento".

Ao final do seminário em que discorre sobre a inveja das próprias potencialidades, Ferrari associa inveja e avidez à insatisfação profunda consigo próprio, em que "nada basta". Mas esclarece que o ponto de referência para isso também é interno, radicado na onipotência. Finalizando, Ferrari menciona sua convicção de que temos uma única defesa, que toma diferentes formas a depender da experiência vivida, e afirma que o importante não é tocarmos na defesa, mas estarmos atentos às suas funções, buscando o ponto de angústia, de urgência, e que só por meio do processo e da dinâmica analíticos essa estrutura pode vir a ser modificada.

Vejo que as matrizes de seu pensamento estão vivas, como expressa esta publicação. Tanto no Brasil como na Itália, desenvolvemos, cada um de nós, um pensamento próprio e não imitativo, com abertura para o novo e o desconhecido, que ele via como riqueza básica dos adolescentes a que atendia e, creio eu, do adolescente que ele sempre foi e que nós esperamos também ser, até que o nosso tempo se esgote.

Referências

Bion, W. R. (1962). Uma teoria do pensar. In W. R. Bion, *No entanto... pensando melhor*. Blucher/Karnac, 2022.

lembrado que a psicanálise, no decorrer do tempo, esquecera do corpo, do grande poder do corpo.

A publicação deste livro[1] tem o objetivo de reconstruir, pelo menos em parte, a gênese do pensamento de Ferrari, mediante o qual chegou a formular suas principais hipóteses sobre a relação entre corpo e mente, e inseri-lo, de forma de melhor respeito ao que foi possível fazer até o momento, naquele importante filão teórico que tem como principais representantes Sigmund Freud, Melanie Klein e Wilfred Bion. Este livro pode oferecer um precioso instrumento para destacar o percurso clínico e intelectual realizado por Ferrari no âmbito da pesquisa psicanalítica. Também propõe ao leitor uma série de elos, perdidos e reencontrados, que permitem compreender até que ponto suas hipóteses teóricas, que ganhariam expressão plena e completa nos três volumes publicados no final do século XX (Ferrari, 1992, 1994; Ferrari & Stella, 1998), têm sua fonte primária justamente no pensamento dos três grandes psicanalistas citados. Fornece, ainda, uma original e inovadora abordagem da psicanálise na trilha aberta por Bion, indicando o quanto foi produtivo o ensinamento do psicanalista inglês.

Mas esta obra tem também duas almas, as duas partes deste trabalho, uma teórica e outra clínica. A linha de separação dessas duas partes pode idealmente coincidir com o ano de 1992, em que Ferrari publicou

1 Esta edição brasileira do livro de Ferrari é o resultado de uma revisitação de um trabalho em dois volumes publicado em italiano com o título *Armando Ferrari: il pensiero e le opere*, com a curadoria de P. Carignani, P. Bucci, I. Ghigi e F. Romano, na edição de FrancoAngeli em 2022. Na edição italiana, foram novamente publicados os três principais livros de Ferrari (1992, 1994 e 1998), um artigo sobre Melanie Klein e outro sobre o objeto originário concreto, de 1989, este último aqui substituído por outro artigo encentrado no mesmo tema, publicado em 1995. Diversamente, os seminários clínicos não passaram por nenhuma alteração, salvo a paciente obra de tradução de Stefania Buonamassa que os curadores deste livro querem sinceramente agradecer, juntamente a Paolo Bucci e Isabella Ghigi, que, embora não tenham participado desta edição brasileira, mantêm a paternidade deste longo e árduo produto.

seu livro mais significativo, *O eclipse do corpo: uma hipótese psicanalítica*, no qual introduzia o corpo – o corpo vivido, o corpo *agente* e *senciente* – na construção de uma pessoal visão metapsicológica, visão que contempla, pela primeira vez na história do pensamento psicanalítico, o fisiológico e a corporeidade como matrizes de base, tijolos que constituem o desenvolvimento psicológico do homem. Assim, a corporeidade não é vista mais apenas como limite do psíquico, mas como sua matriz, sua fonte primária e ineludível, produzindo, dessa maneira, uma ruptura epistemológica em relação às velhas teorias psicanalíticas. A ativação do aparato psíquico não é mais determinada pela qualidade das relações objetais, mas pela necessidade da criança de conter os impulsos fisiológicos emergentes dos processos sensoriais e emotivos, e as relações objetais inserem-se no facilitar (ou, por vezes, complicar) uma relação já existente: aquela com o próprio corpo.

A primeira parte deste livro reúne uma série de artigos publicados no Brasil, na Itália ou ainda inéditos – escritos durante duas décadas, do começo dos anos 1970 até o final dos anos 1980 – que evidenciam o percurso teórico e clínico de Ferrari à época de sua estreia no mundo psicanalítico: sua formação freudiana, a importantíssima aquisição da técnica e da teoria kleinianas e, finalmente, o encontro com o pensamento de Bion. A adesão e a contribuição que fornecem a esses três modelos configuram-se sempre fortemente pessoais e providas de uma leitura crítica. Tal leitura esclarece progressivamente seu deslocamento do plano de uma metapsicologia tradicional feita de estágios e posições, de consciência e inconsciente, de estruturas psíquicas e de tópicas descritivas, para uma visão mais dinâmica ("processual", como teria dito Ferrari) do aparato psíquico individual enquanto produto da relação entre corpo e mente, isto é, da ontogênese psicológica do ser humano e da construção de seus instrumentos de conhecimento.

Na passagem da perspectiva kleiniana àquela bioniana, Ferrari parece colher sobretudo os elementos de ruptura epistemológica e, especialmente, poderíamos dizer, o interesse de Bion por uma psicanálise *transcendental*. Se há um elemento que marca, no meu entendimento, uma profunda diferença tanto na abordagem teórica quanto na metodologia clínica entre Klein e Bion é algo que pode ser descrito como a passagem de uma psicanálise atenta sobretudo aos conteúdos intrapsíquicos, isto é, que tende a definir *o que* nós conhecemos, a uma psicanálise entendida como sonda individual que tenta investigar *como* nós conhecemos. Uma psicanálise em que a fisiologia assume o lugar da anatomia e a *função* psíquica adquire mais importância que sua *estrutura*. Ferrari dará um notável impulso à mudança introduzida por Bion.

A segunda parte do livro reúne a transcrição de uma longa série de seminários clínicos que aconteceram no decorrer dos anos 1990 e nos primeiros anos do século XXI (na Itália, sobretudo em Roma). Nesses seminários revela-se a segunda alma de Ferrari, já desvencilhado das teorias e das abordagens clínicas de seus mestres, com uma liberdade de pensamento e uma riqueza de instrumentos clínicos surpreendentes. Ao mesmo tempo, porém, respira-se um contínuo retorno aos mestres, não tanto para buscar neles uma confirmação de sua própria abordagem, mas, amiúde, para manifestar sua dívida pessoal e os principais pontos de diferenciação. Aqui, a abordagem clínica de Ferrari eclode plenamente, deixando parcialmente na sombra suas próprias hipóteses teóricas, e quando estas se manifestam é, muitas vezes, com o objetivo de verificar se resistem à pressão imposta por um novo material clínico ou se, por outro lado, necessitam ser modificadas.

As duas almas são também a Itália e o Brasil, países, respectivamente, de nascimento e adoção, mas esse último, tão rico de afetos, de vida, de amizades, de vivências familiares e experiência profissional, na maioria das vezes, era o "país natal", transformando a Itália em um país de adoção nem sempre simples, aliás, complicada e conflitual. A tentativa de integrar essas duas almas revelou-se nos últimos anos da vida de Ferrari, quando começou a organizar os Encontros Ítalo-Brasileiros de Psicanálise e a tentar fazer convergir diferentes sensibilidades em projetos comuns.

Na verdade, Ferrari nasceu em 1922 no Canadá, em Montreal, de pais italianos, e chegaria na Itália quando criança. A Itália é o país de sua infância e sua adolescência, difícil e conturbada, marcada pela adesão aos movimentos anárquicos. Em um primeiro momento, empenhou-se em uma tentativa de chegar à Espanha em 1936, com apenas 14 anos, para participar da revolução anárquica, seguida por uma juventude dedicada à luta antifascista, com detenção e uma condenação – quando estava com apenas 20 anos – a quinze anos de prisão por parte do Tribunal Fascista, pena a ser cumprida no presídio de Castelfranco Emilia. Houve, ainda, a fuga, a luta com as tropas dos *partigiani* no Norte da Itália e finalmente o trabalho de jornalista.

Frente à grande decepção do transformismo italiano dos primeiros anos do pós-guerra, Ferrari colheu a ocasião de uma viagem à América Latina como correspondente por conta de vários jornais, entre os quais o próprio *Italia Libera*, e, depois de ter visitado quase todos os países, decide estabelecer-se no último, o Brasil, onde, depois de formar-se em Sociologia e assumir a função de professor assistente, dedica-se aos estudos antropológicos, parte por várias missões no Mato Grosso para estudar aquelas mesmas tribos (Nambikwara, Bororo, Botocudos, Tupi-Guarani etc.) que, 25 anos antes, tinham sido objeto do interesse de Claude Lévi-Strauss – sobretudo aquelas localizadas no Alto Xingu, graças ao apoio de Orlando Villas-Boas e seus irmãos. Foram dois anos de pesquisas de campo para estudar detalhadamente os rituais de morte, coletando material que enviava à Itália para Raffaele Pettazzoni, o historiador das religiões com o qual colaborava, inclusive em nível institucional. Finalmente, aproximou-se da psicanálise e entrou para a Sociedade Brasileira de Psicanálise de São Paulo (SBPSP).

É fácil intuir que Ferrari percorreu um longo caminho antes de chegar à psicanálise e, assim como Bion, quando se aproximou dessa ciência já era um homem de grande experiência de vida e de pesquisa. Eram aqueles anos em que a estrela kleiniana brilhava no universo internacional da psicanálise, especialmente na América Latina, onde, entre Brasil e Argentina, os psicanalistas judeus da Europa Central que escaparam do nazismo tinham dado um impulso importante ao desenvolvimento dessa disciplina. Nos primeiros anos de sua formação, o interesse pela relação entre antropologia e psicanálise foi enfrentado abertamente, com publicação de artigos declaradamente de fronteira.[2] Um traço constante desse interesse de Ferrari estará presente, de forma menos explícita, no decorrer de seus trabalhos sucessivos. Esse interesse produziria, com o passar do tempo, a inauguração de duas importantes linhas de pesquisa: por um lado, um estudo atento da linguagem dentro do processo de construção da relação analítica (estudos conduzidos essencialmente em colaboração com o filósofo e semiólogo Emilio Garroni); por outro, a introdução da corporeidade no nascimento e no desenvolvimento das funções mentais. Será o próprio Ferrari, em uma de suas últimas entrevistas, a lembrá-lo:

> *Meu trabalho de antropólogo levou-me a ampliar aquele aspecto que estava presente no pensamento de Freud e, de certa maneira, na Klein, e sucessivamente no pensamento de Bion, com que trabalhei por muito tempo e que considero meu mestre: a corporeidade. Na origem do pensamento de cada um deles, a dimensão física assume relevância na explicação e no estudo dos fenômenos psíquicos, depois a atenção, diria a tensão rumo ao conhecimento do funcionamento mental, faz com que a fisicidade permaneça relegada ao plano de fundo. Pelo contrário, eu acredito que ela seja a origem da mente. (Ferrari, 2003, p. 61)*

---

2 A respeito, consultar Ferrari (1967), em que o autor lança mão copiosamente do material coletado no decorrer de sua pesquisa antropológica sobre os rituais de morte, e Ferrari (1971). Algumas dessas temáticas seriam retomadas nos últimos anos de sua vida, em um artigo de 2001 e no último livro, de 2004.

Seguramente, cabe a Ferrari o grande mérito de ter introduzido o corpo como elemento irredutível de qualquer metapsicologia. O livro sobre o eclipse do corpo de 1992 marca exatamente essa passagem, embora, como poderá facilmente observar o leitor da obra, Ferrari já pensava no espaço ocupado pelo corpo na constituição da realidade psíquica havia pelo menos quinze anos. O artigo sobre a função beta de 1975 constitui já uma primeira forma explícita de atenção ao encontro entre as necessidades corporais e o surgir de uma atividade mental.

Mas o processo de definição teórica dessa hipótese tem uma evidente origem clínica, e não especulativa. Ferrari não foi em busca de todas as fontes freudianas sobre a função do somático na formação do aparato psíquico, nem foi retomar conceitos-limite, como pulsão ou inconsciente. Como, acredito, a leitura deste livro destaca, a dívida principal é justamente com aquele filão de pensamento que, passando de Freud a Klein, encontra em Bion sua mais elevada expressão e concentra, em primeiro lugar, enorme atenção sobre a clínica. Bion questionava, a partir de seu trabalho com pacientes esquizofrênicos, muitos dos pressupostos freudianos e kleinianos da clínica. Do conceito de transferência, tão exasperado nas análises kleinianas, até os questionamentos sobre o modelo das relações objetais em sentido mais amplo, Bion oferece a seus leitores a imagem de uma posição muito diferente do analista face ao analisando. Apresenta, também, uma atenção muito maior – como ele mesmo teria dito – à fisiologia em detrimento da anatomia do funcionamento mental. Ferrari pega a deixa e vai muito além.

O primeiro trabalho deste livro, "Tendências atuais da técnica psicanalítica",[3] tem, a meu ver, um valor imenso, porque mostra contemporaneamente o leitor atento e convicto que foi Ferrari, partidário das hipóteses psicanalíticas de seus três "mestres" – como amava defini-los.[4]

---

3 Alguns dos artigos inéditos aqui publicados foram achados no arquivo de Ferrari, generosamente disponibilizado pela esposa, Barbara Levi Ferrari.

4 Como Ferrari gostava de narrar nas noites em que se deixava levar pelas lembranças do passado, seus três analistas (o primeiro deles Henrique Julio Schlomann, um

Paralelamente, introduz algumas ideias clínicas e alguns conceitos teóricos que o afastariam desses mestres, adicionando elementos da clínica e da reflexão teórica sem dúvida ainda muito próximos ao pensamento de Bion, mas com aberturas para novas direções. E ainda estamos em 1973: Bion ainda não chegou ao Brasil (isso ocorrerá pela primeira vez naquele mesmo ano), mas Ferrari já está em análise com Frank Philips, discípulo de Bion que se mudara para o Brasil.[5] Ferrari conhece Bion sobretudo por seus trabalhos escritos; sua estreita colaboração com o psicanalista inglês começaria só depois, quando Bion seria convidado numerosas vezes ao Brasil para dirigir seminários clínicos.

Justamente esse texto, embora manifestando sua total admiração clínica e científica pelo pensamento de Bion, coloca-o em um processo de evolução do pensamento psicanalítico sucessivo a Freud. O ponto de partida foi a declaração de Ernest Jones (1947, p. 10), que Ferrari cita em seu trabalho: "se a psicanálise deve continuar sendo um ramo da ciência, é evidente que, depois que se extinguiu a possibilidade de que Freud prosseguisse em seus magníficos trabalhos, tornou-se inevitável o seu desenvolvimento além dos limites que o mestre atingiu". Nesse sentido, Ferrari insere-se plenamente nessa tradição, evitando assumir o papel de epígono de Bion – como Bion recusara-se a ser o de Klein – ou qualquer função no mundo "bioniano", mantendo, pelo contrário, uma autonomia intelectual própria que lhe permitiu levar adiante sua pesquisa e sua visão da clínica psicanalítica.

---

judeu austríaco emigrado ao Brasil durante o nazismo, depois Virgínia Bicudo e finalmente Frank Philips) tinham, por sua vez, feito suas análises respectivamente com Sigmund Freud, em Viena, e com Melanie Klein e Wilfred Bion, em Londres.

5 No fim da década de 1960, Ferrari decidiu mudar-se para Londres para começar uma análise com Bion, mas a transferência iminente de Bion para os Estados Unidos foi um entrave para esse projeto e, por indicação do próprio Bion, Ferrari começou sua terceira análise em São Paulo com Philips, que chegara de Londres havia pouco tempo.

'nascimento' das emoções e da simbolização como defesa contra elas". Um ponto de partida de grande interesse, porque descreve um modelo de OC muito próximo na sua função daquela descrita sob a fórmula de função beta, isto é, postulando a existência de uma função mental que expressa tanto a emergência dos "fenômenos incoativos" quanto a necessidade de contê-los e organizá-los para *defender-se deles*, mediante uma primeira forma de simbolização. Isso porque, como escreve Ferrari, "a necessidade física impõe uma linguagem" cuja essência só pode ser corporal.

A grande mudança epistemológica que começa a aparecer nesse texto refere-se sobretudo à natureza do objeto psíquico, que começa a não ser mais simplesmente um objeto introjetado, e sim um objeto concreto, físico, preexistente a qualquer representação; aliás, fonte primária de qualquer possibilidade de representação. Não é por acaso que a teoria que Ferrari enfrenta nesse artigo não é a de Bion, que morrera poucos anos antes e com o qual Ferrari colaborara bastante nos anos 1970, mas a de Klein, fulcro central da concepção física do ser humano como produto de suas relações objetais. Aqui, o objeto psíquico é o resultado da possibilidade de que o próprio ser si mesmo, a própria subjetividade incipiente, o próprio ser *corpo e mente*, de alguma forma – mas sempre e só parcialmente –, objetive-se e seja reconhecido como uma espécie de binômio "si mesmo/outro de si". No fundo, tampouco Ferrari expõe-se a reflexões filosóficas: aquela do objeto concreto é a primeira formulação psicológica da experiência da autoconsciência, uma espécie de *sentio ergo sum* que antecipa em muito Descartes, mas, afinal, também Bion.

Um trabalho datilografado reencontrado no seu arquivo e até hoje inédito representa um significativo elo perdido que, por sorte, está aqui disponibilizado ao leitor. Trata-se de um texto ainda distante da forma de uma possível publicação, mas que enfrenta temas significativamente novos: substancialmente, move o estudo da relação entre corpo e mente dos termos estritamente bionianos de incógnitas psíquicas, *beta* e *alfa*, do "terapeuta interno" do analista, que constitui aquele instrumento que permite ao analista "voltar-se na direção de si mesmo", enquanto o "terapeuta externo" do analista, colaborando com o "terapeuta interno" do paciente, permite que este vá "em direção de si mesmo".

Assim, sucessivamente, Ferrari explica, no artigo, os eventuais desfechos, positivos ou negativos, das várias possíveis combinações dessas figuras de referência míticas. O leitor poderá apreciar – sem ulteriores antecipações – quanta antropologia está presente nessa visão da RA e de suas transformações. Isso oferece, de forma indireta, algumas respostas aos interrogativos formulados sobre o assunto por Claude Lévi-Strauss nos seus dois artigos do final dos anos 1940 sobre a relação estreita entre xamanismo e psicanálise (Lévi-Strauss, 1949a, 1949b). Limito-me aqui a reproduzir a resposta de Ferrari ao amigo Luigi Santucci sobre a temática do terapeuta interno:

> *Existe – e é nisso que eu baseio a minha terapia – um "colaborador" clandestino e autógeno que permanece na pessoa além da doença e o guia para a saúde. Eu como analista não devo então substituí-lo, mas aceitar ajudá-lo, aceitar ser momentaneamente o elemento catalisador, ou se você quiser uma palavra mais simples, o mediador, para que aquele recôndito hóspede possa cuidar dos próprios aspectos "doentes". E nesse misterioso circuito, o analisando se moverá cada vez mais com a aliança daquela porção do seu ego que, vitalmente, instintivamente, o quer curado. E o analista então aceitará que a sua presença, antes central, seja cada vez menos importante com relação à procura que o analisando deve fazer dentro de si; ele deverá então parcialmente se eclipsar, liberar o máximo possível o campo da própria presença, às vezes embaraçante.*

---

de nosso autor, indicando, de alguma maneira, até uma função antiga, arcaica, em prol do bem-estar e da saúde: onde há doença, há busca da cura.

Talvez nesta curta resposta se respire – de maneira condensada – o valor e o sentido que Ferrari atribui ao papel do analista, à sua responsabilidade e ao profundo respeito pela autonomia do paciente.

A segunda parte do livro, que reúne a transcrição dos seminários clínicos de Ferrari, exigiu um trabalho muito complexo por parte da curadoria. Esses seminários são dedicados, em parte, ao trabalho com crianças, pré-adolescentes e adolescentes, e, por outra parte, a questões de técnica psicanalítica, trazendo à tona sobretudo o modelo da construção da Relação Analítica, um dos pontos fortes do pensamento de Ferrari.

As dificuldades foram numerosas. Em primeiro lugar, foi necessário, graças à colaboração de um grande número de colegas,[8] transformar gravações magnéticas (obtidas quase sempre com instrumentos não profissionais) em versões escritas. A maior parte desses seminários aconteceu diante de um numeroso grupo de analistas (muitas vezes entre vinte e trinta), que, como costumava ser nos seminários de Ferrari, dialogavam continuamente com ideias, perguntas, dúvidas e reflexões. Isso tornou o material, fielmente transcrito, muito fragmentário e complicado de decifrar em função da compreensão dos assuntos, salvo para quem participou diretamente daqueles seminários. Por um longo tempo, discutimos sobre como proceder para a curadoria dessas supervisões, e a decisão final – obviamente arbitrária, como qualquer decisão – foi pela dolorosa, porém necessária eliminação da

8 Este livro nunca teria visto a luz sem a preciosa contribuição, ao longo de quase dois anos, de um numeroso grupo de colegas que trabalhou no material bruto das supervisões, escolhendo os temas, ouvindo e transcrevendo as gravações e selecionando o material considerado mais interessante. Além dos devidos agradecimentos, é fundamental reconhecer que este é o resultado do compartilhamento de um trabalho que exigiu muitas cabeças e muito esforço para ser levado a cabo. Por isso, os curadores desejam agradecer o empenho e a contribuição de Chiara Bergerone, Italo Bigonzi, Eugenia Bigonzi, Daniela Bradano, Paola Casadio, Sandra Facchini, Fernanda Giordana, Paola Marmo, Oliva Mastracci, Massimo Romanini, Guendalina Rossi e Silvia Tauriello. Em especial, um agradecimento à memória de Giovanni Guasticchi, colaborador ativo do grupo de supervisão.

maioria das trocas, discussões e diálogos na tentativa de recuperar a coerência do discurso de Ferrari, resultando numa obra de "alfaiataria sob medida" sem dúvida relevante.

O objetivo foi isolar, na medida do possível, a voz de Ferrari do contexto específico da discussão com muitos participantes, e conseguir devolver – mesmo abrindo mão da absoluta fidelidade ao diálogo verbal – seu discurso de forma coerente e facilmente aproveitável pelo leitor interessado. Além disso, preferiu-se não seguir uma ordem cronológica, mas uma linha temática sobre assuntos específicos e singulares, nos quais estão associados várias supervisões e vários seminários ministrados por Ferrari, às vezes também em ocasiões distintas. Nem todo o material clínico provém de fitas gravadas; de uma parte foram achadas as transcrições no arquivo de Ferrari que tive a possibilidade de consultar graças à generosidade ímpar de sua esposa, Barbara Levi Ferrari. Essas transcrições foram inseridas sem maiores alterações. Apenas cuidamos para que o material clínico fosse exposto de forma tal a salvaguardar a privacidade das pessoas envolvidas.

Nessa linha, foram escolhidas algumas temáticas que, ao longo do tempo, chamaram a atenção de Ferrari, como a responsabilidade no trabalho clínico; o trabalho com crianças e adolescentes; a relação entre corpo e mente; a estreita relação entre inveja e fobia; o tema do final da análise etc. Tudo isso na pretensão de moldar uma série de instrumentos que, em conjunto, constituem uma autêntica tentativa de construção de uma teoria da técnica psicanalítica. O fio condutor permanece o estudo da Relação Analítica, como já dissemos, temática de fundo de seu pensamento clínico.

O grupo dos curadores, por muitos anos colaboradores próximos de Ferrari, receberam dele, ao longo do tempo, uma série de indicações sobre como tratar o material clínico e de supervisão. Assim, esses profissionais acreditam ter trilhado a via que mais respeita o pensamento do mestre, mesmo conscientes das necessárias deformações para uma transcrição do discurso oral em texto escrito; permaneceram, portanto, os únicos responsáveis pelas escolhas adotadas.

A clínica da infância e da adolescência ocupa a primeira metade das supervisões e o leitor tem a oportunidade de ver descritas, às vezes de forma muito pedagógica e didascálica, as modalidades de abordagem técnica e as razões que estão na base da proposta de Ferrari. O material clínico é usado sempre como pretexto para discutir assuntos muito mais amplos, que vão além da investigação sobre o caso singular, aproveitando a generosidade dos apresentadores, que se colocavam em discussão para ampliar o discurso, da clínica à teoria e retornando sempre à clínica, mesmo não sendo a clínica do paciente apresentado. Merece atenção peculiar, desse ponto de vista, a comparação proposta por Ferrari entre a técnica de trabalho com os adolescentes e aquela com os pacientes psicóticos.

Grande interesse desperta justamente a imagem que emerge do papel do analista dentro da relação analítica, não mais visto como sujeito que se supõe conhecedor em contraposição ao paciente, que ignora seu próprio funcionamento, mas como um dos polos de um diálogo muito peculiar: o analista não tem a tarefa de compreender o que está dizendo o paciente, mas de ajudar o paciente a facilitar um diálogo consigo mesmo. No seminário que trata dos problemas da técnica analítica, por exemplo, a abertura de Ferrari vale como norte de uma ideal bússola clínica. Ele começa de maneira surpreendente, com uma abordagem sem dúvida muito bioniana: "Por que querem *compreender*?", pergunta a seus discípulos, para depois, não recebendo resposta, prosseguir:

> *Ao compreender, uma preta lápide marmórea é pousada sobre qualquer problema clínico. Porque o compreender enterra a percepção, as intuições, a curiosidade. Se compreendemos, não estamos mais onde deveríamos, discurso encerrado: justamente, compreendemos. Estão me*

> *acompanhando? Compreender constitui o grande perigo da relação analítica, pouco importa se a compreender for o analista ou o analisando. Compreender não significa* perceber, *porque compreender pertence à mente, é um processo estritamente mental, não passa pelo corpo, não passa pela sensação, não se torna percepção e, assim, não pode ser transformado em experiência. Porque o compreender tem uma nuance e uma tensão emocionais muito baixas, senão não se pode compreender; para compreender é preciso que haja o eclipse, o eclipse do corpo. Mas se houver o eclipse, qual seria a nuance emocional que resta ao compreender? Quase nada, e, portanto, não pode se tornar experiência, não tem suficiente nuance emocional para se tornar experiência, coisa vivida, coisa metabolizada, coisa sentida. Permanece um simples compreender. Este é um ponto fundamental: é muito importante que seja claro que o compreender e o sentir são, sob alguns aspectos, antinômicos, isto é, quanto mais compreendemos, menos podemos sentir.*[9]

Como é fácil intuir, Ferrari propõe uma bússola muito peculiar, uma bússola que indica mais em que direção não proceder, e não um caminho; uma bússola que serve a não cair em erros grosseiros, em vez de explicar aos discípulos qual poderia ser a direção certa no trabalho clínico. Compreender contrapõe-se a perceber: o primeiro é um processo totalmente mental, até mesmo intelectual; o segundo passa pela sensação, portanto, através do corpo inteiro. Teoria e prática

---

9 O ensinamento de Bion está aqui fortemente presente e evoca um famoso trecho: "É necessário que toda e qualquer sessão psicanalítica não tenha história nem futuro. Aquilo que é 'conhecido' sobre o paciente não tem a menor consequência: ou é falso ou é irrelevante. Caso seja 'conhecido' pelo paciente e pelo analista, fica obsoleto. Se um deles 'conhece' algo mas o outro não, está operando uma defesa" (Bion, 1967, pp. 392-393).

entrelaçam-se de forma significativa, de modo que destrinchá-las parece uma tarefa árdua, senão inútil, talvez.

Outro tema fundamental é aquele da responsabilidade. Ferrari parte de um pressuposto de base: nós somos responsáveis por nós mesmos e, consequentemente, também por nosso funcionamento inconsciente. Partindo de Freud, que demora a decidir se nós somos ou não responsáveis por nossos sonhos, Ferrari destaca com vigor a importância de atribuir ao próprio analisando as responsabilidades de ser si mesmo, sem tentar apoiar todo o seu peso nos ombros do analista. De alguma forma, o conceito de responsabilidade é visto em contraposição ao de regressão, ainda demasiadamente utilizado no trabalho analítico. Nesse seminário, podemos ver clinicamente como Ferrari evidencia as hipóteses apresentadas em seus trabalhos sobre a relação e sobre a proposição analítica.

O livro encerra-se com outros dois importantes seminários: o primeiro, dedicado à relação entre inveja e fobia, seminário em que, mesmo acolhendo a importância do conceito de inveja proposto por Melanie Klein, inverte-o e propõe a inveja como um coordenador psíquico com funções propositivas. Diferente é a inveja na vertical, para si mesmos:

> *Mas o que me interessa do conceito de inveja não é tanto a inveja direcionada ao objeto, e sim aquilo que acontece se nós observarmos o fenômeno da inveja na vertical, isto é, na relação entre mente e corpo. Acontece que o sujeito pode invejar seus próprios recursos e suas próprias capacidades. Lembram o velho e genial Freud quando falava do "pânico do sucesso"? Se nós pegarmos esta intuição genial e procurarmos enxergá-la cem anos depois com outros vértices analíticos e outra experiência, então veremos de que forma a necessidade de se proteger das possibilidades de responsabilizar-se pelos próprios recursos conduz o*

> *sujeito ou a negá-los, ou a odiá-los – quando se manifestam – ou a invejá-los porque a operação de afastamento foi tão importante que, agora, considera tais recursos como pertencentes a outro sujeito. Isto é, não é mais capaz de reconhecê-los como pertencentes às suas próprias potencialidades. E isso, eu acredito, é o aspecto mais destrutivo da denominada inveja, ou seja, uma agressão às próprias possibilidades e qualidades.*

A ideia de Ferrari é que, se a inveja primária pelo objeto for portadora de aprendizagem e desenvolvimento das próprias potencialidades, a inveja pelas próprias capacidades, afastadas e projetadas alhures, cria paralisia e destruição, porque são vistas como uma ameaça de alargamento do próprio espaço psíquico, com a ideia – comum, porém errada – de que quanto maior o espaço psíquico, maior a vulnerabilidade do sujeito. Pensar dá medo, como dizia Bion, porque pensar produz dor. O deslocamento da relação com o objeto externo ou interno para o plano da *relação vertical* inverte completamente o conceito de inveja: "Não estou falando, obviamente, da inveja que eu sinto pelo outro, porque esta é cegueira. De fato, quando há inveja de outro, não se tem inveja pelo outro em si, mas são invejados recursos próprios que se nega ter, que não se conhecem ou que se ignoram, mas recursos que potencialmente temos, porque, se não os tivermos, haverá conhecimento, e não precisamos invejar nada e ninguém". O fechar-se, porém, gera medo, e o medo se torna fobia, motor por excelência para manter-se distantes das próprias capacidades.

O último capítulo é uma palestra que enfrenta a temática do fim da relação analítica. Esta tem sentido justamente porque seu fim já está contido em seu início, e se analista e analisando conseguem aceitar este fato banal, então a relação analítica se expressará internamente a uma dimensão temporal unidirecional, rumo a autonomia e independência; em poucas palavras, rumo àquela liberdade individual que, segundo

Ferrari, era o objetivo do trabalho analítico e, no fundo, a razão de sua própria existência, dos anos juvenis da adesão aos ideais anarquistas até o exercício respeitoso e refinado do instrumento analítico.

Liberdade esta que se vislumbra também no arroubo e na paixão de seu ensino, em que convida a olhar antes para o bosque do que para as árvores; mais ao modo que aos conteúdos; mais ao processo que ao sistema; antes às formas que aos detalhes. Ou, como gostava de dizer: "procurem pescar só peixes grandes; deverão ter uma rede com malhas largas ao trabalhar com seus pacientes, para pegar só peixes grandes. Os peixes pequenos não nos interessam, deixem-nos para seu paciente, que irá pescá-los sozinho, com sua rede de malhas mais estreitas". E essa liberdade de deixar ao paciente a tarefa de olhar para dentro de si, para suas temáticas e experiências, é a mesma que deixava a seus discípulos, evitando saturar o campo do conhecimento e deixando abertas as perguntas, sem fechá-las com respostas exaustivas. O convite – quase paradoxal para um psicanalista! – era sempre aquele de olhar para a frente, nunca para trás.

Permitam-me os leitores relembrar uma recordação pessoal: há quase 30 anos, jovem analista de crianças, estava fazendo uma supervisão para um garoto de 12 anos que Ferrari acompanhava apaixonadamente. Todas as semanas, ia ao seu "submarino" (como chamava seu consultório, situado no subsolo de um prédio no bairro Parioli de Roma, onde morava, e que dava para a rampa de acesso às garagens). Certo dia, levei um material clínico em que o garoto tinha feito uma mudança significativa, com a qual, porém, assustara-se subitamente, voltando rapidamente para trás, para um *modus operandi* que lhe era mais familiar. Eu destaquei esse medo diante da mudança. Daí, Ferrari se levantou, veio na minha direção sorrindo e disse-me: "Certamente, o senhor terá seus bons motivos, mas, veja, eu não teria dito assim!". Entendi imediatamente o erro e detive-me, constrangido. Acrescentou: "Eu teria destacado a mudança, esta é a novidade. O medo já é conhecido! Mas veja, por favor, olhe só que maravilha! Olhe só aquelas folhinhas brincando com o sol!". E, enquanto dizia assim, indicava-me, fora da janela, uma tímida trepadeira na parede da garagem, cujas folhas, movidas pelo vento, refletiam a luz do sol de uma tarde de primavera.

Chamou-me a atenção o fato de uma pessoa que tinha vivido muito tempo na floresta amazônica ou nas áreas tropicais do Brasil poder se comover pelo jogo de luzes de uma pobre hera urbana, agarrada a uma anônima parede perimetral de uma garagem. Depois parou e disse: "Que coisas grandes a natureza faz! Mas, do que estávamos falando? Me perdi, não lembro". Retomei o discurso, lembrando-lhe minhas palavras. "Ah sim, seu paciente. Não se preocupe, o garoto vai lhe oferecer outras ocasiões para poder falar disso!". Era assim: indicava uma direção, depois cabia ao interlocutor decidir se e como percorrê-la.

Entre os anos 1940 e 1950, Ferrari enfrentou a escrita de alguns contos que acabaram por ficar inéditos: *Sete casas* são sete contos ligados entre si, narrações de uma Itália pobre e da vida em um povoado de apenas sete casas, todas à beira de um rio. Gostaria de transcrever aqui as últimas linhas do último conto, emblemáticas e indicativas de seu modo de ser no trabalho e na vida, como um sustento para quem esteve perto dele. Assim encerra o narrador, pegando o leitor de surpresa:

> *Se eu cortar uma fatia do mundo, deveria ver todas as histórias como tantos caixotes, tantos sarcófagos, um por cima do outro, com um pouco de terra entre um e outro. Não posso acreditar que um simples lençol de terra seja mais forte e mais importante que a razão. Se fosse assim, de nada serviria. Não quero me preocupar com aquilo que foi sete casas: isso é um absurdo. Cada um encontra sozinho suas razões, e também este povoado terá tido as dele. Eu nunca pensei em dizer isso, nem mesmo disse. Esqueci algo, talvez não tenha dito tudo.*

Acredito que, no fundo, seja este seu grande ensinamento: não sabemos muito, não temos muito, mas temos que usar o pouco de que dispomos, como na historinha da sopa de pedras que gostava tanto de contar. É com isso que temos que nos conformar, mas, como poderá verificar o leitor prestes a se debruçar nestes textos, dos dois filões centrais da pesquisa de Armando Ferrari – relação corpo-mente e relação analítica – derivam uma série de consequências no trabalho clínico extremamente inovadoras e inesperadas que aparecem, ainda hoje, depois de mais de quinze anos de sua partida, ricas em perspectivas futuras de desenvolvimento.

Referências

Bion, W. R. (1967). Notas sobre memória e desejo. In W. R. Bion, *Cogitações* (pp. 392-397). Imago, 2000.

Carignani, P., & Romano, F. (2006). Intervista ad Armando B. Ferrari. In P. Carignani P., & F. Romano (Orgs.), *Prendere corpo. Il dialogo tra corpo e mente in psicoanalisi: teoria e clinica*. FrancoAngeli.

Csordas, T. (1990). Embodiment as a Paradigm for Anthropology. *Ethos, 18*(1), 5-47.

Damásio, A. R. (1994). *O erro de Descartes: emoção, razão e o cérebro humano*. Companhia das Letras.

Ferrari, A. B. (1967). Instinto de morte: contribuição para uma sistematização de seu estudo. *Revista Brasileira de Psicanálise, 1*(3), 324-350.

__________. Contribuição para uma sistematização de seu estudo / 2ª parte. Revista Brasileira de Psicanálise, v. 1 nº 4, 1968 p. 487 a 526

Ferrari, A. B. (1971). Tópicos de um esquema referencial analítico para a pesquisa antropológica. *Alter – Jornal de Estudos Psicodinâmicos, 1*(3), 18-22, 1971.

Ferrari, A. B. (1982). Relação analítica: sistema ou processo? *Revista Brasileira de Psicanálise, 16*(3), 335-363.

Ferrari, A. B. (1992). *O eclipse do corpo: uma hipótese psicanalítica.* Imago, 1995.

Ferrari, A. B. (1994). *Adolescência: o segundo desafio.* Casa do Psicólogo, 1996.

Ferrari, A. B. (2001). Indivíduo: universo dos mitos. *Revista Brasileira de Psicanálise, 35*(2), 305-316.

Ferrari, A. B. (2003). Corporeità e psichicità. Entrevista conduzida por N. Bonanome. *Psiche, 1*, 61-74.

Ferrari, A. B. (2004). *Vida e tempo.* Casa do Psicólogo.

Ferrari, A. B., & Garroni, E. (1979). *Esquema de projeto para um estudo da "relação analítica". Revista Brasileira de Psicanálise, 13*(3), 269-320.

Ferrari, A. B., & Stella A. (1998). *A aurora do pensamento.* Casa do Psicólogo, 2000.

Foucault, M. (1966). O corpo utópico. In M. Foucault, *O corpo utópico, as heterotopias.* Nouvelles Éditions Lignes, 2013.

Galimberti, U. (1983). *Il corpo.* Feltrinelli.

Giovanni Paolo II. (1985). *Uomo e donna lo creò.* Città Nuova Editrice.

Johnson, M. (1987). *The body in the mind: the bodily basis of meaning, Imagination and reason.* The University of Chicago Press.

Jones, E. (1947). Introduction. In M. Klein, *Contribution to Psycho-Analysis. 1921-1945.* Hogarth Press, 1978.

Lakoff, G., & Johnson, M. (1999). *Philosophy in the Flesh: the embodied mind and its challenge to western thought.* Basic Books.

Le Goff, J. (2003). *Uma história do corpo na Idade Média.* Civilização Brasileira, 2006.

Lévi-Strauss C. (1949a), «Le sorcier et sa magie», *Les Temps Modernes,* 4, n. 41, páginas 385-406, traduzido em português com «O feticeiro e sua magia», in *Antropologia estrutural,* Cosac Naify, 2008.

Lévi-Strauss C. (1949b), «L'efficacité symbolique», *Revue de l'histoire des religions,* n. 135-1, páginas 5-27, traduzido em português com «A eficácia simbólica», in *Antropologia estrutural,* Cosac Naify, 2008.

Varela, F. J., Thompson, E., & Rosch, E. (1991). *The embodied mind: cognitive science and human experience.* MIT.

PARTE I

Textos teóricos

1. Tendências atuais da técnica psicanalítica[1]

Controvérsia é núcleo de que emana desenvolvimento embora como genuíno confronto e não o deblaterar infecundo de contendores cujas diferentes acepções raro se intercomunicam.

Bion (1970, p. 65)

---

1 Este texto é a transcrição fiel de um trabalho datilografado, inédito, de A. B. Ferrari, apresentado em forma reduzida por ocasião do IV Congresso Brasileiro de Psicanálise, em 1973. O material datilografado apresenta uma série de notas e comentários à mão, alguns grifos, rasuras, alterações e anotações, possivelmente dos anos 1980. Contém também – em vários pontos – uma série de sugestões em italiano que foram quase sempre acolhidas na tradução italiana do material, publicada no primeiro volume de *Armando B. Ferrari: il pensiero e le opere. Saggi psicoanalitici.* Esta versão em português é, portanto, uma reconstrução do texto original de Ferrari que leva em conta todas as alterações sucessivas à sua primeira redação, graças ao cotejo entre o texto em português existente e a tradução italiana oferecida pela obra citada. A impressão geral, com base em alguns trechos, permite pensar que grande parte dessas anotações grafadas à mão servia para preparar um seminário que poderia ter acontecido em meados dos anos 1980, em que Ferrari teria utilizado, pelo menos em parte, este material. Com efeito, o dr. Paolo Carignani, que traduziu e organizou o texto em italiano, reencontrou 24 folhas manuscritas em italiano. A uma primeira leitura, pareciam ser a versão original do texto em português e, na verdade, resultam ser a tradução italiana do texto em português, utilizada para um primeiro seminário, provavelmente dos anos 1980 – seguramente na Itália, talvez na Sociedade Psicanalítica Italiana (SPI) –, que teria sido seguido por um segundo seminário sobre a relação analítica.
Reelaboração, reconstrução e adequação sintático-ortográfica do texto em português brasileiro, cotejado com a tradução do dr. Paolo Carignani, realizadas por Stefania Buonamassa.

I

Introdução

Em sua nota de introdução aos seis primeiros trabalhos de Freud referentes à técnica psicanalítica, James Strachey, comentando a relativa escassez de escritos do criador da psicanálise sobre o tema, faz algumas observações que nos parecem valiosas para o desenvolvimento das ideias aqui contidas. Uma delas, e talvez a mais importante, é a de que, por trás de todas as suas discussões e relutâncias a respeito da técnica, Freud nunca cessou de insistir que um domínio adequado do conhecimento psicanalítico somente poderia ser adquirido a partir da experiência clínica e nunca a partir de livros. E acrescenta: "experiência clínica com pacientes, sem dúvida, mas, acima de tudo, experiência clínica oriunda da própria análise do analista" (Strachey, 1958, p. 95).

Uma outra observação, tão valiosa quanto esta, é a de que, para a compreensão do desenvolvimento da técnica em Freud, não devemos nos ater àqueles citados escritos, uma vez que problemas técnicos diversos são abordados e estão esparsos em diferentes etapas de sua obra, por exemplo, nas *Histórias clínicas* ou nos trabalhos realizados no fim de sua vida, como "Análise terminável e interminável" e "Construções em análise".

Em outras palavras, para acompanhar o pensamento de Freud nesse terreno, é necessário insurgir-se contra as exigências da cronologia e desentranhar o tema, onde quer que seja possível encontrá-lo. É bem verdade que Strachey fala da legitimidade dessa desatenção à cronologia apenas com referência aos seis trabalhos citados sobre a técnica. Contudo, é perfeitamente lógico estender essa atitude à totalidade da obra de Freud, desde que seja possível manter a unidade da investigação em torno do objetivo visado, com um sentido histórico-crítico sem dúvida, mas também com relativa despreocupação da ordem temporal em que se sucederam as publicações.

Parece-nos que este critério de análise crítica por *aproximação temática* de trabalhos publicados em épocas diferentes é o que proporciona melhores possibilidades de avaliação adequada do desenvolvimento da técnica psicanalítica em Freud. E que ele é igualmente válido para discriminar as *tendências* para as quais flui o pensamento de outros autores sobre a questão.

Por certo, atentos à ponderação de Freud, evidenciada por Strachey, não perdemos de vista que, acima de tudo, o que conta é a experiência proveniente da análise do próprio analista, que, conforme preconizou Freud, "deveria periodicamente – com intervalos de aproximadamente cinco anos – submeter-se mais uma vez à análise" (Freud, 1937a, p. 266). Precisamente por valorizar essa experiência de ter estado em análise ou a ela ter retornado, sem idealizá-la, é que o analista conhece muito bem as limitações que o esperam sempre que aborda problemas referentes ao desenvolvimento da técnica. Trabalhos dessa natureza têm forçosamente que se ater a um nível de "exercício de ideias" sobre as tendências de pensamento que surgiram e florescem a partir das descobertas iniciais de Freud.

Deve-se ressaltar, por outro lado, que não é por ser um exercício que a tarefa se torna mais fácil. Eis um exemplo que ressalta bem essa dificuldade e convida à reflexão: Freud afirmou certa vez, em uma síntese concisa e exata, que

> *pode-se dizer, então, que a teoria psicanalítica é uma tentativa de tornar inteligíveis duas coisas notáveis e inesperadas que sucedem quando tentamos relacionar os sintomas de um neurótico a suas fontes no passado: a transferência e a resistência. Toda corrente de investigação que reconheça esses dois fatos e os veja como ponto de partida de seu trabalho pode se denominar psicanálise, mesmo quando chegue a resultados diferentes dos meus (Freud, 1914b, p. 186).*

Agora, não obstante essa afirmação, em linhas gerais, continuar sendo válida, a particularização e a especificidade de seus termos são de difícil reconhecimento na prática clínica. O que aparenta ser resistência pode ser uma manifestação velada de uma relação transferencial positiva e, inversamente, uma transferência ostensivamente positiva ou hostil pode representar um obstáculo ao progresso da análise. Em qualquer uma dessas eventualidades, porém, a síntese de Freud permanece verdadeira – a teoria psicanalítica continua sendo "uma tentativa de tornar inteligíveis duas coisas", a transferência e a resistência. Só que, para entendê-los com clareza e apreender melhor o significado que assumem para o desenvolvimento das técnicas atuais, é necessário estabelecer pontos de referência mais amplos e ao mesmo tempo mais explícitos, que tornem possível o aparecimento de novos *significados* no contexto histórico total do processo psicanalítico.

Nesse sentido, deve-se reconhecer que, tanto em Freud quanto em autores a ele posteriores, existem pontos de referência representativos de *momentos conceituais* de importância para a compreensão de outros desenvolvimentos e, portanto, para a compreensão do sentido em que se deslocam as novas tendências. O que torna difícil a escolha de tais momentos é a extraordinária riqueza da experiência clínica e da elaboração crítica de Freud, que torna inevitavelmente pequena e ameaçada de carência de significado qualquer tentativa de estudo nessa direção. Aqui, aos riscos das limitações pessoais somam-se às restrições de espaço e tempo impostas a trabalhos dessa natureza, o que implica condensações, sínteses e interpretações muito distantes da intenção e do pensamento de quem se propõe à tarefa.

Reconhecendo, sem vacilações, essa dificuldade, proponho-lhes enfrentar juntos o estudo e o desenvolvimento das novas tendências da técnica psicanalítica em função de três pontos fundamentais de referência. O primeiro deles, levando em conta a síntese de Freud de que a teoria psicanalítica "é uma tentativa de tornar compreensíveis a transferência e a resistência" e considerando que esses dois fatos resultam da repressão, alicerça-se na significação concedida por Freud, ao longo de toda a sua obra, aos fenômenos do "lembrar" e do "esquecer" como *fatos psicologicamente inerentes à repressão*; o segundo ponto é constituído pela renovação dos conceitos sobre as ansiedades primitivas transmitidas pela reavaliação do conflito edípico, levada a cabo por Melanie Klein por meio de sua experiência com análise de crianças; e, finalmente, o último ponto é representado pelo conceito clínico de *perda de contato* com a realidade, tal como Freud a descreveu nas neuroses e psicoses. Em função de cada um desses "indicadores", destacaremos respectivamente: 1) *a saturação da mente pela memória e pelo desejo*; 2) *a intolerância à frustração e a incapacidade para pensar*; e 3) *a simultaneidade do princípio da realidade com o princípio do prazer.*

II

1. Significação do "lembrar" e do "esquecer" na obra de Freud

Em um ensaio sobre a natureza dos processos mentais pré-conscientes, Kris aponta que "os pensamentos de Freud se moviam em constante fluxo", determinando que "seus escritos constituam uma sequência de reformulações". Não é de se admirar, portanto, como destaca Kris, que "a coesão sistemática das proposições psicanalíticas só seja possível, ou pelo menos seja mais acessível, por meio de sua história" (Kris, 1950, pp. 541-542).

No que se refere, porém, às conexões íntimas do "lembrar" e do "esquecer" com os processos que regem a repressão, os fatos, a uma primeira aproximação, parecem contradizer a observação de Kris. Com efeito, quando se analisam, de primeira intenção, os escritos de Freud com referência às leis que parecem regular as relações entre os processos repressivos e os fenômenos do "lembrar" e do "esquecer", não se encontram aquelas características de "reformulação constante", senão, ao contrário, uma impressionante unidade de pontos de vista ao longo dos anos. Já nos *Estudos sobre a histeria*, quando ainda vinculava a eclosão e a manutenção dos sintomas ao fracasso na elaboração de um trauma real, Freud sustentava que "cada sintoma histérico desaparecia de imediato e sem retorno, quando conseguíamos despertar com toda clareza a lembrança do acontecimento motivador, assim avivando igualmente o afeto que o acompanha" (Freud, 1893-1895, p. 20).

Em consonância com essa acentuação do significado libertador atribuído à lembrança – significado que, note-se, não muda quando o conceito de "trauma real" é substituído pelo conceito de "trauma fantasiado" –, destacaria anos mais tarde a presença da amnésia como indício indiscutível de repressão, sublinhando que o esquecimento da infância "nos possa fornecer a chave para o entendimento das amnésias que, segundo nossas descobertas mais recentes, estão na base da formação de todos os sintomas neuróticos" (Freud, 1901, p. 62).

Contudo, observa-se com maior clareza a ideia de lembrança como algo *antinômico* de repressão e a de amnésia como algo *sinônimo* de repressão no modo como se esboçam, em diferentes oportunidades, os processos psíquicos que conduzem à cura. Assim, por exemplo, depois de mostrar como e por que razão abandonou a primitiva orientação de levar o paciente a derivar o trauma por reação, substituindo-a pelo trabalho associativo da chamada "regra fundamental", Freud sintetiza os novos critérios em uma fórmula que não deixa lugar a dúvidas: "O objetivo destas técnicas diferentes, naturalmente, permaneceu sendo o mesmo. Descritivamente falando, trata-se de preencher lacunas na memória; dinamicamente, é superar resistências devidas à repressão" (Freud, 1914a, p. 163).

Muitos anos mais tarde, em um dos seus últimos trabalhos, reafirmaria essa convicção quanto ao valor terapêutico da evocação ao dizer que "estamos à procura de um quadro dos anos esquecidos do paciente que seja igualmente digno de confiança e, em todos os aspectos essenciais, completo" (Freud, 1937b, p. 276).

Assim, desse breve exame histórico-crítico do significado do "lembrar" e do "esquecer" na obra de Freud, deriva-se um postulado técnico que pode ser resumido da seguinte maneira: no curso dos processos mentais, o aparecimento da lembrança corresponde sempre a uma supressão da repressão; a presença da amnésia atesta, ao contrário, uma manifestação da própria repressão.

Não obstante, nem bem acabamos de firmar esse princípio, em aparência tão estável, e já vislumbramos uma perturbadora exceção. Como era de se esperar, os fatos não são assim tão claros nem tão bem estabelecidos. Ao examinar, com aquela atitude crítica preconizada por Kris, todas as oportunidades em que Freud tratou os fenômenos do "lembrar" e do "esquecer" com a finalidade de surpreender as oscilações do seu pensamento. Perceberemos que já não se encontra a mesma facilidade para captar o significado das relações profundas que governam os processos mnêmicos. Há lembranças cujo aparecimento, longe de traduzir uma supressão dos mecanismos repressivos, corresponde mais a uma manifestação direta da atividade destes. Essas lembranças, que confundem e contradizem os elos da equivalência penosamente estabelecida por Freud entre o "esquecer" e a repressão por um lado, e o "lembrar" e a supressão da repressão pelo outro, são – desnecessário dizê-lo – as chamadas *lembranças encobridoras*.

Como é sabido, em seu estudo sobre esse tipo de lembrança, Freud ressaltou uma peculiaridade da relação temporal entre a lembrança encobridora e o conteúdo que está oculto, distinguindo, nesse sentido, lembranças retroativas ou regressivas e lembranças progressivas ou regressivas (Freud, 1899). Não obstante, como ele próprio ressaltou, o que é importante para a caracterização do fenômeno não é o tipo de relação temporal existente entre a lembrança encobridora e a "experiência encoberta", senão o fato fundamental de que, "das chamadas primeiras lembranças da infância, não possuímos o traço mnêmico verdadeiro, mas sim uma elaboração posterior dele" (Freud, 1901, p. 63). Em outras palavras, com o achado clínico e o estabelecimento do conceito de lembrança encobridora, Freud anula *ex abrupto* a equivalência antes desentranhada de seus escritos, ou seja, a emergência da lembrança como sinônimo de supressão dos processos repressivos. Seus esclarecimentos a propósito não são nada animadores:

> *dentre várias das lembranças infantis de experiências importantes, todas com nitidez e clareza similares, há algumas cenas que, quando verificadas (por exemplo, pelas recordações dos adultos), revelam ter sido falsificadas. Não que sejam completas invenções; são falsas no sentido de terem transposto um acontecimento para um lugar onde ele não ocorreu... ou de terem fundido duas pessoas numa só, ou substituído uma pela outra, ou então as cenas como um todo dão sinal de serem combinações de duas experiências separadas. (Freud, 1899, p. 303)*

Por essas considerações de Freud, pode-se ver que ele equipara os processos de construção das lembranças encobridoras aos processos de construção dos sonhos. Vale dizer que as lembranças encobridoras não seriam então lembranças "autênticas", e sim deformações oniroides da função mnêmica, alusões mutiladas ou alegóricas de lembranças "verdadeiras" e "completas".

Mas o que é ou, em realidade, de que maneira definir por quais elementos caracterizar uma lembrança "verdadeira e completa"? Em nada ajuda a reflexão de que as lembranças encobridoras, mais próximas da estrutura do sonho do que da estrutura da memória, talvez constituam uma exceção no transcurso dos processos mnêmicos. Com efeito, se elas incidem "em um certo número de cenas infantis", que segurança podemos ter de que não incidam em toda a extensão da função mnêmica? E ainda, admitindo que incidam apenas em um certo número de cenas, como certificar-nos, diante de um caso concreto, de que uma determinada cena corresponda à memorização de um fato real, a uma lembrança "verdadeira", enquanto outra expressa somente uma deformação encobridora de uma fantasia? Mais ainda, como conciliar o significado de deslocamento da lembrança encobridora com a equivalência entre a lembrança "em geral" e a supressão de repressões, se o deslocamento é precisamente uma das manifestações da repressão? A resposta a essas perguntas embaraçosas só pode ser encontrada mediante um esforço de reformulação do significado até aqui emprestado ao "lembrar" e ao "esquecer" no processo analítico. De qualquer forma, essa reformulação pode e deve realizar-se no sentido de um retorno ao próprio Freud.

Atentos à advertência de Kris de que os pensamentos do criador da psicanálise se moviam em um constante fluxo, compreendemos de imediato que essa reformulação não poderá processar-se nunca no sentido de um "retorno" ao Freud partidário da supressão das lacunas amnésicas como condição de cura. O preconizador de um tal conceito e uma tal atitude técnica, aquele Freud que, na "História de uma neurose infantil" (Freud 1914c, p.12 e sucessivas), nos conta haver induzido seu enfermo a produzir material de análise sob a pressão de um prazo determinado para terminar o tratamento, deve sem dúvida ser superado. Hoje em dia, encaramos esse famoso "material infantil" como uma "construção mental" do chamado "Homem dos Lobos", destinada a obter de Freud, em forma degradada, a satisfação de necessidades instintivas primordiais não devidamente analisadas.

Sem dúvida, se não encontrarmos ressonância ou afinidade para uma reformulação mais coerente das funções mnêmicas nesta "imago" de Freud, descobrimos, em troca, um ponto de apoio muito firme no "outro" Freud, aquele que constrói com perspicácia e rigor científico o conceito de *lembrança encobridora*. Com efeito, em um trabalho sobre esse tema, ao expressar a suspeita de que todas as lembranças infantis conscientes mostram "nossos primeiros anos não como eles foram, mas tal como apareceram nos períodos posteriores", Freud conclui peremptoriamente que

> *as lembranças infantis não emergiram, como as pessoas costumam dizer; elas foram formadas nessa época. E inúmeros motivos, sem qualquer preocupação com a precisão histórica, participaram de sua formação, assim como da seleção das próprias lembranças(Freud, 1899, p. 304).*

2. A "saturação" da mente por meio da memória e do desejo

Sem dúvida, causa espanto tomar ciência de que Freud tenha construído dois conceitos do funcionamento mnésico – isto é, o da equivalência entre eliminação da repressão e aparecimento das lembranças por um lado, e aquele do emergir das lembranças "encobridoras" como sinônimo de repressão pelo outro – sem nunca os ter cotejado entre si, em um estudo comparativo. Podemos pensar que, se o tivesse feito, teria inevitavelmente chegado à conclusão de que *a função mnésica, em quase toda a sua abrangência, é uma enorme lembrança "encobridora", isto é, uma "construção fantasiada"* dento da qual o "lembrar" e o "esquecer" não são instrumentos opostos, mas, pelo contrário, sincrônicos, produzidos por uma mesma intenção: a transformação da realidade externa em função das necessidades instintivas.

Nesse sentido, pode-se afirmar que – consiga-se ou não, na doença como na condição normal, na atividade criativa como naquela delirante, com grau maior ou menor – somos todos autênticos construtores de lembranças.

É este caráter "falsificador", "enganador" e "encobridor" da função mnésica que será evidenciado, até suas últimas consequências, por Bion com seu conceito de "saturação da mente" pela memória e pelo desejo. Conceito que, como veremos mais adiante, permeia com enorme força uma das mais fecundas tendências da técnica psicanalítica atual.

Aparentemente, e à primeira vista, o que Bion preconiza não difere muito do que preconizava Freud, quando falava da atenção flutuante (*free floating attention*). Assim, diz Bion, "descrição ambígua ... embora útil é que o analista clínico aguarda que a sessão analítica 'evolva'. Aguarda não a fala do analisando ou o silêncio ou gesto ou ocorrência outra, isto é o evento concreto, mas o evolver" (Bion, 1970, p. 38).

Contudo, suas ideias vão mais longe. Considerando que a memória é um "continente" para as "evacuações" da identificação projetiva, Bion propõe uma disciplina positiva para evitar lembranças e desejos de qualquer espécie durante o trabalho analítico. Inclusive, e sobretudo, o desejo de "curar" o paciente. Ou – o que, no entendimento de Bion, constitui um sério defeito – o de "consentir desejar o fim da sessão, semana ou período", pois tais desejos "corroem a força do analista para analisar e levam à deterioração progressiva da intuição" (Bion, 1970, p. 66).

Na mesma linha de considerações, Bion (1970) destaca ainda que não basta apenas o "esquecer", mas que é de exigir-se um ato positivo para frear lembrança e desejo. Menciona, a respeito, uma carta de Freud a Lou Andreas Salomé, na qual sugere à amiga um método de conseguir um estado mental que compensasse a obscuridade quando o objeto investigado fosse particularmente obscuro, informando que, em tais circunstâncias, ele, Freud, procurava cegar-se artificialmente. Como método para cegar-se artificialmente, Bion propõe uma atitude constante de manter ao largo memórias e desejos, esclarecendo que isso não indica ausência de desejabilidade de conseguir contato com a realidade psíquica. Pelo contrário, esse seria o melhor, talvez o único, meio de conseguir um contato afetivo com a mesma realidade.

Segundo suas próprias expressões, "maior destreza sinta o analista em rechaçar atividade mental, memória, desejo, compreensão, mais suscetível, pelo menos em estágios iniciais, a suportar emoções incômodas em geral excluídas ou encobertas pela disposição convencional de 'lembrar' a sessão ou teorias analíticas amiúde desejos disfarçados, ou negativa de ignorância" (Bion, 1970, p. 59). Assim, qual seria então, por conseguinte, o estado de mente adequado para substituir a saturação mental decorrente do "apego" às lembranças, aos desejos e às compreensões prévias? Segundo Bion (1970), um termo que expressaria aproximadamente o que ele pretende propor seria *fé* – "fé que existe a realidade e verdade últimas – o desconhecido, o incognoscível, o 'infinito informe'" (p. 42) – e do qual, eventualmente, pode-se conhecer uma pequena parte em uma sessão de análise. Obviamente, tal fé, peculiar ao procedimento científico, "diferencia-se da significação religiosa de que se investe na linguagem habitual" (p. 45).

Em poucas palavras, só quando for despojada de todo artifício, de qualquer sentimento de "antecipação", e não *saturada* por lembranças, desejos ou compreensões prévias, uma sessão de análise pode acontecer e "evoluir" em uma atmosfera de verdade científica.

A título de ilustração, observe-se o trecho seguinte extraído da sessão de um paciente recém-casado e recém-entrado em análise (três meses de análise), no qual a "saturação" mental por "lembranças" de sessões anteriores funciona como um impedimento à emergência de novas percepções e ao "evoluir" da sessão, em meio do temor pelo "desconhecido".

> P. Estou lembrando da última sessão passada, quando o senhor interpretou um negócio relacionado com minha mulher... (Pausa.) Aliás, estava ligado com a sessão da última quarta-feira, lembro-me bem... Como era mesmo? (Silêncio de mais ou menos quatro minutos.)
>
> A. Duvido que o senhor lembre bem da última sessão, ou daquela de quarta-feira. O que o senhor está fazendo é tentar assegurar-se de que nada está acontecendo agora. Mas aquelas sessões às quais o senhor alude já passaram, e o senhor sabe que elas já não têm mais utilidade, agora.
>
> P. Sim, isto eu sei, sim... Mas, então, por que é que tenho medo?
>
> A. Eu não disse que o senhor tinha medo. Disse só que...
>
> P. (Interrompendo.) Mas eu tenho sim... Pelo menos sinto que tenho medo do senhor.

A. Talvez este medo, como a "lembrança" das sessões da semana passada, seja uma coisa criada pelo senhor, para ter a ilusão de que é uma criança desamparada, a quem uma autoridade forte, ou seja, eu, protege contra qualquer coisa nova que possa surgir em sua mente agora.

P. Mas isso é absurdo! Como é que posso me sentir protegido e ao mesmo tempo amedrontado pelo senhor?

A. Porque me transforma nesta autoridade de que lhe falei, sabendo que não o sou, isto é, amedrontadora e protetora.

P. Bom... Eu me lembro que essa era, e talvez ainda seja, a relação que eu tinha com meu pai... Mas já aprendi muitas coisas aqui, e uma delas é que o senhor não vai me "paternalizar"... (Pausa.) Acho até que isso é bom... (Ri.) Gozado! Perdi o medo... Agora me veio até vontade de contar que no sábado tive relações sexuais com minha mulher, e não foram lá muito satisfatórias, não... Não sei por quê, achei que tinha que ter, que tinha que produzir aquele coito.

A. O senhor fala em "produzir" um coito, e não simplesmente em ter um coito. Como se fosse um autômato, ou uma fábrica que tivesse que produzir coitos, na suposição de que é obrigado a isso. Como acha que tem que produzir aqui memórias, ou "conversa obrigada". Não pode simplesmente estar aqui sem sentir-se obrigado a algo.

P. Por falar nisso, o senhor sabe que meu pai ficou como herdeiro do apartamento daquele meu irmão que morreu, e me ofereceu para eu morar, mediante um aluguel barato... Setecentos ou oitocentos cruzeiros, não me lembro bem... Eu ia aceitar, mas achei melhor juntar dinheiro, como já estou fazendo, para comprar meu próprio apartamento... Felizmente, minha mulher pensa da mesma maneira...

A. Agora o senhor parece estar reconhecendo que é melhor para o senhor ter uma mente e uma vida independentes.

Acompanhando o decorrer deste breve trecho de sessão, pode-se ver como o paciente usa, a princípio, seu "aparelho" de lembranças para impedir o acesso a percepções até então inacessíveis à sua mente e definidoras de seu incipiente impulso à independência do analista.

III

1. A reavaliação do conflito edípico por Melanie Klein

Dentro dos limites e propósitos traçados para este trabalho, não há, evidentemente, lugar para uma descrição minuciosa dos descobrimentos de Melanie Klein referentes à reavaliação do conflito edípico por ela realizada com base em suas experiências com análise de crianças.

Contudo, essa referência é indispensável para estimar, com precisão, as diretrizes ou tendências de alguns novos desenvolvimentos da técnica. Quando se examinam as diversas oportunidades em que Melanie Klein abordou o tema, dois achados seus chamam imediatamente a atenção. O primeiro refere-se ao período em que situa o conflito edípico, bem anterior, como se sabe, ao do clássico Édipo de Freud, pois, para ela, a situação triangular se inicia com o desmame, e talvez até antes deste. O segundo, que viria mais tarde a originar o estabelecimento dos conceitos de posição esquizoparanoide e posição depressiva, registra que "as diversas fases do desenvolvimento (principalmente nos estágios iniciais) se fundem com mais liberdade do que se acreditava antes" (Klein, 1928, p. 227).

Esses dois achados de Melanie Klein têm obscurecido sensivelmente outro, presente em toda a sua obra e, pelo menos do ponto de vista da evolução da técnica, de indiscutível importância. Referimo-nos à conexão que ela sempre fez questão de ressaltar existente entre a *frustração* – em qualquer nível de organização da libido (oral, anal ou genital) e com qualquer tipo de objeto (parcial ou total) – e o despertar do impulso *epistemofílico*. Assim, quando afirma ter chegado à conclusão de que "as tendências edipianas são liberadas como consequência da frustração sentida pela criança com o desmame" (1928, p. 216), Melanie Klein ressalta logo o fato de "o ego ainda estar pouco desenvolvido quando é atacado pelo início das tendências edipianas e a incipiente curiosidade sexual relacionada a elas" (1928, p. 217). Mais ainda:

> *Um dos maiores sofrimentos que encontramos no inconsciente é que essas perguntas esmagadoras – que parecem ser apenas parcialmente conscientes e, mesmo quando são conscientes, ainda não podem ser expressas em palavras – permanecem sem resposta (1928, p. 217-218).*

Acrescente-se a isso o fato de que essa é uma época em "a criança não entende as palavras" (1928, p. 218). Desnecessário dizer que a evolução desses acontecimentos psíquicos depende primordialmente da relação da criança com a mãe, pois "a mãe visível continuamente oferece provas de como é a mãe 'interna': amorosa ou ríspida, prestativa ou vingativa" (1940, p. 389).

Segundo Melanie Klein, o sentimento precoce de *não saber* tem múltiplas conexões, frustração tanto mais intensa quando se considera que a criança "*não possui um conhecimento* claro sobre os processos sexuais" (1928, p. 218).

Enfatizando a importância, para o desenvolvimento mental global do indivíduo, da conexão precoce existente entre o impulso epistemofílico e o sadismo, ela explicita que "essa pulsão, ativada pelo surgimento das tendências edipianas, volta-se de início principalmente para o corpo da mãe, visto como o palco de todos os processos e desenvolvimentos sexuais" (1928, p. 218). Considera-se, também, que a criança ainda dominada pela posição anal-sádica da libido, que a impele a desejar apoderar-se dos conteúdos do corpo materno. Mais tarde, tornando-se mais claros seus pontos de vista, ela diria que "os ataques ao seio da mãe evoluem para ataques de natureza semelhante ao corpo materno, que passa a ser sentido como uma extensão do seio" (1946, p. 27) – mesmo antes que esta seja concebida como uma pessoa completa. Ressalta, ainda, que tais ataques "seguem duas linhas principais: uma é a do impulso predominantemente oral de sugar até exaurir, morder, escavar e assaltar o corpo da mãe despojando-o de seus conteúdos bons. . . . A outra linha de ataque deriva dos impulsos anais e uretrais e implica a expulsão de substâncias perigosas (excrementos), do *self* para dentro da mãe" (1946, p. 27).

Essas seriam, em síntese, as formas como "a pulsão epistemofílica e o desejo de se apossar do objeto estão intimamente ligados desde muito cedo e, ao mesmo tempo, associam-se ao sentimento de culpa criado pelo conflito edipiano incipiente" (1928, p. 218). Com a elaboração ulterior dos conceitos de posição depressiva e posição esquizoparanoide, a conexão assinalada entre a emergência precoce das tendências edípicas e o impulso epistemofílico não se empobrece, mas, ao contrário, se torna mais fértil, como é fácil compreender. De sádica, egoística e voraz, a curiosidade sexual precoce da posição esquizoparanoide transforma-se em impulso altruístico a "descobrir" meios e modos de reparar e preservar o interior do corpo materno, a própria mente e o mundo externo, característicos da posição depressiva e fonte de todas as sublimações posteriores. É este impulso a "ver" e "saber", com sua inevitável *frustração* em permanente movimento no psiquismo, que aciona uma das principais tendências da atual técnica psicanalítica.

2. Intolerância à frustração e incapacidade para pensar

Desde o trabalho de Bion "Sobre arrogância", ficou patente que este sentimento – ou a onipotência a ele correlata – deriva diretamente de uma incapacidade básica para tolerar a frustração. De fato, naquele trabalho, Bion propõe-se a abordar o aparecimento, no material de certo tipo de pacientes, de referências a curiosidade, arrogância e estupidez.

Elas parecem "de tal modo dispersas e distanciadas uma das outras que sua correlação pode passar despercebida" (Bion, 1957b, p. 101), mas deveriam ser, diversamente, consideradas pelo analista "como indício de que está lidando com um desastre psicológico" (1957b, p. 101). Para fazer isso, Bion retoma o mito edípico de um ângulo diferente, fazendo do "crime sexual um elemento periférico de uma história em que o crime central é a arrogância de Édipo ao jurar que desnudaria a verdade a qualquer preço" (1957b, p. 101).

Consequentemente, a ênfase da história passa a incidir nos seguintes elementos: "a esfinge que formula o enigma e se destrói quando este é respondido; o cego Tirésias que, possuindo saber, lamenta a decisão do rei de sair a buscá-lo; o oráculo, que instiga essa busca que o profeta condena a, além destes, o rei que, concluída a busca, sofre a cegueira e o exílio" (1957b, p. 102).

É evidente que essa retomada do conflito edípico em outros termos não implica em depreciação ou subestimação do caráter angustiantemente universal de "crime e castigo" sexuais, inerente ao tema clássico de Édipo. É uma reformulação que deve ser considerada como uma "aproximação" à verdade da realidade psíquica, paralela à versão clássica, mas sem excluí-la ou diminuir-lhe a importância.

Vista sob este ângulo e traduzida em termos de experiência analítica entre duas pessoas – uma que analisa, outra que é analisada –, essa síntese das ideias de Bion significa que, na relação analítica, ambos estão sujeitos a idênticas, embora diferentes, manifestações de curiosidade, estupidez e arrogância, centralizadas em torno do "crime" de querer saber a verdade a qualquer preço.

Nesse ponto, precisamente, o problema se complica, pelo fato de

> *o próprio método analítico ser precisamente uma manifestação da referida curiosidade que é sentida como um componente intrínseco do desastre. Como decorrência o*

> *próprio ato de analisar o paciente torna o analista um cúmplice na precipitação da regressão e na transformação da própria análise numa 'atuação' (1957b, p. 101).*

A alternativa é aceitar, segundo Bion, o *acting out* e a regressão como incapacidade de tolerar a frustração, como inevitáveis, "mas envolve a interpretação minuciosa do que ocorre na sessão" (1957b, p. 103).

Os três fenômenos, dos quais um eventualmente pode não aparecer, que compõem ou evidenciam o "desastre" psicológico têm igual importância. Mas, por necessidades didáticas de exposição de suas repercussões na técnica, merecem destaque especial as manifestações de curiosidade e de arrogância. Com efeito, a experiência clínica ao alcance de qualquer analista pode mostrar que aquela arrogância de Édipo "em querer descobrir a verdade a qualquer preço" encobre sempre uma mal disfarçada onipotência em tentar negar a incapacidade de tolerar a frustração de "não saber". Não importa que apareça ora no analisando, ora no analista, ora em ambos, a dificuldade em tolerar "não saber" é um dos sinais que traduzem o penoso processo de desenvolvimento da capacidade para não *antecipar* conhecimentos nem compreensões impossíveis na aquisição da percepção da realidade, a qual só se pode obter por meio da *experiência*.

Essas considerações tornam-se mais claras à luz das ideias desenvolvidas por Bion, mais tarde, em sua "Uma teoria sobre o pensar", em que – ao contrário das teorias usuais sobre o pensamento – formula conceitos de que o pensar é "um desenvolvimento imposto à psique pela pressão dos pensamentos e não o contrário" (1962a, p. 128). O modelo por ele proposto para ilustrar sua teoria é o de um bebê "cuja expectativa de um seio se una a uma 'realização' de um não-seio disponível para satisfação", o que é experimentado como um seio "ausente" dentro de si (1962a, p. 129).

Em sua descrição, Bion salienta que o próximo passo no desenvolvimento depende da capacidade da criança de lidar com a frustração e, mais particularmente, "depende de que a decisão seja fugir da frustração ou modificá-la" (1962a, p. 129). Se a capacidade para tolerar a frustração for suficiente, "o 'não-seio' se transforma num pensamento, e desenvolve-se um aparelho para 'pensá-lo'" (1962a, p. 129). Tal situação inaugura o estado descrito por Freud em "Dois princípios do funcionamento psíquico", em que o domínio pelo princípio da realidade é simultâneo ao desenvolvimento de uma habilidade para pensar. Se, porém, a capacidade para tolerar a frustração é inadequada, a psique se depara com a necessidade de decidir entre a evasão ou a modificação da frustração. O fator decisivo na direção da evasão da frustração é sempre a incapacidade para tolerá-la.

A consequência dessa incapacidade é um desenvolvimento hipertrófico do aparelho de identificação projetiva, isto é, um aparelho adequado somente para a "evacuação" mental. O modelo proposto por Bion para ilustrar esse desenvolvimento é o de um psiquismo que opera sob o princípio de que a "evacuação" de um seio mau é sinônimo de obtenção de subsistência de um seio bom. Como uma atividade realística, a identificação projetiva deve ser considerada "como conduta que premeditadamente visa a despertar, na mãe, sentimentos dos quais o bebê deseja livrar-se" (1962a, p. 132). Assim, "se o bebê sente que está morrendo, pode despertar na mãe o receio de que ele esteja morrendo. A mãe equilibrada consegue aceitar esse temor e reagir terapeuticamente; isto é, de modo a fazer com que o bebê sinta estar recebendo de volta a sua própria personalidade amedrontada, mas de uma forma tolerável" (1962a, p. 132).

Um exemplo tornará todas essas correlações mais nítidas. Uma paciente obsessiva, em análise havia alguns anos, apresentava uma série de rituais de pensamento que lhe davam uma ilusão de controlar onipotentemente pessoas e situações, não obstante a realidade a cada passo lhe infligisse toda sorte de frustrações. Tais frustrações, porém, não eram em verdade "sofridas", porque, no momento imediato, a fantasia onipotente renovava a ilusão do controle. Dentre esses rituais de pensamento avultava, avassalador, o exercício da dúvida para tomar qualquer decisão, em nome de que "não se deve fazer nada precipitadamente".

A certa altura de sua análise – e já bem trabalhados muitos aspectos de sua couraça obsessiva – a paciente traz à sessão um conjunto de preocupações com sua filha, uma adolescente de 16 anos, centralizadas em torno de alguns "fatos reais". A filha – dizia ela – terminara o curso ginasial e não queria prosseguir os estudos, o que era uma fonte de decepção para a mãe, cujas atividades universitárias não podiam compatibilizar-se com as "transgressões" da jovem. O abandono dos estudos ainda era uma "transgressão menor", pois, segundo o relato da paciente, havia outras mais graves: a filha andava com péssimas companhias, fumava maconha às escondidas, tinha como companheiros uma estranha fauna de hippies, com um dos quais parecia estar tendo relações sexuais. Tudo isso confrangia a paciente e a mergulhava em mais e mais dúvidas sobre como falar com a filha. Sabia que queria falar-lhe, precisava, segundo seu comentário, "dialogar com ela", mas não sabia como.

Dentro desse contexto, houve várias ocasiões em que foi possível interpretar, à luz de abundante material, o desejo da paciente de que o analista fosse seu marido, para poder transformá-lo naquele "pai ideal" que ela achava não ter dado à filha. E também, em outro nível psíquico, que fosse a mãe que cuidaria para que ela, paciente, não envenenasse ou estragasse, com a "maconha" de suas dúvidas e descaminhos, as benesses do tratamento. Mas, em nome destas "compreensões", a dimensão real de sua relação com a filha permanecia intocável e os fatos continuavam os mesmos: a filha seguia voltando tarde para casa, fumando maconha com os mesmos companheiros hippies, talvez degradando-se sexualmente com eles, e ela precisava, ia falar com a mocinha, mas não sabia como: podia magoá-la, dizer-lhe "alguma coisa violenta", conhecia bem "seu próprio gênio" etc.

Eis um fragmento de sessão em que se pode ver a tenaz relutância da paciente em abandonar a ilusão onipotente do controle exercido pelos seus pensamentos e em aceitar a frustração de não poder saber *por antecipação*:

P. Pois é, doutor... Estou com uma angústia com este assunto da minha filha... Não sei mesmo como falar com ela, e fico preocupada porque os dias estão passando...

A. Talvez a sua preocupação se deva mais ao fato de que os dias estão passando e a senhora sente que não quer expor-se...

P. (Interrompendo.) Expor-me ao quê?

A. A senhora sabe, mas nega que sabe: expor-se a falar com a sua filha, naturalmente, como mãe apenas, sem vaticinar desgraças ou desentendimento...

P. Acho que não, doutor... é que não vi bem... não examinei bem o problema... preciso ver melhor...

A. Em nome de precisar ver melhor, adia. E em nome de precisar adiar, lamenta o tempo passar.

P. (Desalentada.) Pois é, é um círculo vicioso...

A. Que pode ser rompido, se a senhora se dispuser a aceitar que não pode saber exatamente antes como vai ocorrer sua conversa com sua filha.

P. Mas por que será todo este medo, doutor?

A. Será mesmo medo? A mim, parece mais a necessidade que a senhora tem de manter intacta uma teoria sobre si mesma, que a senhora já reconhece ser falsa.

P. Como assim?

A. A senhora já sabe muito bem, a respeito deste assunto da conversa com sua filha, que não pode antecipar nada. Só experimentando entrar em contato com ela é que a senhora aprenderá algo e poderá ajudá-la.

P. (Após um silêncio prolongado.) É... Mas não acho que seja só com a minha filha, não... É uma coisa geral; não gosto de experimentar nada sem saber exatamente como vai ser.

A. Como aqui na análise... Mas nem a senhora nem eu poderemos saber nunca como vai decorrer sua sessão de análise.

Era precisamente essa percepção de estar se recusando a entrar em contato com a filha, como em contato com o analista, por medo de "aprender com a experiência" e não com o vaticínio, que levava a paciente a uma constante evasão da frustração e a intensificar a sua teoria obsessiva de necessitar "saber mais" a verdade. E, como Édipo, a "qualquer preço". E com isso sua mente ficava simplesmente inundada de premonições, dúvidas e adiamentos cautelosos.

Não tolerar a frustração corresponde, portanto, a uma incapacidade para pensar, tanto mais manifesta quanto mais frequentes e intensos os processos de identificação projetiva. Situação que se expressa no tratamento analítico sob a forma de uma excessiva crença na própria onipotência de tudo saber, tudo antecipar, tudo prevenir.

Diferente na forma, mas igualmente intensa, é a incapacidade para tolerar a frustração manifestada por um jovem de 17 anos, obsessivo grave (acompanhado em supervisão), em função de uma interrupção de fim de semana prolongado por conta de feriados.

Em análise havia três anos, o paciente, portador de ideias compulsivas referentes a sexo e morte, rituais de toda índole e tiques variados e intensos, quase não falava durante o primeiro ano de tratamento, pois falar sobre suas ideias era onipotentemente equiparado a "fazê-las acontecer". Nesse período, executava ritualmente dois desenhos por sessão, a princípio de conteúdo terrífico e agressivo (monstros marinhos, guerras, bombas), desenhos estes que, de maneira concomitante ao uso maior da fala durante as sessões, passaram a ter um conteúdo mais tranquilo.

A sessão transcrita a seguir corresponde ao período atual de tratamento e aconteceu na véspera dos feriados.

O paciente entra, senta-se e começa com expressão bastante ansiosa a apalpar o pescoço (no dia anterior, pouco falara durante a sessão, aludindo apenas a um sentimento intenso de raiva, e ao desejo de brigar com o irmão e ao aborrecimento porque este não aceitara a briga).

A. Parece que você esteja querendo me comunicar alguma coisa...

P. Acho que estou doente, não sei o que pode ser. Estou sentindo uns caroços no pescoço, não posso deixar de pensar nisso, estou muito doente.

A. Você está sentindo raiva de mim, porque vou me afastar nos próximos dias, você pensa que esta raiva pode explodir com os caroços no pescoço. Você pensa que algo muito ruim pode acontecer.

P. Acho que a minha garganta está muito doente, acho que os dentes também podem estar doentes e que tudo pode cair. Está tudo ruim na minha boca.

A. Você está sentindo como se eu me afastasse por vingança, impedindo que você fale comigo ou se aproxime de mim. Você sabe que não vai falar e nem vir aqui esses dias, mas está sentindo isso como vingança e impedimento de minha parte.

P. (Após algum tempo em silêncio.) Estava pensando também que o que estou sentindo pode ser hipocondria.

A. Você já está duvidando do que acha e sente, está percebendo que esta pessoa vingativa está dentro de você e pode não ser real.

P. Agora vêm os feriados, eu queria que a senhora me atendesse, eu não queria ficar sem análise.

A. Se eu ficar sempre perto de você, minha imagem é boa. Afastando--me, fico apenas vingativa e má, dentro de você.

P. Eu sinto que, não tendo análise nesses dias, não vou ter vontade de voltar na segunda-feira, sinto que não vou poder voltar mais.

A. Você quer me forçar a ficar, porque na minha ausência vou ficar muito má, dentro de você. Você usou a expressão "não vou poder", você acha que vai ficar com tanto medo de mim que não vai poder mais me ver.

Observe-se a intensidade com que o paciente se agarra à sua onipotência, por não tolerar a frustração de perceber que não controla a analista. A ponto de onipotentemente *decretar* que "não vai poder voltar mais", coisa que, por motivos óbvios, não pode saber por antecipação.

IV

1. Contato e perda de contato com a realidade

A descoberta de que a saturação da mente pela memória e pelo desejo de um lado, e a incapacidade de tolerar a frustração de outro acarretam onipotência e onisciência conduz naturalmente ao problema do *contato com a realidade*. Sendo esse contato uma função primordial do ego, compreende-se de imediato a importância que adquiriu para a técnica o exame constante do seu funcionamento. Não existem dúvidas quanto ao valor prático desse exame constante do ego em contato com a realidade no decorrer de uma análise. Mas podem-se distinguir, ao nos aproximarmos do tema, duas linhas de pensamento bem diferentes. Embora ambas mergulhem suas raízes na obra de Freud, são distintas pela diversidade da procedência conceitual em que procuram fundamentar suas origens, e são diversas pelas formas de expressão técnica que adquirem no exercício da prática clínica. Uma delas (Hartmann, Paula Heimann, Winnicott) está centralizada ao redor dos conceitos expandidos por Freud em "Análise terminável e interminável". A outra (Bion) expande-se tomando como ponto de partida os pontos de vista de Freud sobre a *aprendizagem de contato* ("Dois princípios do funcionamento psíquico") e a *perda de contato* com a realidade nas neuroses e nas psicoses.

Hartmann, para quem, mesmo entre analistas, a palavra *ego* é usada muitas vezes de forma ambígua, partindo da reformulação da estrutura do aparelho mental realizada por Freud – segundo a qual "cada ego está dotado, desde o início, com disposições e tendências individuais, embora seja verdade que não podemos especificar sua natureza ou o que as determina" (Freud, 1937a, p. 257) –, começa por mostrar que "em psicanálise, o ego não é sinônimo de personalidade nem de indivíduo; não coincide com o sujeito como algo oposto ao objeto de experiência; nem significa tampouco a percepção do sentimento do próprio ser" (Hartmann, 1950, p. 114). Destaca, a esse respeito, que o ego "é uma subestrutura da personalidade definida por suas funções" (p. 114), entre as quais se notam "a organização e o controle da motilidade e da percepção; a função de servir como barreira protetora contra estímulos externos e internos excessivos" (pp. 114-115); e a de poder adiar a ação por meio do pensamento.

Essa multiplicidade de funções, segundo Hartmann, explicaria o que ele chama de "os muitos contrastes do ego" (p. 138), pois, desde seus primórdios, "o ego se opõe aos impulsos, mas uma das suas principais funções é também ajudá-lo a gratificar-se; ele é a sede do insight, mas também da racionalização; promove o conhecimento objetivo da realidade, mas, ao mesmo tempo, por meio da identificação e da adaptação social, carrega os preconceitos do ambiente" (p. 139). Em outras palavras: sua diversidade de funções e a consequente existência de "contrastes" no ego seriam, portanto, a prova de que a mente individual, mesmo em conflito, é única e indivisível, não mais cabendo atribuir certas funções psíquicas (como o conhecimento objetivo da realidade) a determinadas *instâncias* (ego) e outras funções (como "a adaptação social aos preconceitos do ambiente") a outras *instâncias* (superego).

Como preconizara Freud em seu último trabalho, à luz dos novos conhecimentos, "a distinção topográfica entre o que é ego e o que é id perde muito do seu valor para nossa investigação" (1937a, p. 257). Afinal de contas, tudo vem a ser ego.

Também apoiada, como Hartmann, nos pontos de vista expressados por Freud em "Análise terminável e interminável", Paula Heimann (1957-1959) vai além em seus conceitos sobre o funcionamento do ego, estudando-o especialmente em seu contato com a realidade nos processos de sublimação. Assim, embora reconheça que os fenômenos da sublimação predominam em artistas, faz ver que se deve evitar a tendência de tratar tais problemas como diferentes dos da pessoa comum, pois – como ela destaca – a sublimação "é um processo contínuo, antes que um acontecimento ocasional" (p. 92). Nesse sentido, chama a atenção para o fato de que "muitas associações inteiramente comuns têm, na verdade, uma qualidade sublimatória" (p. 94), em particular "o interesse do paciente no processo analítico" (p. 94). Segundo a sua opinião, tal fato pode ser observado com maior clareza nos períodos avançados da análise, os quais – ao contrário das etapas iniciais, em que predominam os problemas instintivos – "se relacionam mais com o uso das capacidades e tendências inatas do ego" (p. 97).

Em consequência desse ponto de vista, Paula Heimann deduz determinadas posições de considerável valor conceitual e prático, a saber:

1. a de que "o analista deve manter-se em estreito contato com o ego contemporâneo consciente e inconsciente do paciente" (p. 97);
2. a de que a função do analista "não é a de uma figura de superego, mas sim a de um ego suplementar" (p. 97); e

3. a de que, especialmente durante a atividade sublimatória do paciente – no seu entender, frequentíssima –, a função do analista é a de "um espectador, isto é, uma presença não interferente" (p. 98), uma vez que "na atividade sublimatória, no exercício e performance de seus dotes singulares e inatos, o indivíduo está de novo sozinho" (p. 101).

Essa última conceituação está em harmonia com o chamado "fato paradoxal" descrito por Winnicott (1958), segundo o qual a capacidade para estar só depende da experiência da criança de ter ficado só na presença de um objeto que não lhe fosse nem indiferente, nem constituísse um obstáculo. Experiência esta que não pode ser explicada em termos de relações de objeto, pois seria basicamente uma experiência do self. Trata-se de uma paciente[2] com amplas áreas psicóticas da personalidade. Quando finalmente consegue experimentar uma relação e um contato com a analista, inaugura uma série de fugas e autênticos *acting outs* para escapar da frustração, considerada insuportável, da perda do contato com a analista. Depois de uma sessão particularmente intensa e positiva, a paciente, logo ao sair, vai à estação ferroviária, sobe no primeiro trem e foge. Perde duas sessões e depois retorna. Nesta primeira sessão, começa a se queixar que em casa, com o marido e os pais, não há verdadeiro diálogo, que o relacionamento com eles é só aparência. Ela não suporta essa situação, não suporta retornar para aquela casa e por isso pegou o trem e fugiu.

A analista destaca que ela fugiu ao sair do consultório e perdeu também duas sessões, portanto, fugira também da analista. Longo

2 Este capítulo não está acompanhado, na versão datilografada, por material clínico, mas, no texto manuscrito em italiano, estão presentes duas vinhetas clínicas, resumidas em forma concisa e colocadas no final, sem indicações de referência ao texto. Trata-se provavelmente de material clínico utilizado para o seminário que aconteceu nos anos 1980. Acredito que seja oportuno inserir tal material neste ponto, porque é indicativo, do ponto de vista clínico, do tema enfrentado. [N. O.]

silêncio. Depois diz: "*Eu, ao fugir, tentava permanecer conectada aqui, com a senhora*".

"*Como?*", pergunta a analista.

Não responde. Diz que, ao sair da sessão, sentiu "um estrondo nos pensamentos". Depois do "estrondo", o pensamento "dilatava-se" cada vez mais, a ameaça era de uma perda de significado grande e total. Afirma: "*Tinha que restringir o pensamento para que readquirisse uma forma. Andar de trem, compartilhar o espaço com outras pessoas, todas indo na mesma direção. Enquanto subia no trem, sentia que o espaço restrito dentro do trem e a ação de irmos todos na mesma direção não era suficiente para contrapor-me à dilatação das ideias, devia concentrar-me mais. Então, subindo no trem, concentrei-me na alça metálica; pensava, enquanto a agarrava, que alguém a tinha fabricado para que, como eu naquele instante, pudesse ajudar alguém a subir no trem. A alça de ferro me servia para manter o pensamento, para não deixar que esvaísse em mil direções*".

A analista pergunta: "*De quem? De qual situação se esvaia seu pensamento?*", e acrescenta "*Acredito, por mim e pela experiência, sentir que estávamos juntas. A dor de se encontrar sozinha na rua foi grande, preferiu livrar-se desse pensamento. Tentava permanecer em contato comigo, é verdade, mas de uma forma imprópria, impossível. Fui substituída por uma alça metálica, uma alça à qual agarrar-se. Certamente, a alça está sempre ao alcance de sua mão, se assim desejar, é difícil odiar uma alça, e isso parece ser uma vantagem. Na alça, a senhora procura também a possibilidade de se recuperar, de recuperar um pedaço da experiência da sessão. 'Alguém, ao projetar a alça, pensou em minha necessidade de me agarrar, para subir no trem...' Alguém como eu e minha atenção e meu pensar nas suas exigências, eu como ponto de referência, mas a senhora é como os destroços resultados do estrondo, e eu, inteira, desapareci de sua mente*".

2. A "simultaneidade" do princípio do prazer com o princípio da realidade

Conforme foi assinalado anteriormente, existe outra linha de pensamento, talvez paralela a esta, mas de procedência e orientação conceitual diversas e, portanto, de diferente expressão técnica na prática clínica. Para bem entendê-la, é necessário acompanhar as primeiras formulações de Freud sobre a aprendizagem de contato com a realidade, nos primórdios do desenvolvimento, e sobre a perda de contato com a massa, tal como ele a descreveu nas neuroses e nas psicoses.

No intento de estabelecer uma diferença genética entre a neurose e a psicose, Freud formulara um ponto de vista segundo o qual "*a neurose seria o resultado de um conflito entre o Eu e seu Id, enquanto a psicose seria o análogo desfecho de uma tal perturbação nos laços entre o Eu e o mundo exterior*" (1924a, p. 159, grifos de Freud).

Poucos meses após essa formulação, no entanto, e fazendo jus àquela alusão de Kris ao constante fluxo em que se moviam seus pensamentos, Freud põe em xeque esse conceito, reconhecendo que, ao contrário de um tal esquematismo que corresponderia só a uma *primeira etapa* do processo, "toda neurose perturba de algum modo a relação do doente com a realidade" (1924b, p. 194). Admitiu, aliás, que ela lhe serve até "como um meio para ele de retirar-se [da realidade]" (p. 194), chegando mesmo, em suas formas severas, a significar "uma fuga da vida real" (p. 194). A diferença entre a neurose e a psicose – que só existe de fato no período inicial – seria, portanto, expressa no resultado final: "na neurose uma porção da realidade é evitada mediante a fuga, enquanto na psicose é remodelada" (p. 196). Ou, expresso de outra forma: "a neurose não nega a realidade, apenas não quer saber dela; a psicose a nega e busca substituí-la" (p. 196). E ele termina por concluir:

> *Uma outra analogia entre neurose e psicose, portanto, consiste em que nas duas a tarefa realizada no segundo estágio malogra parcialmente, na medida em que o instinto reprimido não consegue arranjar um substituto integral (neurose) e aquilo que representa a realidade não pode ser vertido em formas satisfatórias(p. 197).*

Assim, não há dúvida de que Freud tinha uma clara percepção de que nem na neurose, nem na psicose o indivíduo consegue "retirar-se" totalmente da realidade. Ambos, neurótico e psicótico, "retiram-se" momentaneamente para, em seguida, voltarem, cada um a seu modo, uma vez conseguida a modificação desejada ou "aquela que foi possível".

Solidamente apoiado em uma longa experiência com psicóticos, Bion desenvolveu esses achados que Freud esboçara, aprofundando importantes minúcias na descrição do funcionamento da personalidade do esquizofrênico, em cuja composição entrariam basicamente quatro fatores essenciais:

1. um conflito irresolvido entre os instintos de vida e os instintos de morte;
2. um predomínio de impulsos destrutivos;
3. ódio à realidade externa e interna; e
4. uma tênue, mas tenaz relação de objeto.

Tais fatores asseguram que o paciente esquizofrênico "atravesse as posições esquizoparanóide e depressiva de um modo bem diverso do que o faria a personalidade não-psicótica", caracterizado por "um emprego maciço da identificação projetiva", a qual se derrama "contra o aparelho de percepção que, na descrição de Freud, seria acionado em razão das exigências do princípio da realidade" (Bion, 1956, pp. 49-50).

Supondo, por outro lado, que, quando falou da fidelidade do ego à realidade – tal como consta da transcrição anterior, contida em "Neurose e psicose" –, Freud "esteja se referindo aos desenvolvimentos que, segundo a descrição que fez, ocorrem quando da instituição do princípio da realidade" (Bion, 1957a, p. 58), Bion propõe duas modificações à descrição de Freud:

1. "Não creio que alguma vez o ego esteja inteiramente afastado da realidade" (p. 59), aspecto já assinalado, como vimos, pelo próprio Freud.
2. "O afastamento da realidade é uma ilusão e não um fato", e provém "do emprego da identificação projetiva contra o aparelho mental mencionado por Freud" (p. 59). O que acontece, portanto, é que o contato com a realidade não desaparece, senão "é mascarado pelo predomínio, na mente e na conduta do paciente, de uma fantasia onipotente, que visa a destruir a realidade ou a consciência que tenha dela" (p. 59).

As duas modificações propostas por Bion não só correspondem à verdade dos fatos, como têm importante repercussão na prática clínica, uma vez que os ataques destrutivos do paciente a seu próprio ego devem ser elaborados, já que existe, "no caso do neurótico grave, uma personalidade psicótica escondida pela neurose – assim como, no psicótico, a personalidade neurótica é ocultada pela psicose" (p. 77).

É curioso assinalar que elaborações semelhantes às realizadas com os elementos conceituais estabelecidos por Freud nos trabalhos sobre a perda da realidade nas neuroses e nas psicoses foram também levadas adiante pelo mesmo Bion com "os materiais" contidos nos "Dois princípios do funcionamento psíquico". Ambas se completam, ambas têm igual repercussão na teoria e na prática. Com efeito, em "Dois princípios do funcionamento psíquico", põe-se em evidência também um conceito muito fecundo, que Bion irá posteriormente desenvolver com inesperadas consequências para a prática. De fato, ao descrever os "dois princípios", tomando como ponto de partida os processos primários inconscientes, cuja tendência "é fácil distinguir . . . , ela é designada como princípio do prazer-desprazer (ou, mais sinteticamente, princípio do prazer)" (Freud, 1911, p. 82), Freud mostra que "apenas a ausência da satisfação esperada, a decepção, levou a que se abandonasse a tentativa de satisfação por meio alucinatório" (p. 83). Introduzia ele, assim, a ideia de *sucessividade* na institucionalização de um novo princípio, o *princípio da realidade*, em decorrência do qual se instala paulatinamente uma sucessão de adaptações que configuram o funcionamento do ego (atenção, notação, juízo de realidade, restrição da descarga motora por meio do pensamento), todos com a finalidade básica de familiarizar o indivíduo com suas necessidades instintivas e com o meio externo.

Pareceria, assim, à primeira vista, que Freud admitia um estágio de plena satisfação instintiva *antecedendo* um estágio de tomada de conhecimento da realidade. Mas a verdade é que isso é só aparência, pois o próprio Freud reconhece – em nota de pé de página do mesmo trabalho – que tal descrição esquemática é passível de séria objeção, uma vez que uma "organização, que se abandona ao princípio do prazer e negligencia a realidade do mundo externo, não poderia se manter viva por um tempo mínimo" (p. 89, n. 4). O comportamento dos instintos sexuais em forma autoerótica, longe da "situação de frustração que levou ao estabelecimento do princípio da realidade" (p. 85), não passa, portanto, de uma ficção. Reconhecida pelo próprio Freud, que a usou, de resto, apenas com finalidade didática de exposição.

Princípio do prazer e princípio da realidade são, por consequência, *realidades* em permanente concomitância. É esse fato, até há muito pouco não levado devidamente em conta, que Bion tem posto em relevo a partir de seus estudos sobre as desordens do pensamento e do pensar. E ainda, em decorrência desses estudos e acreditando ser "possível dar uma ideia do mundo que se revela na tentativa de compreender nossa compreensão" (1962b, pp. 11-12), Bion desenvolveu uma *teoria das funções*, cujos pormenores não serão aqui tratados, mas da qual é necessário dar algumas características gerais valiosas, para o entendimento de importantes modificações introduzidas na técnica.

Uma delas, implícita no estudo de Freud sobre os "Dois princípios", é o abandonar "como sem importância para o tema da compreensão distinguir, como Freud, entre 'mundo externo' e prazer-desprazer" (Bion, 1962b, p. 22), podendo ambos serem tratados por meio da teoria da função alfa. Expressado de forma mais explícita na própria linguagem de Bion: "A experiência emocional vivida durante o sono... não difere da vivida durante a vigília, no que as percepções da experiência emocional só se utilizam como pensamentos oníricos depois de elaboradas pela função alfa" (p. 25). À medida que a função alfa tem êxito, elementos alfa são produzidos e estes são adequados à armazenagem e às exigências dos pensamentos dos sonhos. Mas "se a função alfa se perturba... e por isso não atua, as impressões sensíveis que o paciente percebe e as emoções que experimenta permanecem inalteradas" (p. 25). A tais impressões sensoriais e emoções *inalteradas* Bion chamou de elementos beta, os quais "não se utilizam como pensamentos oníricos, mas são passiveis de uso na identificação projetiva" (p. 26).

A conclusão natural que decorre do que foi dito é que "a falta da função alfa" significa que o paciente não pode transformar sua experiência emocional em elementos alfa e "que não pode sonhar e portanto não pode dormir" (p. 26). Daí que a habilidade para sonhar "preserva a personalidade do que é virtualmente um estado psicótico" (p. 37).

Em outras palavras, e estas agora bem próximas da linguagem usada por Freud em *A interpretação dos sonhos*, se o paciente não é capaz de elaborar suas emoções a partir dos "restos diurnos" de suas impressões sensoriais, transformando-as em pensamentos oníricos – do mesmo modo das pessoas normais –, é porque ambos os fenômenos (impressões sensoriais provindas da realidade e *transformação das emoções* em elementos alfa) *ocorrem em concomitância*.

Em consequência, como postula Bion, "o enunciado de Freud insinua que o princípio da realidade é sequente ao do prazer; cumpre se retifique para acentuar que ambos os princípios coexistem" (p. 52). Daí decorre um procedimento de enorme importância para a técnica – o de confrontar, a cada passo no curso de uma análise, as "teorias" que o paciente tem de si mesmo ou dos outros com a realidade imediata. Pois, no sonho como na vida desperta, o que é central a uma compreensão do pensamento e de seus distúrbios é "o vínculo entre a intolerância à frustração e surgir o pensamento" (p. 52).

O breve relato de um exemplo mostrará, de forma mais clara, o conjunto de conexões existentes entre o princípio do prazer e o princípio da realidade e a dificuldade de uma paciente em vivenciar a simultaneidade de ambos e experimentar seu *contato*. A paciente é uma jovem casada, inteligente e sensível. Há cerca de dois anos e meio em análise, é assídua às sessões, mas sempre algo distante e "desligada". Das suas defesas contra o *contato*, duas se sobressaem: a tendência a "explicar" tudo e todos e certo impulso compulsivo a assumir uma atitude de displicência, refinamento e "distância" diante das necessidades de contato das outras pessoas e das suas próprias. Tem grande cautela em deixar transparecer qualquer atitude amorosa, ou mesmo simplesmente amistosa, para com o analista e, de modo geral, com todas as pessoas de suas relações. No momento da sessão transcrita a seguir, esses traços de sua personalidade estão sensivelmente atenuados. Mas o *temor do contato* é ainda pronunciado.

> P. Quando vinha para cá, vinha pensando que estava com muita vontade de chegar, de vir aqui... não sei o porquê... (Pausa.)
>
> A. E por que tem de achar uma explicação? Por que não pode simplesmente perceber que queria vir e aqui ficar tranquila, à espera do que ocorrer?
>
> P. Ahn... não sei... (Pausa.) Minha cunhada resolveu ir sozinha à Europa. Ela está separada de meu irmão, mas não é por isso que ela vai sozinha, não... Diz ela que desde solteira tem este desejo: viajar sozinha, para um país qualquer, até o dinheiro acabar e depois voltar... Eu, não... Acho que enquanto não acabar tudo o que tenho que fazer aqui, ficar livre dos estudos e me formar, nem penso em viajar.

A. Eu acho que, de certa forma, a senhora está também querendo ficar sozinha, aí consigo mesma, sem que eu interfira. Só que põe, na união aqui comigo – e de certa forma no seu próprio casamento –, um caráter de prisão, que na realidade a senhora percebe que é interna. A senhora quer ver-se livre de um estado mental e emocional que a incomoda, mas não sabe bem qual seja.

P. Ah! Isso é verdade, eu não sei mesmo não! (Nova pausa, longa.) Estou me lembrando do jantar do Natal, lá na casa de meus sogros... Estava tudo bem, mas eu não "engrenava" com o pessoal... Aí, então, resolvi ir para a sala ao lado e fiquei lá, no sofá, sozinha.

A. Fez a viagem, como sua cunhada... sozinha, até que se acabe o capital, isto é, sua capacidade de isolar-se dos outros... como agora aqui.

P. Pois é... Mas aí é que eu chamei a atenção de todo mundo ainda mais: vieram logo me buscar, perguntando-me por que estava eu ali tão só e calada... Aquela história de que o senhor já falou... igualzinha.

A. A senhora deve estar se referindo ao prazer que tem em se esconder para fazer com que os outros a "achem".

P. (Angustiada.) É, é isso mesmo... exibicionismo, não?

A. Não disse isso. A senhora está querendo transformar-me em crítico, porque esta parece ser a única forma que a senhora encontra para sentir-se acompanhada.

P. O que eu sei é que eles lá são uns "trouxas"... pelo menos foi o que eu pensei.

A. Talvez a senhora é que esteja se sentido uma "trouxa" por perceber o quanto se engana, pensando que chama a atenção por forçar os outros a "acharem" a senhora no seu isolamento.

P. Pelo menos chamo a atenção, não?

A. Não, e a senhora sabe que não. Acho que a senhora suspeita que "aquilo" que a senhora conseguiu foi uma mera cortesia social dos sogros. E sente-se uma "trouxa" por temer não conseguir despertar um interesse verdadeiro por sua pessoa, pois...

P. (Interrompendo.) Por quê?

A. Porque a senhora mesma não dá muita importância à sua pessoa, não tem muita estima por si mesma. Isso está claro em sua atitude: ir para outra sala, lá como aqui na sessão, equivale a "sair" de si mesma para algo artificial, para a "pose" de chamar a atenção. E acho que senhora já tem experiência de que este método não a faz mais próxima de si mesma. Na melhor das hipóteses, é método para "trouxas", para a senhora e para mim, que ficamos ambos "trouxas", isto é, sem um verdadeiro contato. Ao que parece, a senhora está saturada de usar este método de "sair" da sala para ser "achada". Toda a consideração e a atenção que a senhora queria ter por si mesma estão colocadas em outras pessoas: seus sogros, seu marido ou eu ficamos sendo os únicos capazes de ter consideração pela senhora. A senhora mesma, não.

P. Negócio estranho! Mas é assim mesmo que eu sinto.

Acredito que não seja necessário aprofundar-se muito no exame da sessão descrita para percebermos que a paciente se esquiva, com grande esforço, para evitar o mal-estar e a culpa provenientes de sua percepção do desinteresse por si mesma e da carência de contato consigo e com as pessoas que a rodeiam. Em outras palavras, sente culpa por perceber a pouca estima que tem por si mesma.

Talvez ainda mais nítida e intensa que a anterior seja a dificuldade "de contato" com a realidade externa e com a própria realidade psíquica apresentada por outro paciente que procurou a análise por problema – como ele diz – de "necessidade de progresso profissional e de prestígio social", conforme suas alusões frequentes ao tema. Na realidade, é uma personalidade ainda mais esquizoide e arredia que a anterior, com muitas atitudes fóbicas e ritualísticas de controle. Observe-se o seguinte trecho de sessão, realizada aproximadamente um ano e meio após o início da análise.

P. Na segunda e na terça-feira próximas vou faltar aqui à análise... O senhor já viu, não é? (Em atitude de quem aguarda resposta do analista.)

A. Bem, por enquanto, a única coisa que vejo é que o senhor vê coisas que eu não vejo. Pensar que eu veja as mesmas coisas que o senhor está vendo é uma espécie de malabarismo ou de mágica que o senhor faz com seus pensamentos, dando-lhes o poder de invadir minha mente. Aliás, esta mágica o senhor já conhece bem, de outras oportunidades.

P. Claro, claro... Isso eu sei... Mas estou me referindo àquele negócio, às viagens de avião, ao medo que me dão... não gosto, mas tenho que ir.

A. Não, ter de ir, propriamente, o senhor não tem, mas...

P. (Interrompendo.) Não, tenho de ir sim... Do contrário, se não fizer estas viagens de inspeção, desço de posto na companhia e perco a possibilidade de promoção. Não, não dá...

A. Então, o senhor reconhece que não é bem medo de avião o que o aflige. É medo de deixar-se seduzir por uma vida apagada, sem perspectiva, e de renunciar ao progresso.

P. Ah! É que não gosto muito daquela vidinha sem futuro de funcionário de balcão, lá isto é verdade. Mas que o medo de avião existe, também é verdade... (Pausa.) Sei lá... Quando estou dentro do avião, fico sempre pensando em mil possibilidades de perigo: o motor pode falhar, o trem de aterrissagem não abrir na hora do pouso e aquelas nuvens, o senhor sabe, aquelas nuvens obscuras de turbulência, como as chamam, cúmulo-nimbos...

A. Eu penso que todo este controle que o senhor quer exercer sobre o avião refere-se mais à sua vontade de controlar aqui sua sessão de análise. Aqui, como lá fora, seu progresso parece assustá-lo.

P. Não, aqui não... É lá, no avião mesmo. O senhor não imagina, fico vigiando a cara da aeromoça ou do comissário, para ver se eles estão preocupados com alguma coisa durante o voo. O que me espanta é que a maioria dos passageiros viaja naquela tranquilidade... Como é que pode? Como se estivéssemos num ônibus ou num trem... escarrapachados, fumando, completamente descontraídos.

A. Acho que o senhor está prestando atenção ao modo como o senhor poderia "viajar" aqui. Como um desses passageiros. Se não tivesse que controlar minha mente e a sua própria.

P. Fico também preocupado com aquela sensação enorme de espaço que não acaba mais, que a gente tem quando olha pela janela do avião... É espaço demais...

A. O senhor se angustia porque percebe que o espaço da sua mente é muito mais amplo do que o senhor quer controlar – é espaço demais...

P. Não, mas lá em cima é diferente, o senhor sabe, aviões às vezes caem... Não é fantasia.

A. Análises às vezes também caem.

P. (Pausa de mais ou menos três minutos.) É, de fato já ouvi falar de alguns camaradas que pioraram muito na análise... mas será que o senhor está querendo profetizar alguma desgraça na minha análise?

A. Este, sim, seria realmente um desastre.

P. (Inquieto.) Qual? Como?

A. O senhor sabe que seria realmente um desastre se o senhor conseguisse transformar-me nisso que o senhor acabou de dizer – um perseguidor, um profeta de mau agouro.

P. Mas o senhor mesmo disse – análises também caem.

A. Apenas uma interpretação do que o senhor estava pensando e sentindo, mas parece que o senhor quer forçar-me a ser "sócio" dos seus presságios e temores.

Em outro exemplo dado a seguir, pode-se observar como são manejadas a realidade e a onipotência por uma paciente com grandes dificuldades de *contato* ante a ameaça velada, mas intensa de uma situação de luto iminente (luto pelo self e luto pelo objeto). Há dois anos e meio em análise, a paciente, pessoa de bom nível intelectual e de educação refinada, criou uma "imagem dupla" de si mesma, de que não tem uma percepção muito clara, mas que transparece, com frequência, em suas sessões. Por um lado, sente-se afirmativa, bem-casada e profissionalmente realizada como professora universitária; por outro, comporta-se, perante si mesma e ante o analista, como uma "menina enjeitada", no meio de uma família sem ordem, sem harmonia, sem afeto. Às numerosas vezes em que "isso" lhe é interpretado como um encobrimento de sentimentos de culpa por sentir que desmantelou a família dentro de si, responde sempre com "fatos": o deboche do pai que sempre teve amantes, a omissão e a displicência da mãe, o egoísmo dos irmãos.

Eis uma sessão, de fim de semana, crucial em sua análise.

P. O papai ontem me chamou, me mostrou uns gânglios que apareceram no pescoço dele... Pediu que eu apalpasse... Não sei bem o porquê... (Silêncio de alguns minutos.)

A. A senhora parece preocupada com isso.

P. É... não sei, ele sempre teve uma saúde ótima, é até um velho bonito, forte, apesar de já ter 70 anos... Não sei... Depois ele começou a dizer que precisava conversar comigo... sobre os negócios dele, a firma... Vai tudo bem, mas ele me disse que eu devia ficar a par das coisas...

A. Eu penso que a senhora está percebendo que seu pai está seriamente preocupado com a saúde dele... Os gânglios... E quer que a senhora fique a par das intenções dele, caso ocorra alguma coisa mais grave.

P. (Forte e nitidamente irritada, o que acontece pela primeira vez em sua análise.) Ah! Não é nada disso, não! Eu conheço meu pai, ele sempre foi assim. O que ele quer é atirar as coisas dele para cima de mim... como ele faz quando arranja uma nova amante, tem sempre que me contar... Depois tem meus irmãos na firma, e eu não entendo de negócios... Sou uma profissional liberal...

A. Acho que a senhora está com medo de reconhecer que ele está precisando da senhora como filha, e não como técnica em negócios.

P. Não, não é nada disso, não senhor. O senhor parece que também está querendo "empurrar-me" preocupações... Não é nada disso, não... (Estende-se longamente sobre a personalidade do pai, o egoísmo do pai.) Ele é muito egoísta, só vê os problemas dele...

A. Não será que é a senhora que está sendo egoísta em não querer tomar conhecimento de algo talvez grave que esteja acontecendo com ele?

P. Não, não acho, não. O senhor não o conhece. E não adianta ficar insistindo.

A. Seria "empurrar-lhe" minhas preocupações, não? Se assim lhe parece, deixe de lado. Talvez seja um equívoco meu, talvez não. Por que amargurar-se?

P. (Silêncio de alguns minutos.) Estou me lembrando que domingo que vem é o Dia dos Pais. Pensando nisso ontem, eu fui com meus dois filhos comprar uma televisão para dar a meu marido... mas dar como presente deles ao pai... Foi uma trabalheira, só o senhor vendo... Foi, não... continua sendo, porque primeiro fui a uma loja comprar uma televisão "Philco"... Preenchi aquela papelada toda, porque a compra era a prazo... Eles me mandaram levar o aparelho, e aí, em casa, deu defeito, não se via bem... Voltei à loja para reclamar e eles disseram que não tem outra daquele modelo, e querem me "empurrar" outra marca... Fiquei danada, tinha pagado aquele tipo, e depois é desonestidade...

A. A senhora está querendo dizer uma determinada análise, com um determinado "aparelho mental" com o qual a senhora só pensa o que lhe é agradável: doença do seu pai e cuidado com ele não vão entrar nesse "aparelho" e negar a realidade, sou desonesto. Mas talvez seja a senhora que se sente desonesta por não estar usando atributos que a senhora sente que tem e que poderiam ajudar seu pai.

Confirmando os acontecimentos descritos, três dias depois, na sessão inicial da semana, a paciente chega chorando ao consultório do analista e, tão logo se deita no divã, balbucia, soluçando: "O senhor tinha razão, doutor. Fizeram uma biópsia nos gânglios do papai... É um linfossarcoma... Os médicos disseram que ele terá, no máximo, uma sobrevida de três a quatro anos".

Sem nos determos em maiores detalhes, deve-se ressaltar a tenacidade com que a paciente nega *ao mesmo tempo* a percepção da realidade externa, representada pelo sentimento de ameaça de doença grave do pai, e a percepção da realidade psíquica dos seus próprios sentimentos de culpa ao evitar *contato* com ambas as percepções. Isso pode ser notado, com clareza particular, nas associações referentes à compra do aparelho de televisão.

V

O analista em face das tendências atuais da técnica

É fato conhecido que, sempre que surgem modificações de vulto no pensamento psicanalítico, aparecem também, ao mesmo tempo, relutâncias mais ou menos consideráveis e proporcionais à importância ou validade daquelas modificações e ao sentimento de "conveniência" de aceitá-las ou não. Paralelamente, levantam-se suspeitas sobre elas constituírem desenvolvimentos autênticos ou não passarem de meras expressões de "resistências", reticentes ou manifestas, aos achados e formulações psicanalíticos fundamentais.

Esse fato, inerente ao surgimento de qualquer "coisa nova", em qualquer ciência, aparenta ser mais intenso e flagrante no campo da teoria e da técnica psicanalíticas, as quais correm, assim, o risco de oscilarem continuamente entre o imobilismo e a petrificação no "já estabelecido" e a adesão à novidade "revolucionária". O próprio Freud não escapou desse tipo de avaliação apressada, como se pode depreender – entre outros fatos – das dúvidas e das descrenças suscitadas por seus mais fiéis seguidores quando do lançamento de suas ideias sobre o instinto de morte.

Fato semelhante ocorreu com as ideias de Melanie Klein, como atesta Ernst Jones no prefácio às *Contribuições à psicanálise*. Quando convidou Klein a realizar uma série de conferências em Londres e ali radicar-se, Jones confessa que estava muito longe de imaginar as "repercussões que seriam provocadas por um ato tão simples" (Jones, 1947, p. 9). Cedo, porém, viu a até então tranquila Sociedade Psicanalítica

Britânica transformar-se em um palco de ásperas discussões, com adeptos fervorosos da Klein de um lado e tenazes opositores do outro, opositores estes que não demoraram a achar que ela "estava indo muito longe" (p. 9). A ponto de considerarem que as conclusões às quais chegara "não somente divergiam mas eram incompatíveis com as de Freud" (p. 10).

É bem possível que, para esse julgamento ansioso, muito tenham contribuído os "fantasmas" das divergências do passado, representadas por Adler, Jung, Stekel e Rank. Mas, como observou Jones, "se a psicanálise deve continuar sendo um ramo da ciência, é evidente que, depois que se extinguiu a possibilidade de que Freud prosseguisse em seus magníficos trabalhos, tornou-se inevitável o seu desenvolvimento além dos limites que o mestre atingiu" (p. 10).

Agora, como à época de Jones com relação a Melanie Klein, os fatos se repetem. Por isso, suas palavras permanecem atuais, e talvez devam mesmo constituir norma de pensamento e de ação para todo psicanalista, pois "é inevitável o desenvolvimento além dos limites que Freud atingiu". Nada há, portanto, a estranhar nos entusiasmos ou nas desconfianças com que são acolhidas as "novas tendências" da teoria e da técnica no universo psicanalítico. Sejam representadas pelas contribuições cautelosas de Hartmann, Winnicott ou Paula Heimann à psicologia do ego, sejam representadas pelas inovações consideradas "revolucionárias" de Bion, todas compartilham um mesmo destino comum – o de levar o avanço "além dos limites que Freud alcançou". Entusiasmos e desconfianças podem, assim, ser observados com grande clareza, por exemplo, nas opiniões dos participantes de uma discussão sobre um dos trabalhos de Bion, na qual se encontram, lado a lado, enaltecimentos agradecidos (John Lindon), honestas reservas baseadas em experiências pessoais (Marjorie Brierley e Herbert Herskovitz) e grosseiros desvirtuamentos subjetivos (Avelino Gonzales, Jule Eisenbud e Thomas French)[3] do pensamento do autor (Bion, 1967, pp. 272-273; 279-280).

Entretanto, bem avaliadas as coisas, não há motivos para tanta "comoção" quanto aquela vivida por Jones, uma vez que hoje há muito mais "experiência acumulada", bem como muito mais visíveis são as fontes em que os atuais desenvolvimentos afundam suas raízes.

Assim, ao examinarmos retrospectivamente o desenrolar das ideias que compõem esta exposição, poderemos ver, talvez agora com mais ênfase, que há nela uma intenção de dar relevo a três aspectos – que pensamos essenciais para uma estimativa adequada – das tendências ao redor das quais parece estar gravitando a técnica psicanalítica na hora presente. Conforme destacamos, estes aspectos são:

1. a "saturação" da mente pela memória e pelo desejo (preconcepções, distorções, antecipações);
2. a *intolerância à frustração* e a incapacidade para pensar; e
3. *a simultaneidade do princípio do prazer com o princípio da realidade.*

Aspectos estes cujas fontes de origem podem localizar-se, respectivamente:

1. no significado do "lembrar" e do "esquecer" na obra de Freud;
2. na *reavaliação* do conflito edípico feita por Melanie Klein; e
3. nos estudos de Freud sobre a "A perda da realidade na neurose e na psicose" e sobre os "Dois princípios do funcionamento psíquico".

É evidente que este convite a um reexame das ideias aqui abordadas não deve ser considerado um formalismo inconsequente, e sim uma tentativa, que esperamos alcançar seu objetivo, de tornar patente uma definição de convicções e princípios representativos de nossa atividade

---

3 Ferrari refere-se às intervenções dos debatedores, inseridas na versão original em inglês da obra.

psicanalítica diária. Essa definição não podia ser outra, como tampouco podia ser "neutra", por ser ditada pelas experiências específicas da análise pessoal, do tratamento de pacientes e, eventualmente, pelo "retorno" de alguns entre nós à análise pessoal. Evidentemente, também pelos mesmos motivos, essa tomada de posição não pretende subestimar ou ignorar outras "aproximações", as quais conterão também a sua parcela de verdade, desde que baseadas em experiência real e não em conjecturas.

Não obstante, deve ser ressaltado que a escolha dos "pontos de referência" por nós feita, juntamente com a tentativa de vinculá-los a fontes de origem específica na obra de Freud e Melanie Klein, proporciona pelo menos duas vantagens adicionais de inestimável valor.

A primeira delas é a de colocar o analisando e o analista mais inequivocamente diante da necessidade de ser em verdadeiros. Com efeito, uma vez despojada a mente das distorções, falsificações e subterfúgios com que a memória procura "explicar" o passado e com que o desejo procura "antecipar" o futuro; uma vez confrontado o psiquismo com a impossibilidade de evadir-se da frustração para a onipotência; e uma vez percebida a constante *concomitância* do princípio do prazer com o princípio da realidade, a personalidade é fatalmente induzida pelos fatos a enfrentar a verdade e a tomar, pouco a pouco, posse de si mesma.

Por certo, a consecução desse desenvolvimento, sempre lento e penoso, não constitui um privilégio da obra de Bion, muito menos dos *pontos de referência* discriminados neste trabalho.

Já Freud assinalava que "o relacionamento analítico se baseia no amor à verdade – isto é, no reconhecimento da realidade – e que isso exclui qualquer tipo de impostura ou engano" (1937a, p. 265), opinião de que partilham, sem discrepância, todos os psicanalistas. Mas é indiscutível que a colocação de "indicadores" precisos e ricos de consequências, como os extraídos da obra de Bion, proporciona, com mais firmeza e coerência, maiores possibilidades de observação e interpretação das diferentes formas de evasão da verdade. Com o que se introduz, no trabalho psicanalítico, a oportunidade de considerar e interpretar *a mentira*. Menos como uma forma de *acting out* do que como uma distorção do psiquismo, variável para cada indivíduo, mas inerente à condição humana.

Conforme comenta Bion, a realidade desse problema se torna mais aparente "quando o psicanalista se indaga, é a não-verdade psicanalisável?" (1970, p. 108). Mas é possível que isso ocorra ou não, em grau maior ou menor, na situação analítica? Não estão aí a "saturação" da mente pela memória e pelo desejo e a *evasão* da frustração a demonstrar quão difícil e universal é a aceitação da realidade livre de "qualquer tipo de impostura ou engano", como queria Freud? Assim, embora, como dizia Bion,

> *por definição e tradição de disciplina científica, o movimento psicanalítico se dirija à verdade do paciente como objetivo central . . . na clínica, no entanto a situação não se apresenta simples assim. O paciente temeroso de sofrer afigura-se compelido a estar sendo do modo a se livrar da eficácia da análise e prossegue vivendo a compulsão, rejeita as interpretações que lhe ameaçam a defesa" (p. 110).*

Se, porém, se supõe que o "tumulto emocional contra que surge a compulsão é mudança catastrófica, torna-se mais fácil alcançar por que a investigação revela a posição ambígua suscetível de desencadear sentimentos intensos", os quais se relacionam com "um universo moral ameaçado; a veemência daqueles advém do risco de desordem na psique" (p. 110).

"O risco de desordem na psique" – eis a frase que parece sintetizar, em última análise, o temor da personalidade diante do próprio progresso. Esta hostilidade ao processo de amadurecimento torna-se mais acentuada no momento que o amadurecimento parece envolver "a subordinação do princípio do prazer e a emergência do princípio de realidade".

A outra vantagem decorrente da escolha dos "pontos de referência" antes mencionados é uma maior concentração dos processos mentais e emocionais do paciente na situação "aqui e agora". Não é necessário dizer que o conceito de "aqui e agora" não está sendo descoberto neste momento: ele é inerente ao próprio desenvolvimento da ideia de transferência, tal como Freud a formulou repetidas vezes e Melanie Klein a desenvolveu em inúmeras ramificações sutis, a partir da análise de crianças. A bem da verdade, aliás, deve-se mesmo reconhecer que o conceito remonta a Brentano, o primeiro, talvez, a conferir-lhe um valor dinâmico na relação do homem com o mundo.

Se pensarmos, contudo, nas consequências imediatas e remotas que têm, para os processos mentais, o despojamento da mente de memória e desenho e o reconhecimento gradativo da impossibilidade de evitar frustração, veremos que, desprovido de *fábulas mnésicas* para "explicar" o passado e de *antecipações onipotentes* para "predizer" o futuro, a personalidade é levada a defrontar-se, com particular intensidade, com os imprevistos da situação *aqui e agora*. É, portanto, nesse difícil momento – ou neste suceder-se de muitos momentos –, quando começam a falhar as "teorias pessoais" e as "lendas autobiográficas" sobre "como se é", com base "em como foi o passado" (ou os familiares, especialmente os pais), que a análise pode efetivamente começar.

À luz das observações e dos conhecimentos obtidos a partir do *despojamento* da mente de memória e desejo, da *impossibilidade de evitar frustração* e da *simultaneidade do princípio do prazer e do princípio da realidade*, parecem carecer de apoio científico as interpretações ou "construções" *reducionistas*, como preconizara Freud em "Construções em análise". A duvidosa eficácia terapêutica de tais "construções" repousa na crença mágica no sentido "libertador" da lembrança, resquício, como vimos, de uma época pré-histórica da psicanálise, quando esta ainda estava aprisionada aos conceitos mecanicistas de "trauma" e de "catarse".[4]

Quanto ao analista, há que reconhecer uma vez mais que não lhe é nada fácil pôr em prática todo este conjunto de procedimentos técnicos, pois não está ele isento de riscos. Por essa razão, Bion só o preconiza "para o psicanalista cuja análise dura bastante para reconhecer as posições esquizoparanóide e depressiva" (1970, p. 57, n. 3). A menos que tenha passado por uma análise assim suficientemente profunda, a tendência do analista, sobretudo nas primeiras fases, é sentir-se mergulhado em um estado semelhante ou idêntico ao do estupor catatônico, o que pode constituir uma angústia difícil de suportar. Se, porém, puder tolerar esse período, não tardará a ver-se recompensando com um insight, de cujas existência e profundidade jamais pôde sequer suspeitar. De qualquer forma, porém, *o analista deve precaver-se contra o excesso de crença em sua capacidade para o insight.* Pois, como já dizia Freud, "não devemos tomar a clareza de nossa própria compreensão interna (insight) como medida da convicção que produzimos no paciente" (1937, p. 245).

Com o intuito de evitar um alongamento ainda mais extenso das ideias aqui contidas, evitei inserir, no trabalho, um capítulo final de "Comentários sobre a contratransferência", não obstante a importância do assunto. Esse comentário será inserido quando o trabalho tiver sua redação final reduzida para apresentação no IV Congresso Brasileiro de Psicanálise.

Contudo, penso que não devo furtar-me à indicação, ainda que breve, de um ponto de vista pessoal sobre o assunto. Nesse sentido, tenho para mim que a contratransferência, de um modo geral, pode ser considerada como um "êxito negativo" do paciente, na medida em que, por meio da *identificação projetiva*, ele consegue "empurrar" aspectos do seu self na mente do analista, que se torna assim mobilizada por afetos "inesperados" de amor ou de ódio. O que equivale a dizer que a capacidade do analista para observar e interpretar adequadamente fica bastante reduzida por um indesejado bloqueio de sua mente. Que isso ocorra algumas vezes durante uma análise, é indiscutível e inevitável. Mas daí a transformar tal "acontecimento" em *princípio de trabalho* é algo que me parece inadmissível. Fica assim registrado com antecipação, ainda que resumidamente, meu ponto de vista sobre o assunto.

Referências

Bion, W. R. (1956). Desenvolvimento do pensamento esquizofrênico. In W. R. Bion, *Estudos psicanalíticos revisados* (pp. 47-54). Imago, 1994.

Bion, W. R. (1957a). Diferenciação entre a personalidade psicótica e a personalidade não-psicótica. In W. R. Bion, *Estudos psicanalíticos revisados* (pp. 55-77). Imago, 1994.

Bion, W. R. (1957b). Sobre arrogância. In W. R. Bion, *Estudos psicanalíticos revisados* (pp. 101-108). Imago, 1994.

Bion, W. R. (1962a). Uma teoria sobre o pensar. In W. R. Bion, *Estudos psicanalíticos revisados* (pp. 127-137). Imago, 1994.

Bion, W. R. (1962b). *O aprender com a experiência*. Imago, 1991.

Bion, W. R. (1967). Notas sobre a memória e desejo. *Jornal de Psicanálise, 19*(39), 1986.

Bion, W. R. (1970). *Atenção e interpretação*. Imago, 1991.

Freud, S. (1893-1895). Estudos sobre a histeria. In S. Freud, *Obras Completas* (Vol. 2). Companhia das Letras, 2016.

Freud, S. (1899). Lembranças encobridoras. In S. Freud, *Edição Standard Brasileira das Obras Psicológicas Completas de Sigmund Freud* (Vol. III). Imago, 1996.

Freud, S. (1901). Sobre a psicopatologia da vida cotidiana. In S. Freud, *Edição Standard Brasileira das Obras Psicológicas Completas de Sigmund Freud* (Vol. VI). Imago, 1996.

Freud, S. (1911). Formulações sobre os dois princípios do funcionamento psíquico. In S. Freud, *Obras Completas* (Vol. 10). Companhia das Letras, 2010.

Freud, S. (1914a). Recordar, repetir e elaborar (Novas recomendações sobra a técnica da psicanálise. In S. Freud, *Edição Standard Brasileira das Obras Psicológicas Completas de Sigmund Freud* (Vol. XII). Imago, 1996.

Freud, S. (1914b). Contribuição à história do movimento psicanalítico. In S. Freud, *Obras Completas* (Vol. 11). Companhia das Letras, 2012.

Freud, S. (1914c). História de uma neurose infantil ("O homem dos lobos"). In S. Freud, *Obras Completas* (Vol. 14). Companhia das Letras, 2010.

Freud, S. (1924a). Neurose e psicose. In S. Freud, *Obras Completas* (Vol. 16). Companhia das Letras, 2011.

Freud, S. (1924b). A perda da realidade na neurose e na psicose. In S. Freud, *Obras Completas* (Vol. 16). Companhia das Letras, 2011.

Freud, S. (1937a). Análise terminável e interminável. In S. Freud, *Edição Standard Brasileira das Obras Psicológicas Completas de Sigmund Freud* (Vol. XXIII). Imago, 1996.

Freud, S. (1937b). Construções em análise. In S. Freud, *Edição Standard Brasileira das Obras Psicológicas Completas de Sigmund Freud* (Vol. XXIII). Imago, 1996.

Hartmann, H. (1950). Comments on the psychoanalytic theory of the ego. In H. Hartmann, *Essays on ego psychology: Selected problems in psychoanalytic theory* (pp. 113-141). International University Press, 1964.

Heimann, P. (1957-1959). Some notes on sublimation. In P. Heimann, *About children and children-no-longer: Collected Papers 1942-1980* (pp. 92-103). Routledge, 1989.

Jones, E. (1947). Introdução. In M. Klein, *Contribuições à psicanálise*. Mestre Jou, 1970.

Klein, M. (1928). Estágios iniciais do conflito edipiano. In M. Klein, *Amor, culpa e reparação e outros trabalhos, 1921-1945* (pp. 216-227). Imago, 1996.

Klein, M. (1940). O luto e suas relações com os estados maníaco-depressivos. In M. Klein, *Amor, culpa e reparação e outros trabalhos, 1921-1945* (pp. 387-412). Imago, 1996.

Klein, M. (1946). Notas sobre alguns mecanismos esquizoides. In M. Klein, *Inveja e gratidão e outros trabalhos, 1946-1963* (pp. 20-43). Imago, 1991.

Kris, E. (1950). On preconscious mental processes. *Psychoanalytic Quarterly, 19*(4), 540-560.

Strachey, J. (1958). Introdução do editor inglês a artigos sobre técnica. In S. Freud, *Edição Standard Brasileira das Obras Psicológicas Completas de Sigmund Freud* (Vol. XII). Imago, 1996.

Winnicott, D. W. (1958). A capacidade para estar só. In D. W. Winnicott, *O ambiente e os processos de maturação*. Artmed, 1983.

2. Contribuição ao estudo de uma função: a função beta[1]

«É preciso ser paciente», respondeu a raposa. «Tu te sentarás primeiro um pouco longe de mim, assim, na relva. Eu te olharei com o canto do olho e tu não dirás nada. A linguagem é uma fonte de mal-entendidos. Mas, cada dia, te sentarás mais perto».

Saint-Exupéry (1943, p. 54)

O estudo particular da regressão, processo psíquico que consiste em um retorno para condições primitivas do desenvolvimento mental, adquire particular interesse quando se pretende ampliar o conhecimento referente à natureza original do ser humano, em outras palavras, aprender como o ser biológico se transforma em pessoa.

Bicudo (1969, p. 491)

O tema central que se pretende discutir, embora contando com a profunda convicção dos autores, pois está baseado na observação clínica, torna-se entretanto de natureza pretensiosa, pois o estudo é

1 Escrito em colaboração com Breno I. Ribeiro, membro efetivo da Sociedade Brasileira de Psicanálise de São Paulo (SBPSP).

extremamente controverso e está localizado entre os limites de duas ordens de pensamentos até hoje em antagonismo. Seria o homem um ser biológico no ápice da evolução das espécies (teorias evolucionistas), ou um ser à parte com os conceitos de "natureza humana", "alma" etc. (conceitos filosófico-religiosos)?

As ideias presentemente focalizadas nasceram da observação clínica de pacientes com prevalente contato com conflitos de tipo arcaico, mas com egos suficientemente fortes pare que não se instalasse uma psicose propriamente dita; nesse clima, foram observadas diversas manifestações clínicas que até o presente têm sido consideradas como "regressão psicótica"; entretanto, a presença de egos suficientemente fortes, como foi apontada, permitiu distinguir-se a elaboração psicótica de outras, evidentemente ligadas a uma mobilização de elementos incoativos da mente, observáveis principalmente sob a forma de somatizações e de descargas motoras, sem pensamento ou palavras, mas com evidente participação do biológico. Principalmente as duas últimas ordens de fenômenos poderiam ser consideradas como uma resultante psicobiológica e irracional, próxima de suas raízes animalísticas,[2] principalmente levando em conta que as descargas motoras determinaram no analista, por meio do uso do pensamento visual, nítidas imagens de um felino pronto para reações de ataque ou fuga.

No homem hígido esses componentes devem estar presentes, mas menos evidenciáveis em virtude da pujança do pensamento lógico e abstrato; sabe-se que se uma função superior estiver estruturada, isso dificulta ou inibe a percepção ou a própria manifestação de funções inferiores. O analista, entretanto, poderia enriquecer seu trabalho se mantivesse uma visão binocular do que está ocorrendo em seu paciente, seja no setor "humano", bastante pesquisado pelas

---

2 O neologismo "animalístico" em lugar do vernáculo "animalesco" é utilizado para evitar-se a conotação pejorativa que este encerra.

teorias psicanalíticas, seja no setor "animalístico", sem pensamento, mas observável principalmente sob a forma de manifestações motoras, sensoriais e afetivas.

A observação de casos, na experiência dos autores de encontro raro, em que deve ter ocorrido uma disfunção entre o "pensar" e o "sentir" na área afetiva permitiu a verificação de fenômenos incoativos da mente; como essas manifestações incoativas estiveram, de forma evidente, ligadas à participação do ego corpóreo, sem pensamentos ou palavras, isso permite considerar-se uma função psicobiológica de natureza ainda desconhecida.

Bion (1962b), no estudo das perturbações do pensar, criou uma denominação abstrata, por não se conhecer ainda sua intimidade, como "função alfa".

> *A função-alfa atua sobre as impressões sensíveis quaisquer que sejam e sobre as emoções que o paciente percebe. À medida que a função-alfa atua, produzem-se elementos-alfa passíveis de se armazenar e corresponder aos requisitos de pensamentos oníricos. Se a função-alfa se perturba . . . e por isso não atua, as impressões sensíveis que o paciente percebe, e as emoções que experimenta, permanecem inalteradas. Dou-lhes o nome de elementos-beta. (p. 25)*

Os elementos beta foram portanto descritos, mas de forma bastante imprecisa; seriam elementos mentais produto da falha da "função alfa"? Ou seriam fenômenos incoativos da mente, preexistentes à "função alfa" e que deveriam por ela ser manipulados? A resposta não está precisa nos estudos de Bion. Procurado pessoalmente por um dos autores, Bion (1974), na forma peculiar de responder a indagações que o caracteriza, não se opôs à conceituação de elementos beta como algo preexistente à "função alfa", e referiu-se à importância da "parte animal como a grande componente do humano".

Portanto, a função psicobiológica que se pretende estudar, utilizável para a compreensão do homem como um todo, ao mesmo tempo animal e civilizado, poderia ser denominada função beta, produtora de "elementos beta" originais (deve-se pensar numa gama desses elementos com graus diferentes de maturação). Se a função beta funcionar normalmente, os "elementos beta" originais, como elementos incoativos da mente, poderiam se transformar em pensamentos por meio da atividade da função alfa, ou então permanecer virtualmente conhecíveis, constituindo o grande plano de fundo animalístico das vivências do homem.[3]

A casuística selecionada constará de dois pacientes que serão designados por "A" e "B", com evidente perturbação da função beta.

Casuística

Os pacientes serão apresentados de forma simples e preferencialmente fenomenológica, a fim de não assoberbar o leitor com pletora de dados que não interessariam no momento. Os fenômenos observados nos pacientes "A" e "B" ocorreram há quatro e três anos respectivamente, quando não se cogitavam as ideias presentemente discutidas. Foram até considerados na época como manifestações psicóticas em nível de ego corporal, expressão costumeira na literatura psicanalítica; portanto, o que se discute hoje refere-se, nos dois pacientes, a fenômenos observados sem ideia nova preconcebida, e sim considerados sob a luz das teorias vigentes na época.

3 A função beta seria primordial e antecessora da "função alfa"; cria-se assim um paradoxo de denominações, por inversão da ordem alfabética, mas que será mantido com respeito à ordem descritiva histórica.

Paciente "A"

Passava por uma fase muito difícil de sua análise e nesse período encontrava-se muito aflito, com a emergência de conflitos em torno de uma cena primária bastante arcaica; a paciente que o antecedia era uma moça muito bonita de quem sentia muito ciúmes. No dia da sessão em que ocorreram os fenômenos que importam presentemente, teve que esperar na sala de espera por tempo maior do que o habitual; sentia-se enfurecido e muito angustiado; quando entrou no consultório estava visivelmente transtornado, emitindo ruídos estranhos pela boca, e, ao deitar-se no divã, sentia-se ameaçado por "ruídos, bafos de calor e cheiros" condizentes com a situação real de promiscuidade e pobreza de sua infância. Seu grau de tensão aumentou progressivamente e num dado momento deu um salto no divã, fazendo com os membros superiores um movimento em tenazes, como se agarrasse algo no espaço; ficou mais tranquilo e o analista perguntou-lhe se estava com muito ódio. O paciente disse que não; que não sentira nada e que nem sabia por que fizera aquele movimento; fora como um "reflexo", disse ele: esse período da sua análise foi longo e acompanhado de inúmeras somatizações, principalmente afetando o aparelho digestivo, e também de um estado duradouro e oscilante de tensões e ansiedades que não podiam ser verbalizadas. Era um sentir ameaçador, sem palavras, acompanhado de maciça instabilidade neuroendócrina.

Paciente "B"

Achava-se visivelmente num período de muita ansiedade em virtude da emergência de conflitos arcaicos, ainda incapazes de serem elaborados em nível integrativo; embora seu relacionamento consciente com o seu analista fosse satisfatório, não conseguia deixar de sentir-se ameaçado pela possibilidade de ser tratado de forma impiedosa e sádica, pelas transformações que fazia ou antecipava, embora não perdesse o sentido da realidade que lhe indicava o subjetivismo de suas fantasias.

Foi um período longo de sua análise, em que exibia, como o paciente anterior, situações de muita ansiedade, com evidente sofrimento do ego corporal pelas manifestações de disfunções neurovegetativas que apresentava. Certo dia em que encontrou seu analista na rua, de forma súbita e inesperada, estancou numa posição fixa, todo eriçado e crispado, como que pronto para reações de ataque ou fuga.

Em poucos momentos, restabeleceu-se a tranquilidade, ficando espantado com o que acontecera já que, de um lado, mantinha bom relacionamento com o terapeuta e, por outo lado, sua reação não fora acompanhada de nenhum sentimento perceptível para ele; tudo acontecera como de forma "automática". Também passava por um período de intranquilidade somática, apresentando manifestações moderadas de uma artrite reumatoide e uma uretrite redicivante que foi considerada como idiopática por diversos urologistas que procurou.

Numa retrospecção psicodinâmica – embora obviamente de interpretação versátil – podem-se pôr em relevo dois grupos principais de manifestações clínicas que interessam presentemente:

- *Grupo 1:* elaboração psicótica de conflitos arcaicos emergentes; em "A" predominantemente do tipo esquizoide e em "B" com predomínio de sintomatologia paranoide.
- *Grupo 2:* paralelamente à sintomatologia psicótica: a) distúrbios psicossomáticos bem caraterizados, b) instabilidade oscilante do equilíbrio neurovegetativo e endócrino e c) descargas motoras, agudas, com caraterísticas animalísticas.

Discussão

Duas ordens de fenômenos ocorreram nos dois pacientes: no Grupo 1, manifestações psicóticas, determinando sofrimento predominantemente em nível mental – deve ter ocorrido uma perturbação da "função alfa" (1962a, 1962b), e os "elementos beta" foram elaborados por ideias e pensamentos que não puderam ser "pensados" e, por conseguinte, foram tratados pelos mecanismos da identificação projetiva e da cisão. Os pacientes sentiram-se rodeados por "objetos bizarros" ou ameaçados, de forma paranoide. Não se configurou, entretanto, uma psicose propriamente dita; seus egos foram suficientemente fortes, evitando que desmoronassem durante o processo regressivo. Esse fato propiciou o emergir das manifestações do Grupo 2, cujos pacientes tomaram contato com aspectos mais incoativos da mente, com intensa participação do biológico, retratando-se na maciça mobilização neuroendócrina que colaborou não só para a instalação dos distúrbios psicossomáticos, mas para a cômoda instabilidade neurovegetativa e as descargas motoras agudas. O analista pôde "ver", com sua "função alfa" conservada, nas descargas motoras agudas dos pacientes, como que felinos diante de reações de ataque ou fuga. Por outro lado, como a mobilização neuroendócrina é regida pelo cérebro primitivo do homem (Mac Lean, 1958), que pouco evoluiu durante a evolução filogenética desde os mamíferos e que mantém caraterísticas funcionais de tipo animalístico, é de supor que as descargas motoras tenham dependido muito menos do setor "humano" dos pacientes.

Colocados o aspecto animalístico e a evidente participação do biológico nas manifestações clínicas do Grupo 2, que relação existiria entre as manifestações de natureza psicobiológica e as predominantemente psíquicas?

Bion (1966) considerou as descargas motoras como uma forma da mente se desvencilhar de "elementos beta" em virtude da perturbação da "função alfa"; aqui caberia o questionamento: seriam os "elementos beta" simples produtos da falha da "função alfa"? Ou elementos primordiais de natureza animalística e psicobiológica que poderiam ser passiveis ou não de elaboração pela "função alfa"? Nos estudos de Bion, essas questões não estão esclarecidas. Em comunicação pessoal, o autor, dentro da sua maneira peculiar de responder a indagações, deixou entrever a possibilidade de que a natureza dos "elementos beta" provavelmente estaria contida na segunda questão.

Supondo-se essa possibilidade, os "elementos beta" estariam até o presente como um conceito solto, sem uma tentativa de explicação das suas origens. Sabe-se que ao se perturbar uma função superior pode emergir de forma mais objetiva uma função inferior; será que a função primordial que se procura conceituar teria sua origem numa faixa única que se permearia entre dois mundos, o psicológico e o biológico? É possível que sim. Caso fosse possível confirmar essa hipótese, se poderia pensar, também de forma abstrata, numa *função beta*, produtora de "elementos beta", de cuja normalidade funcional dependeria o desenvolvimento e a estabilidade da "função alfa"? Também é possível que sim.

Voltando à casuística: diante das manifestações clínicas dos pacientes "A" e "B", pode-se supor que, por angústia intolerável derivada do conflito entre "elementos beta" (emergentes da parte animal do homem) e imposições institucionalizadas (parte civilizada), tenha ocorrido o seguinte: a ansiedade crescente frente a esse conflito deve ter perturbado o funcionamento da função beta, do que resultou a quebra da harmonia psíquica e biológica, exultando derivações anômalas de "elementos beta", não metabolizáveis pela "função alfa" (manifestações psicóticas), para as descargas motoras, bem como o comprometimento da tranquilidade do ego corporal.

No presente estudo, até o momento, cogitou-se predominantemente a influência filogenética na estruturação de uma função beta. Deve-se pensar também na importância de certos fatores sobre o desenvolvimento ontogenético da mesma função. Trata-se da fácil observação do fato de que a criança do homem nasce imatura e, portanto, muito dependente. Dois autores, entretanto, descreveram particularidades que devem ser ressaltadas: Bolk (1961), no estudo da anatomia comparada entre, por exemplo, o homem e os símios, descreveu o "princípio do retardamento", segundo o qual o homem manteria características fetais em seu desenvolvimento ontogenético. Nasce bastante despreparado para a sobrevivência, necessitando dos cuidados que o ambiente sociocultural poderia ou não lhe fornecer. Campbell (1951), numa mesma linha de entendimento, referiu-se à necessidade de um segundo "útero" para o seu amadurecimento: a família e a sociedade. Esses estudos levariam a uma série de implicações, mas no momento pretende-se cogitar somente uma: ao contrário de um macaco, que nasce ontogeneticamente mais amadurecido e, portanto, apto a repetir a monotonia de sua experiência racial, o homem, como um feto, estaria muito mais sujeito à influência de experiências favoráveis ou não, seja por motivos internos ou externos. Consequentemente, sua parte psicobiológica poderia ser muito mais intranquila e prenhe em conflitos catastróficos, muito arcaicos, que teriam de sofrer a atuação de precoces e maciços mecanismos de excisão. O que foi denominado "função beta" no homem poderia ser muito mais sensível a ser perturbado do que seria o equivalente no animal, por motivos da natureza ontogenética? Estaria aí uma das raízes da versatilidade da patologia clínica humana comparativamente à animal? É possível que sim.

Portanto, para finalizar, a função beta seria uma atividade psicobiológica, nos limites entre dois mundos, em que o elemento mental estaria saturado pelo sensorial, captável em nível de esquema corporal, interno e externo; essa função seria herdada filogeneticamente, podendo, no pensar dos autores, amadurecer ontogeneticamente ou não, dependendo de condições externas e internas. Constitui-se assim todo um pano de fundo sensorial e afetivo, virtualmente conhecível, mas que deve participar das mais variadas vivências do homem. Assim, a função beta deveria estar ligada à "parte animal como a grande componente do humano"; se poderia dizer que os "elementos beta" pertencem às funções incoativas da mente, e não somente como uma falha da "função alfa"; e seria possível ver, por meio da função beta, toda uma vastíssima área, não explorada ou ainda não explorável pela "função alfa". Deve-se, portanto, cogitar um conceito de inconsciente mais amplo do que os conceitos de Freud e de "função alfa" e "barreira de contato" sugerem: torna-se necessário pensar num sentido mais amplo no que se poderia considerar como o inconsciente das espécies, algo para que os estudos etológicos modernos indicam os caminhos.

Face ao exposto, calcula-se a importância da "visão binocular" de Bion (1962b, p. 119), a necessidade do analista, em termos do presente estudo, de ao mesmo tempo tentar entender os pensamentos e as associações de seu paciente (área pertencente à função beta). Dessa parte menos explorada ou ainda não explorável dificilmente o paciente poderia obter insights, mas o analista poderia acompanhar e modular a situação analítica, percebendo melhor a intranquilidade em nível animalístico de seu paciente, diminuindo a intensidade do estresse e propiciando também, por este setor, a possibilidade de incremento da atividade da "função alfa".

Propõe-se que o melhor conhecimento da natureza da função beta poderia constituir-se numa contribuição ao entendimento da dinâmica e da genética dos distúrbios mentais. De acordo com Freud, interpretado poeticamente por Glover (1949), a criança tem de repetir nos primeiros anos de vida toda uma penosa experiência racial; quantos setores do homem animal, em grave conflito com o homem civilizado, teriam de se tornar inertes precocemente, dificultando o amadurecimento da função beta? Deveria isso, de um lado, empobrecer o homem em seu fundo animalístico e, de outro, torná-lo vulnerável à emergência aguda de "elementos beta" que não sofreram o processo ontogenético de maturação?

Conclusões

Com base no estudo da casuística, consideram-se lícitas as seguintes conclusões:

1. Deve preexistir à "função alfa" uma função beta primordial de natureza psicobiológica, produtora de "elementos beta" originais

que se poderão oferecer à manipulação pela "função alfa" ou permanecer virtualmente conhecíveis, constituindo o grande pano de fundo animalístico das vivências do homem.

2. A natureza psicobiológica dessa função se infere pela ausência de pensamento nas manifestações clínicas a ela atribuídas e pela intensa participação da atividade do cérebro primitivo; como se sabe, esse cérebro é de natureza animalística, cuja estrutura pouco se diferenciou durante a evolução dos mamíferos. Por outro lado, é sede da regulação dos sistemas nervoso autônomo e endócrino, cujas disfunções estiveram presentes de forma maciça nas descargas motoras agudas, nas alterações oscilantes do equilíbrio neuroendócrino e nas enfermidades psicossomáticas bem caraterizadas.

3. A função-beta se perturbaria frente a conflitos intoleráveis entre a parte institucionalizada da personalidade (área da "função alfa") e impulsos animalísticos emergentes (área da função beta).

4. A importância da visão binocular do analista para o que estiver ocorrendo nas duas áreas, pois a observação da disfunção ou normalidade da função beta poderá lhe fornecer instrumentos para modular o nível de ansiedade do seu paciente. As alterações da função beta não se expressam por meio de pensamentos, não sendo, portanto, analisáveis mas poderiam ser manipuláveis pelo que é arte em psicanálise. Em poucas palavras: a habilidade do analista em lidar com a parte animal do paciente.

Referências

Bicudo, V. L. (1969). Regressão no processo analítico. *Revista Brasileira de Psicanálise*, 2(4), 491-517.

Bion, W. R. (1962a). Uma teoria sobre o pensar. In W. R. Bion, *Estudos psicanalíticos revisados* (pp. 127-137). Imago, 1994.

Bion, W. R. (1962b). *O aprender com a experiência*. Imago, 1991.

Bion, W. R. (1974). Comunicação pessoal.

Bolk, L. (1961). Le problème de la genèse humaine. *Revue Française de Psychanalyse*, 25(2), 243-279.

Campbell, J. (1951). Bios and mythos. In G. B. Wilbur, & W. Muensterberger (Eds.), *Psychoanalysis and culture: Essays in honor of Geza Roheim* (pp. 329-343). International Universities Press.

Glover, E. (1949). The embryology of mind. In E. Glover, *Psycho analysis* (pp. 22-32). Hassell Street Press.

Mac Lean, P. (1958). Contrasting functions of limbic and neocortical systems of the brain and their relevance to psychophysiological aspects of medicine. *The American Journal of Medicine*, 25(4), 611-626.

Saint-Exupéry, A. (1943). *O pequeno príncipe*. Agir, 2013.

3. Klein, teorias do objeto: símbolo, representações e objeto concreto[1]

Para situar de maneira prática o conceito de *objeto* no horizonte teórico e clínico de Melanie Klein, a meu ver seria necessário propor em quais espaços ou âmbitos tal objeto se manifesta. Mas essa é uma opinião minha, segundo Klein o problema era outro.

---

1 Este texto deriva de material datilografado em italiano de difícil datação. Entretanto, algumas referências permitem pensar que se trata de um trabalho situado entre 1979-1981, isto é, anterior aos primeiros artigos publicados sobre o objeto originário concreto. O material datilografado, constituído por oito laudas, parece, por um lado, constituir um único trabalho de reflexão sobre a relação entre as hipóteses de Ferrari, posteriormente desenvolvidas em *O eclipse do corpo*, e as teorias psicanalíticas de Freud e Klein. Por outro lado, poderia tratar-se de dois trabalhos separados e sucessivamente unidos pelo mesmo Ferrari. O material estava guardado e unido com um único clipe, mas a numeração das páginas vai de 1 a 3 e depois recomeça, de 1 a 5. Não parece um texto pensado para a publicação – ou, se o foi, ainda aparenta uma forma muito embrionária – e sim considerações fixadas no papel para sucessivamente dar forma às suas ideias a respeito de um assunto difícil como aquele do estatuto do corpo nas possibilidades de uso e de conhecimento por parte da mente. O texto está cheio de rasuras e reformulações. Decidi publicar as reformulações somente quando prevalecia a ideia de que fossem correções a pensamentos redigidos antes e, diversamente, manter grande parte dos trechos cancelados, manuscritos e entre colchetes, quando indicativos do processo de elaboração das hipóteses do mesmo

De fato, ela considerava que por meio dos processos de introjeção e projeção (a partir de um único campo de experiência) vão se diferenciando um "mundo interno" e um "mundo externo", como duas razões de experiência, portanto não como simples reflexos um do outro, apesar de nos encontrarmos, neste ponto, diante de uma primeira dificuldade, isto é, a de saber no contexto kleiniano qual dos dois é primeiramente real e qual é o reflexo do outro. Para nós, a resposta é simples. Esses dois mundos podem ser complementares ou em oposição. E é justamente referindo-se a esses dois mundos que Klein usa a expressão "objetos internos e externos".

Em *Psicanálise da criança*, Melanie Klein define seu conceito dos processos que contribuem para afastar reciprocamente o mundo interno do mundo externo, em medida maior ou menor:

> *Discutiremos mais adiante as diversas direções para onde fluem as relações objetais da criança. Ela atribui aos seus objetos imaginários não somente sentimentos de ódio e de angústia, mas também sentimentos positivos. Agindo desta maneira, ela afasta os objetos imaginários do objeto real, e se suas relações com os objetos imaginários forem muito intensas, tanto em sentido negativo quanto positivo, não conseguirá entrar em relação adequada nem com as fantasias sádicas ou reparadoras nem com os objetos reais; em resultado, haverá perturbações em sua adaptação à realidade e em suas relações objetais. (1932, p. 185, n. 31)*

Ferrari. Algumas pequenas correções linguísticas e de pontuação foram implementadas na tentativa de devolver um sentido, por vezes complexo, a algumas formulações. Este texto se reveste, a meu ver, de uma importância fundamental para a compreensão da gênese da hipótese do eclipse do corpo de Ferrari e constitui o primeiro texto escrito em que Ferrari faz referência a dois conceitos fundamentais de seu pensamento: o objeto concreto (que posteriormente será o objeto originário concreto) e o próprio conceito de eclipse. Análise e organização do texto feitas por Paolo Carignani.

Assim, estes podem perder sua identidade (bom ou mau) a depender dos processos de introjeção ou projeção. Um bom exemplo é dado pelo desenvolvimento em Melanie Klein do processo de luto de Freud, em que muitas pessoas enlutadas podem reestabelecer seus laços com o mundo externo somente lentamente, porque estão empenhadas em lutar contra o caos interno.

Algo análogo acontece de forma espetacular nos casos de autismo infantil, em que a criança, envolvida em suas fantasias, vive em um mundo interno de amor e harmonia, alimentado pela existência do objeto ideal e pela projeção no mundo externo do horror de todos seus demônios.

Porém, na descoberta freudiana do processo de luto, o conceito de objeto internalizado não pertence inteiramente à ordem da representação. O mesmo problema, entretanto, apresenta-se também (do ponto de vista da topologia psíquica) para o ego, o superego e o id. Estas instâncias definem-se como conjuntos estruturais cuja característica não pode ser reduzida à simples representação. De fato, Freud concebe o ego como um centro de funções (percepção, memória, previsão, imaginação etc.) que *forma* representações e as utiliza, mas não se reduz a elas. E ainda, em toda a sua atividade defensora, o ego atua muitos processos destinados a manter, por meio dos mecanismos de defesa, sua coesão interna, a modalidade individual, sua identidade e seu caráter. O mesmo pode ser dito para o id como objeto introjetado que Freud descreve em *Luto e melancolia* na sua função estruturadora. O processo de luto não se realiza sobre as representações, mas em uma representação psíquica determinada e separada do id. Quando essa estrutura opõe resistências superiores à capacidade do ego de modificá-la, teremos o luto patológico. Todas essas características do objeto interno vistas por Freud são desenvolvidas por Klein sem, porém, adotar a psicologia da representação e da pulsão.

Mas o problema da relação entre objeto introjetado e sua representação não por isso desapareceu. Aliás, a palavra "objeto" serve não apenas para designar um dos polos da experiência subjetiva, como também as estruturas objetais permanentes subjacentes à própria experiência. Para que se constitua um objeto interno, é imprescindível um contato perceptivo com o objeto real. Mas o objeto, depois, vai além daquilo que está diretamente acessível, tanto é que podemos deduzir sua existência a partir do material observável. A separação entre uso fenomênico e uso sistemático do conceito de objeto, o primeiro pertencente à ordem da representação e o segundo situado além dessa representação, repropõe, intacto, o problema.

Poderíamos dizer que, de um estado inicial indiferenciado, vai-se, aos poucos, pelos sentidos, rumo a uma predominância das percepções e que os elementos somáticos concretos presentes na experiência total entram em eclipse. O resultado de tudo isso, segundo Klein, é que os objetos estão situados no mundo externo e as imagens desses objetos, na mente. Segundo Susan Isaacs (1948), os objetos são vividos pela fantasia inconsciente como existentes no próprio corpo: incorporados. Ela mesma deu-se conta do caráter contraditório do objeto interno, que se apresenta como objeto imaginário, mas, por outro lado, existe concretamente dentro de nós.

Outra dificuldade. Duas qualidades contraditórias: o objeto interno deve possuir um grau de permanência considerável, e, por outro lado, está presente em várias situações, evolui incessantemente, funde-se com o ego ou com o superego, ou com outros objetos, pode ser fragmentado, cindido, projetado no espaço interno ou externo. Tudo isso me convence cada vez mais de que a riqueza dos aportes freudianos, mas, sobretudo, o desenvolvimento do pensamento kleiniano sejam prolegômenos a uma futura definição do status de objeto que propomos, temporariamente, denominar OOC.[2]

---

2 Objeto originário concreto. A partir deste ponto, começa a segunda parte do trabalho, com a retomada da numeração das páginas a partir de 1. [N. O.]

Está claro que qualquer fenômeno considerado poderá ser observado do ponto de vista da representação: conhecer significa representar, e vice-versa. Nós, analistas, também temos que ter representações suficientemente claras e distintas e colocá-las em relação entre si dentro de um modelo. Quando observamos uma criança, podemos figurar-nos tudo aquilo que Melanie Klein nos diz acerca de seu desenvolvimento, na perspectiva das representações. Mas o ponto de vista da psicanálise é mais complexo, porque não só se quer representar o que acontece com a criança, mas se quer, de alguma forma, repercorrer o caminho que a própria criança fez para chegar sucessivamente, quando adulto, às representações, isto é, ao pensamento em sentido específico. Aqui, por exemplo, falar da atividade da criança em termos de representações não é válido; pode ser funcional para mim, que estou estudando a criança, mas a criança não tem representações de seu funcionamento corporal e mental, vive-o, diretamente. Como e de que maneira não sabemos, porque não somos mais crianças, assim como – parafraseando Thomas Nagel – não somos morcegos. Contudo, algo nos resta de nosso ter sido crianças, uma quase representação complexa do corpo, mas antes disso há uma quase representação global de nossa fisicidade, que é enigmática, que não conseguimos representar propriamente, é como "algo" que, simultaneamente, tende a representar-se, é o meu sentir-me, agora. Então, prefiro falar em símbolo, viver o símbolo do próprio corpo no sentido de nos sentirmos corpo em sua globalidade; portanto, sem representações precisas [é algo dado, físico (nós afirmamos isso vestindo mais uma vez a roupagem de adulto, porque a criança nada sabe a respeito), algo dado que tende a significar algo diferente, ou melhor, tende a significar a si mesmo], mas não é mais algo dado, e sim algo que quer ascender a nível de representação. O símbolo, aqui, há de ser entendido como capacidade de afastar-se dos objetos enquanto pura fisicidade [e tais objetos carregam-se de um significado indeterminado, não são autênticas representações, mas guardam esta intimidade com algo dado, de que temos que tomar as distâncias, senão o símbolo não nasce, senão só restam as pedras. Eu acredito que se poderia falar em símbolo para juntar as duas exigências: de um lado, a da representação que, posteriormente, terá um desenvolvimento poderoso com o progredir dos anos... O mundo também é algo que, em mim, tende à representação, mas não é toda representação: uma representação do mundo não pode ser dada, e sim pode-se dar uma representação de um único objeto, porque eu o identifico em seu espaço, ponho entre parênteses todas as relações que esse objeto pode ter com o restante, e também com aquele sentido dos objetos do ser das coisas – que é o símbolo – e então eu o identifico e o represento. Esta é a atividade científica: delimitar campos de objetos e estudá-los na ótica representativa]. Mas a mente, em relação ao próprio corpo, que atitude assume? A mente não poderá nunca se libertar dessa matriz simbólica. A percepção do próprio corpo, eu acredito, nunca poderá tornar-se completamente representação, toda representação: torna-se infinitas representações, não apenas do próprio corpo, mas também do mundo ao redor. Em primeiro lugar, porém, há uma percepção que não é uma simples visão, é um estar dentro de algo. O que estou falando: o simbólico é físico, mas físico é algo que nos remente àquilo que os cientistas consideravam a matéria bruta; não é que não exista, mas é uma abstração que não pertence à nossa experiência mais profunda. O símbolo também é uma palavra perigosa porque, se entendido de outra forma, dissolve o corpo em seu próprio símbolo. [Estamos nos aproximando de um ponto em que, entretanto, as palavras não falam mais. Mas é preciso poder dizer algo mais, mediante palavras que são usadas em geral para designar objetos ou simples representações.

O tempo está ligado ao corpo, enquanto o espaço é psíquico. Porém, também a mente deve levar em conta o tempo: se nós não colocamos em sequência determinadas representações e as conectamos entre si, não pensamos. O pensamento é temporal, é verdade que tende, por quanto possível, a sistematizar-se. Se isso (o tempo está ligado ao corpo), porém, quer dizer que nós ligamos a temporalidade a esta corporeidade, não no sentido material (da representação do corpo própria do cientista), mas o ligamos a essa percepção profunda do viver do próprio corpo, talvez seja a forma mais primitiva de percepção também da mente que, em sentido amplo, é uma coisa só com o corpo. O símbolo, talvez, viva originariamente de forma temporal. Piaget descreve os erros no campo do espaço. O domínio do espaço é mais lento. O tempo, diversamente, no nível dessa percepção, é mais originário. No espaço temos o predominar da representação. Podemos ter uma nítida representação espacial porque já conquistamos suficientemente bem o domínio da representação. A mente ativa-se, entra em funcionamento, não nasce. Os objetos de Freud e de Klein que, posteriormente, tornam-se estruturas.]

Para nós, o corpo é o objeto por excelência da mente. A mente deverá lidar com esse objeto em suas representações multiformes e representatividades ou em suas formas de simbolizações? Ambas. Nós temos representações que supõem sempre uma visão mais complexiva, que as torna possíveis; o símbolo, por outro lado, é o corpo que se torna significante e, portanto, em sua imediata fisicidade diz algo; então, eu diria que é mais símbolo do que representação. Reservaria o termo "representação" para as representações que são suscetíveis de se tornarem, num segundo momento, definidas, claras e delimitadas.

[Melanie Klein parece descrever um caso particular na hipótese do objeto originário concreto; certamente, lidaremos com o seio, mas temos que tecer hipóteses mais primitivas. Há também as preocupações de Freud, de não reduzir tudo às representações; se por representação entendermos algo que está na mente, é claro que deve haver algo estrutural. Em Freud nem tudo é representação. Quem pensa assim exclui-se do mundo, olha para o mundo como se fosse mais uma representação, e nós não podemos fazer isso; nós estamos dentro. Nesse estar dentro, então, é que florescem as representações: isto é conhecimento. Então recuperamos todas essas instâncias, totalmente justificadas.

A abordagem de Klein é fenomenológica: olha para a criança, é uma entidade diante dela, vê o que acontece. Tem à sua frente dois objetos: um é a criança e outro é a mãe, mas não parece sabê-lo, porque nem mesmo levanta o problema, e descreve a interação entre esses dois objetos. Começa assim a ver que este objeto se torna também um objeto interno e então a criança percebe que há também um objeto externo, e assim por diante; isso funciona do ponto de vista descritivo, mas a criança não é isso, porque não é apenas a criança que Melanie Klein observa. Por exemplo, na criança esta divisão espacial dos dois objetos não está presente. Temos que pensar, então, em algo diferente, isto é, em primeiro lugar nesta entidade que se autopercebe em termos de corporeidade e também de simbolicidade; portanto, não é mais simplesmente o seio que entra na boca da criança, a condição é outra. Somos, afinal, símbolos viventes, porque o símbolo é algo concreto que vive e, de alguma forma, sente-se viver.

O que é o objeto? O corpo, sim, mas atenção! São também nossas representações da mente.[3] Os objetos são materiais e imateriais. O objeto está sempre correlato a uma representação (pode até mesmo ser a representação), ou a algo que nos é dado mediante a representação. Consideramos correto defini-lo concreto porque evidencia que não é um dos demais objetos, não é o objetopara que estou olhando neste momento. Objeto concreto significa que é um objeto dentro do qual, de alguma forma, estamos e que somos. Portanto, não é propriamente um objeto; será um objeto para quem o representa a si mesmo, por exemplo, para a mente, e então podemos denominá-lo objeto do ponto de vista de uma teoria: devo dar uma representação a este algo, senão me escaparia, inexoravelmente. Denomino-o objeto, e concreto porque é o único objeto concreto que sinto pertencente à percepção global de mim mesmo no mundo. Os objetos propriamente ditos, de alguma forma, são nossas interações, que construímos enquanto vivemos no mundo e determinamos os objetos que nos rodeiam.

---

3 Aqui há uma frase dificilmente colocável na construção do discurso e que resolvi colocar em nota: "O objeto do físico o que são os corpos?", talvez um pensamento apontado por Ferrari na comparação entre corpo bruto e corpo-símbolo. [N. O.]

A mente pode representar o corpo como uma obra de arte. Ou de nós mesmos, mas esta é uma representação. Então, nós nos figuramos assim e nos tornamos objetos perante nós mesmos. O narcisista não se encentra, mas descentra-se de si mesmo, objetivando-se. O corpo também pode se tornar representação. O que não pode se tornar representação é o corpo no sentido que nós denominamos OOC e que temos explicitado como esse sentido global de estar em determinado ambiente, em que não é fácil diferenciar-se porque nosso mundo tende a expandir-se sobre os objetos ao redor.] Podemos falar em objeto sempre levando em conta que falamos disso porque eu tenho que representar algo que não é representável; concreto, porque não é um objeto real, mas a fonte, de alguma forma, de todos os objetos, porque deste objeto nascem todas as representações e as possibilidades de determinar objetos físicos e não físicos. [Para lidar com um objeto, devemos reconhecê-lo como objeto: esta potencialidade está dentro de nós. Por exemplo: língua-fala para Saussure. Estar dentro ao falar (não no perímetro), portanto, interdependentes.]

Todos os objetos são abstratos, o que não posso colher perfeitamente sou eu mesmo, meu corpo; posso, sim, olhar para mim, mas isso não esgota a globalidade daquela percepção de meu corpo, que sou eu: aquele é o único objeto concreto, em que concreto significa não completamente representável.

Referências

Isaacs, S. (1948). The nature and function of phantasy. *International Journal of Psycho-Analysis*, 29, 73-97.

Klein, M. (1932). *Psicanálise da criança*. Mestre Jou, 1981.

4. Eclipse do objeto concreto

Veja aquilo que tua memória não pode conter
E confias isso a essas folhas em branco, e verás
Que essas crianças criadas, nascidas do teu cérebro
De outra e nova forma se relacionam com tua mente.
William Shapeare, "Soneto 77"[1]

Em conferências realizadas em São Paulo e Brasília, ilustramos os aspectos clínico-teóricos utilizando este modelo chamado "eclipse do objeto concreto".

O modelo contém uma hipótese a respeito do "nascimento" das emoções e da simbolização como defesa contra elas. Para isso postulamos a presença de um objeto originário concreto e ao mesmo tempo "esperado" (também em sentido etológico): preconcepção segundo

1 Recuperado de: https://edisciplinas.usp.br/pluginfile.php/4146857/mod_resource/content/1/SONETOS%20DE%20SHAKESPEARE%20%28TRADUÇÃO%29.pdf.

Bion, chamado seio por Klein. O recém-nascido vai confrontar-se, no decorrer de sua experiência, com *momentos de perda* desse mesmo objeto. Esses *momentos* poderiam ser os elementos constitutivos das matrizes das emoções arcaicas no que diz respeito, inicial e fundamentalmente, à experiência da perda real do objeto concreto e da sua relativa tradução "psíquica". De que tradução psíquica podemos falar? E, caso isso seja possível, existiriam sinais indicativos? As manifestações que nos falam de presença de *alguma coisa* são, de modo sumário, agitação motora, cianose, choro, vômito e descargas de fezes e urina. Podemos dizer que a necessidade física *impõe uma linguagem*. A essência dessa linguagem deve ser, nessa fase, necessariamente *corpórea*. Portanto, estas seriam as primeiras formas de comunicação dos estados *físico-psíquicos* vividos pelo recém-nascido. Tratar-se-ia de uma primeira fase, que poderia ser considerada como a tentativa de constituição de uma *linguagem das emoções*, que se iriam diferenciando, pouco a pouco, de uma situação inicial de marasmo. Um lento formar-se de unidades emocionais significativas e de emoções mais específicas: posse – rejeição – curiosidade.

Podemos presumir que isso abra caminho – por meio de identificação introjetiva e projetiva – também ao uso do som (lalação), que irá, lentamente, liberar-se dos coloridos emocionais, ou, melhor dizendo, encapsular esses mesmos coloridos emocionais até estabelecer-se como som-significado-palavra... portanto, símbolo. Segundo essa hipótese, a simbolização acompanha o desenvolvimento e a complexidade cada vez maior das próprias emoções. Ao mesmo tempo, porém, as capacidades simbólicas mais desenvolvidas podem ampliar a produção fantasmática, e esta, por sua vez, ampliar aquelas. Esse modelo se baseia na hipótese de M. Klein – posição esquizoparanoide – e justificaria, em parte, quer a intensidade das emoções, quer a intensa atividade fantasmática que lhe é, nessa área, correlata.

Esses momentos simbólicos no âmbito corporal-físico corresponderiam a um primeiro modelo arcaico; posteriormente, o surgimento da atividade simbólica permite ao sujeito relacionar-se com o mundo externo e com a própria realidade no seu conjunto. Toda a capacidade do recém-nascido está dirigida à tentativa de separar o objeto concreto da emoção e essa emoção daquela que é, por sua vez, a defesa contra ela. Os fatos descritos aconteceriam na área da posição esquizoparanoide (à qual pertencem, prevalentemente, as emoções) enquanto a diminuição dessas angústias, por meio da capacidade discriminadora entre objeto-emoção-simbolização-fantasia, facilitaria a passagem para a posição depressiva (à qual pertenceriam, prevalentemente, os sentimentos), na qual é mais visível a função defensiva da simbolização.

A simbolização é considerada nessa fase (só nessa fase?) como defesa, no sentido em que lhe é conferida a tarefa de manter separadas, na "mente", as cargas emocionais arcaicas perigosamente destruidoras destes primeiros sistemas discriminadores. De fato, são esses primeiros sistemas que "ameaçam", justamente porque são discriminadores, a unicidade entre o eu e o objeto concreto originário e obrigam o eu a iniciar o dramático e doloroso percurso em direção à tomada de posse do próprio mundo e do ambiente que nos hospeda.

Atribuindo, prevalentemente, as emoções à posição esquizoparanoide e as emoções-sentimentos à posição depressiva, entendemos, de modo ainda aproximativo, que no primeiro caso é o eu incipiente que deve estruturar-se para sobreviver, enquanto na posição depressiva as emoções-sentimentos podem apoiar-se numa já reconhecida presença do objeto e são, pois, mais suscetíveis ao instaurar-se das relações objetais.

Em nosso modelo, contudo, postulamos também que não é possível a experiência de um eclipse total do objeto, visto acreditarmos que, em maior ou menor medida, teremos sempre, dentro de nós, os restos da presença do objeto originário concreto ou o seu "espaço". A essa presença, entre outras coisas, se deve, provavelmente, o fato de que as emoções não perdem jamais suas características originais, isto é, são intensas, violentas e de difícil contenção e transformação. Outro aspecto que nos confirmaria a impossibilidade de um eclipse total do objeto concreto originário nos é dado pela observação dos problemas pertencentes à esfera do luto. Exemplificando: julgamos que, com a morte do objeto concreto – mãe-pai ou quem os substitua –, temos disponível um espaço que pode ser usado para novos interesses objetais externos e internos; portanto, para a reconstituição dos restos de objeto originário concreto. Ou, então, podemos encontrar-nos diante da impossibilidade de reconstituir este equilíbrio; nesse caso, essa impossibilidade pode tornar-se perigosa para a sobrevivência mesma do sujeito – melancolia e morte. Talvez a morte mesma seja perda irreversível dos restos da presença do objeto originário concreto.

E aqui podemos abrir, talvez, um discurso que nos leve a desenvolver um novo modo de considerar os problemas psicossomáticos.

Tudo o que foi dito julgamos de interesse especial para nossa atividade clínica e para os desenvolvimentos teóricos, por serem o ponto onde se concentram os maiores obstáculos que encontramos no nosso trabalho de conduzir os analisandos através daquilo que se usa definir como um desenvolvimento psíquico funcional.

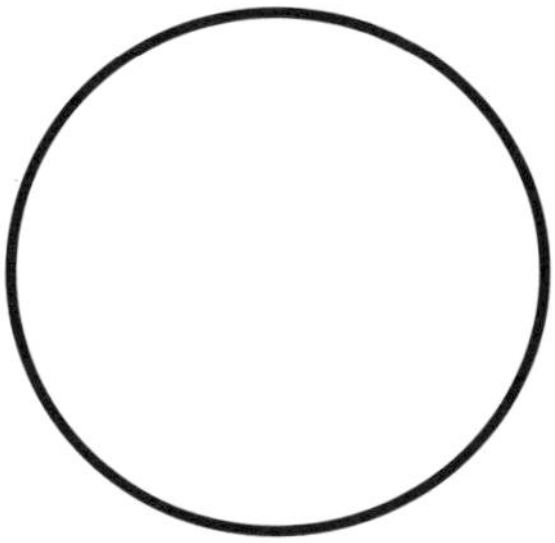

= Objeto concreto originário.

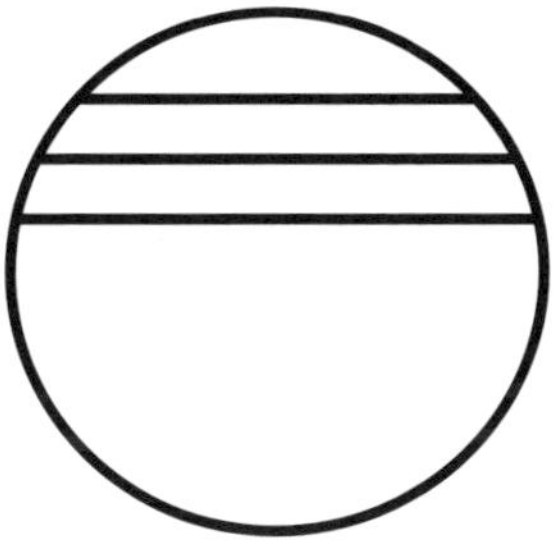

= Início do processo de eclipse pela experiência de perda, experiência esta constitutiva das matrizes das emoções arcaicas; suas manifestações corporais são equivalentes às primeiras formas de comunicação dos estados físico-psíquicos do recém-nascido (marasmo).

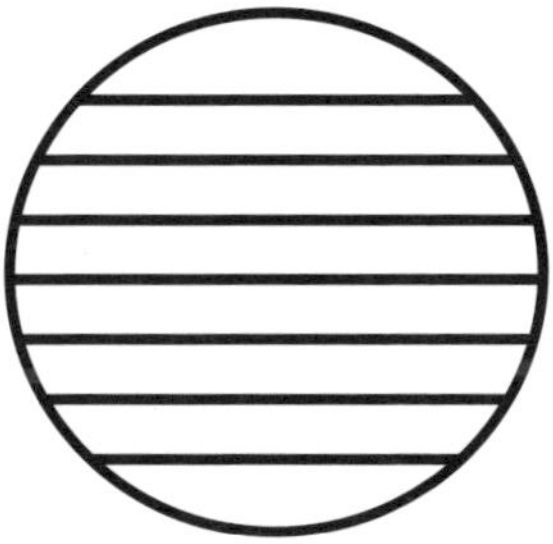

= Processo de separação no interior das próprias emoções de unidade, significativas não mais de marasmo, mas de respostas a estímulos por meio de identificações introjetivas e projetivas, até atingirem o uso do som, que, encapsulando os coloridos emocionais, pode tornar o bebê capaz de tentar separar objeto-emoções-símbolo etc.

= Resíduo da presença do objeto concreto original. O eclipse nunca é total. Esse resíduo fornece alimento a todo o sistema emocional do indivíduo no decorrer de sua vida.

5. O eclipse do objeto originário concreto[1]

Introdução: o que é o objeto?

A essa pergunta fundamental a psicanálise forneceu, até agora, uma resposta análoga à da filosofia, que desde o final de 1400 define como objeto "tudo aquilo que o sujeito cognoscente entende como diferente de si mesmo". Mas, exatamente por partir dessa descrição, não podemos deixar de ressaltar que existe um aspecto da subjetividade que parece caracterizado por uma *forma particular de alteridade*. Referimo-nos à "fisicidade", ao menos na sua representação pela mente, que só em raríssimas ocasiões se configura como uma experiência de unidade. Podemos dizer que *o corpo é o objeto por excelência da mente e sua realidade primeira.*

M. Klein, como se sabe, pressupõe dois objetos: a criança e a mãe. Descrevendo a interação entre esses dois objetos, nos mostra que o

1 Este artigo foi publicado em 1995 na *Revista Brasileira de Psicanálise, XXIX*(2), 253-262, e pertence a um grupo de artigos publicados no Brasil e na Itália sobre o objeto originário concreto. Entre todos, este é o único que foi publicado depois da saída do livro *O eclipse do corpo*, do qual retoma algumas hipóteses para desenvolver o conceito de "objeto" sob outra perspectiva. Constitui, de alguma forma, a versão mais recente. A tradução para o português foi realizada por Myrna Pia Favilli.

objeto externo mãe torna-se também um objeto interno, e a criança, então, percebe que existe também um objeto externo, e assim por diante. Para nós, porém, a criança *não parece ser apenas isso*, na criança esta divisão espacial dos dois objetos ainda *não existe*. Devemos então pensar algo diferente e, antes de tudo, algo como *um ente que se percebe em termos de corporeidade (uno) e, ao mesmo tempo, como "simbolicidade" (bino)*; portanto, não é mais simplesmente o seio que se oferece à boca da criança, mas, ao inverso, *a condição é radicalmente diferente: é a criança que se oferece, por meio de sua "fisicidade", a si mesma*. Somos, tudo somado e paradoxalmente, símbolos vivos, na medida em que o símbolo é algo de concreto, que vive e sente a si mesmo vivendo.

Se nos propusermos novamente a mesma pergunta – "o que é o *objeto*?"–, a resposta deverá incluir, certamente, o corpo, mas também a representação da mente, visto que os objetos *são* tanto materiais quanto *não* materiais, e o objeto é sempre correlato a uma representação, ou, pelo menos, a alguma coisa que, *por meio da representação*, nos é comunicado.

Parece-nos apropriado chamar o objeto de *concreto* porque isso põe em evidência que não se trata de um dos objetos possíveis; não é, por exemplo, um objeto entre os tantos que observo num dado momento. *Objeto concreto* porque é um objeto que se inclui sempre, dentro do qual nós estamos, *mas que nós somos*; por isso não se trata de um verdadeiro e próprio objeto, mas o será para aquele que o representa para si mesmo e, em primeiro lugar, para a mente. Enfim, o chamamos de objeto e concreto porque é o único objeto concreto que sentimos pertencente *à percepção global de nós mesmos no mundo*, enquanto os verdadeiros e próprios objetos são as interações que nós construímos enquanto vivemos e, portanto, estamos em condição de determinar os objetos que nos circundam.

Podemos falar de objeto, mas sempre tendo presente que o fazemos para poder representar aquilo que, de outro modo, não seria representável. Não é um verdadeiro objeto, mas a fonte de todos os objetos possíveis, porque *é* desse objeto que nascem todas as representações e a possibilidade de determinação dos objetos físicos e não físicos.

Todos os objetos são, potencialmente, abstratos, enquanto dotados de um potencial intrínseco de existência que encontra as próprias vias de expressão e de manifestação, os torna possíveis de serem captados e visíveis à nossa percepção, mas o objeto que nunca conseguiremos acolher perfeitamente somos nós mesmo, o nosso corpo. Existe uma globalidade de percepção do nosso corpo que não se exaure *nem mesmo* pela auto-observação.

Hipótese

Com o termo objeto originário concreto (OOC) pretendo dar força e relevo à unidade constituída por um aparato mental que percebe e anota um corpo entendido em sentido físico e esparsas sensações que dele provêm.

A estes três aspectos: a mente, o aparato sensorial e o corpo na sua fisicidade – que o torna *objeto* em relação à mente-sujeito – é atribuída uma unidade por quase todas as comunidades científicas, enquanto vistos como elementos de um conjunto. Todavia, ao nível cognoscitivo e clínico, esses aspectos permanecem profundamente diversos e separados, e nem é possível que fosse diferente, a não ser concebendo o grandioso projeto da fundação de um novo paradigma teórico que possa assumir, *integrando-as*, as diversas disciplinas que tratam do homem.

No pensamento psicanalítico podem ser ressaltados, entre os alicerces de toda a construção psicanalítica, dois escritos de Freud: os *Três ensaios sobre a teoria da sexualidade* e "Os dois princípios do funcionamento psíquico". No primeiro a pulsão é central, um conceito que medeia o físico e o mental; isso testemunha o esforço e a intenção de Freud no sentido de manter unidos o aspecto físico e psíquico:

instinto, afetos, formações de caráter e sintomas. No segundo, é apenas o funcionamento mental que é levado em consideração nos seus dois sistemas: primário e secundário. Aqui é somente o mundo psíquico que é explorado e existem apenas algumas referências secundárias ao corpo e às suas sensações.

Esses dois aspectos, no desenvolvimento das teorias psicanalíticas, tendem a se aproximar e a se distanciar de novo. Um momento de encontro pode ser representado pela conceituação, dada por M. Klein, do instinto epistemofílico. As sensações suscitadas na criança pelo contato do corpo materno, sustentadas pelas pulsões instintivas provenientes do interior e correlatas à atividade fantasmática, constituem a matéria-prima da qual, por sucessivas elaborações, se chega ao desejo e à capacidade de conhecimento. Cria-se, assim, a hipótese de uma linha contínua que *une a percepção sensorial a operações sofisticadas de pensamento.*

A grade de Bion também segue, num certo sentido, essa linha de desenvolvimento que parte de um primeiro sentir confuso e chega até a destilado das máximas abstrações. Na construção da grade, embora indicando um arco de evolução, Bion não coloca os vários níveis de elaboração mental em uma sucessão necessária; todavia, parece implícito um movimento de transformação nos dois sentidos.

Essa mobilidade é um ponto central na construção do modelo do eclipse do objeto originário concreto. A sequência percepção sensorial-emoção-pensamento, vista como uma linha que pode ser percorrida nas duas direções, oferece uma série de possíveis combinações que podem ser encontradas e que nos permitem individuar o percurso específico atuado e aquele que continua em atuação.

Por meio desse modelo, reconstituímos alguns vínculos particulares que unem manifestações aparentemente distantes entre si: sintomatologia física, disposição afetiva, modo de sentir e tratar o próprio corpo e modalidades peculiares de pensamento.

Podemos dizer que a função mental começa com o primeiro registro de uma percepção sensorial. Damos à operação de perceber a sensação e de registrá-la um significado diferente.[2] Referimo-nos, de fato, para essa função, ao sistema de anotação do qual Freud fala nos "Dois princípios"(Freud, 1911). Existe um sujeito, isto é, o aparato que registra, e um objeto registrado: chamamos a esse último aspecto de *fisicidade do OOC*, entendendo-se com isso o corpo no sentido físico e o conjunto das sensações que dele provêm.

Sob o brotar das percepções sensoriais marasmáticas e violentas, perigosas para um funcionamento físico harmonioso (ver, por exemplo, a coordenação entre os sistemas nervoso-endócrino-vascular etc.), e na presença da mente materna na sua importantíssima função de *rêverie*, o aparato mental inicia a sua função que é, *ao mesmo tempo*, de registro e contenção. O registro acontece pela exigência de distanciar a percepção sensorial que, de outro modo, seria completamente invasiva.[3] Tem início, assim, o eclipse do OOC e contemporaneamente abre-se o espaço da área do mental, ou, na imagem do modelo, a sombra do mental começa a projetar-se sobre o OOC.

Toda atividade mental é vista, assim, como uma resposta com funções de contenção diante de sensações e emoções que, por sua natureza, são unicamente passíveis de serem vividas.

A violência das percepções sensoriais que devem ser contidas e a presença da *rêverie* materna nos mostram imediatamente que o eclipse do OOC *se realiza numa dupla relação dual*: uma externa (a mãe e a criança) e uma interna, intrapsíquica (a mente e o OOC). Portanto,

---

2 Isso está de acordo, entre outras coisas, com tudo que foi dito por Freud a respeito das diferentes funções dos sistemas perceptivos, que continuam livres e vazios, posto que destinados a acolher as percepções, e dos sistemas mnemônicos (o inconsciente), onde são registradas as percepções e é necessária uma organização dos traços mnemônicos (Freud, 1924).

3 Entendemos que o "registro sensorial" (traços mnemônicos de Freud) toma o lugar da percepção sensorial, que está destinada a exaurir-se.

o indivíduo estabelece, desde o início da vida, uma relação bina entre fisicidade e o psíquico no interior de si mesmo, e uma relação externa com o objeto etologicamente esperado (a mãe).

O início de tal empresa não pode acontecer senão na presença da rêverie materna, ou seja, de um pensamento já em funcionamento e que se move ao redor e em relação ao marasmo que a criança está vivendo.

Do núcleo originário e original de fisicidade se desenvolvem sensações e emoções que caracterizam aquela criança particular. As manifestações emocionais, mesmo as primeiríssimas, se exprimem – como dissemos – em um quadro conflitivo com o mundo. Ao nascer, a criança se confronta e o trauma ao qual vai de encontro é a experiência revolucionária de entrar na condição de ser biologicamente "independente" e, ao mesmo tempo, fisicamente dependente.

Falamos de uma relação bina, interior, entre a mente e o corpo. Essa dualidade faz com que a experiência que um indivíduo tem de si mesmo *seja sempre e somente em termos de relação*. Relação que poderá ser de confronto, de diálogo, de conflito, de violência etc., mas sempre uma relação. Se essa relação vem a faltar, por ataques ao "vínculo", o indivíduo perde a capacidade de experimentar-se.

Os aspectos com o quais a mente entra em relação são múltiplos, mas a relação inicial corpo-mente permanece sempre, *seja como realidade, seja como modelo*. Um modelo originário, com as especificidades que caracterizam cada indivíduo, e que se refletirá nas múltiplas relações que a mente irá entreter, quer com os diversos aspectos externos, quer com os próprios dados de experiência interna.

Os dois termos da relação primária interna constituem o objeto originário concreto. Portanto, ele colhe o ser nos seus aspectos originários e, por isso, não relativos à relação com o mundo. Desse modo, dizemos que o OOC possui uma existência que é *independente de qualquer processo de introjeção*. Não é constituído por contribuições externas que, entrando na psique, a ocupam e lhe dão forma contemporaneamente. Ao defini-lo nos remetemos, ao contrário, àquele núcleo originário específico que, desde o nascimento, diferencia o indivíduo de qualquer outro ser humano. *Objeto porque é.* Não é o resultado de um fazer, não é nem mesmo o êxito de um *tomar-se* (de fato, o processo de introjeção-projeção poderá tê-lo), mas é a criança mesma e permanecerá, visto que tal núcleo originário não poderá exaurir-se nas sucessivas operações mentais. O objeto é *concreto*, a fisicidade é sua qualidade primária; a fisicidade dada pelo ser homem ou mulher, mas, ainda mais, *aquela* mulher e *aquele* homem, com a sua carga instintual própria e dotados de um aparato corpóreo próprio.

Do uno ao bino se estende a linha que, abrindo uma fresta a partir da fisicidade, dará espaço ao mental. É na passagem do uno ao bino que o OOC inicia seu eclipse. *Eclipse e não desaparecimento*, nem mesmo *transformação*, mas apenas a colocação em sombra ou, se quisermos, uma redução gradual do espaço ocupado inicialmente pelas sensações marasmáticas em benefício de formas mais funcionais à sobrevivência do indivíduo no ambiente. Mas isso não significa que nossa mente não seja potencialmente disponível e, como tal, inevitavelmente exposta às irrupções devastadoras das sensações e das emoções ao longo de todo o percurso de nossa vida.

O OOC é o dado: a mente entra em função em relação a este dado-presença. Inicia-se, assim, uma relação que irá se caracterizar por uma tensão jamais apagada. O dado-presença permanecerá, para a mente, um problema contínuo, dia após dia, e sempre insolúvel, posto que a essência da fisicidade é inalcançável pela percepção, sendo esta copresente àquela.

A história da formação de uma psique, do seu funcionamento, incluída sua fase involutiva, pode ser vista como a tarefa de uma mente na sua contínua tentativa de compreender a própria essência física. É esta, mais uma vez, a parábola do eclipse.

As dificuldades, como os obstáculos, os desvios, as formações paralelas e substitutivas, dizem respeito às duas linhas sobre as quais ocorre a saga individual humana: a linha da relação intrapsíquica que a mente entretém com a própria fisicidade e a linha da relação que a criança entretém com o objeto etologicamente esperado, *a mãe*. Obviamente, como já dissemos, as duas coordenadas *são*, e não poderia ser diferente, intimamente correlatas.

Além do mais, ressaltamos firmemente que o OOC é constituído, em sua essência, *por uma relação* e não permanece simplesmente um dado, e isso comporta uma série de implicações no plano clínico e, como vimos, a sedimentação de relações externas.

Podemos individuar a relação criança-mundo externo-mãe como a *relação primária horizontal* para distingui-la da outra relação primária, *mente-OOC, que chamaremos de vertical.* No plano *vertical*, o OOC não se identifica com o corpo no seu sentido comum de dado simplesmente objetivo, mas com um corpo que emana *sensações, um corpo vivo* que se propõe, a cada momento, qual presença *ativa*, objeto diante da mente que o registra, mas *sujeito com respeito ao mundo externo*. Uma realidade, a do OOC, que participa da qualidade do objetivo e do subjetivo; de fato, a mente deve levá-lo em conta como algo que lhe pertence tão intimamente a ponto de torná-lo parte integrante da própria entidade individual, mas, *ao mesmo tempo*, como algo que se lhe contrapõe como um *outro de si mesmo*. Uma *alteridade*, como já dissemos no início, mas que é às vezes percebida de um modo dramático, como nos estados graves de doença ou nas ameaças de morte sentidas provir do OOC.

As duas relações primárias, como já dissemos, acontecem contemporaneamente no início da vida e prosseguem, obviamente, em todo o seu curso, certamente não de um modo paralelo, mas com contínuas alusões e referências.

O interesse clínico é dado pelo fato de que, com a aplicação dessa hipótese, torna-se possível considerar os fenômenos – sejam aqueles puramente mentais, sejam aqueles pregnantes de ação apresentados pelo paciente no decorrer da experiência analítica – não apenas como expressões de relações entre objetos internos, mas também, e principalmente, como manifestações das vicissitudes das duas relações primárias. Assim, o mundo interno se enriquece, aumentando a sua complexidade e permitindo-nos considerá-lo não apenas como o precipitado de relações vividas no mundo externo, mesmo que com toda a carga de projeções que emanam do sujeito. De fato, além do lugar ocupado pelos objetos internos, além daquilo que é adquirido no curso do processo introjetivo, existe uma área importante que diz respeito à relação *daquela* mente com *aquele* específico OOC. Essa área contribui, na sua maior parte, para a determinação daquela forte percepção de identidade, daquele sentimento de um núcleo exclusivo, indestrutível, o que menos pode ser alcançado e modificado, em contraponto a uma outra zona que, mesmo fazendo parte da subjetividade, é sentida como menos central, quase mais fluida e móvel, mais em contato com o mundo externo: precisamente a área das trocas, área osmótica das introjeções e projeções.

A zona central, de maior densidade, aquela que diz respeito prevalentemente à relação vertical, é percebida pelo sujeito, em certos momentos, como desesperadamente fora de alcance e de impossível modificação. Perguntamo-nos se é mesmo assim, ou melhor, *o que determina* essa forte convicção. A experiência clínica nos mostra como a ausência da percepção subjetiva dessa parte central ameaça a construção de qualquer sentido de identidade. E é esta, talvez, a área de ação de nossa ciência.

Alguns autores falam de núcleos autistas que podem permanecer enquistados e de alguma maneira contidos na personalidade. Eles parecem ser dificilmente alcançáveis pelo processo analítico. Podemos então identificá-los como aquele núcleo interno da relação vertical? Penso que não, mesmo que tais núcleos sejam estreitamente pertinentes e se fundam, talvez, sobre aquela zona da personalidade que se move ao redor do OOC. Ao tratarem dos núcleos autistas, Tustin (os buracos negros) e Winnicott (o medo de *breakdown*) se referem a poderosas barreiras defensivas cuja tarefa é circunscrever e marginar fortes impulsos autodestrutivos, visto que a zona circundada e excluída do circuito contém morte. Desse modo, esses núcleos nos são apresentados como reservatórios de alto potencial destrutivo. De fato, eles parecem fugir não apenas da relação com o outro, mas também da capacidade de pensamento do próprio indivíduo. Diversamente, na relação originária vertical, o sentimento de impossibilidade de alcance não é dado pelo tipo de defesa usada, mas é intrínseco à sua própria natureza, dado que o OOC pode ser posto na sombra na sua fase de eclipse, mas não pode jamais ser compreendido, alcançado completamente, e muito menos dominado.

Na base da nossa experiência clínica e dos conhecimentos teóricos adquiridos, consideramos os assim chamados distúrbios psíquicos (psicose, esquizofrenia, mania etc.) como uma manifestação direta de alterações no processo do pensamento. Com a expressão "distúrbios do pensamento" referimo-nos àquelas situações em que existe uma relação desarmoniosa entre duas áreas da personalidade, a área entrópica e a área negentrópica, como já foram descritas no livro *O eclipse do corpo*.

Essa distinção tem origem nos enunciados de Bion sobre uma área psicótica e uma área não psicótica da personalidade – instituídas no início da vida e que tendem a divergir no seu transcurso, diferenciando-se por características muito preciosas que as distinguem entre si.

Desse modo, a área não psicótica da personalidade, influenciada pela prevalência dos aspectos vitais sobre os destrutivos, favorece a instauração, a estruturação e o desenvolvimento do pensamento, desde o pré-verbal até o verbal.

A atividade da área psicótica da personalidade – que ataca e tende a demolir, particularmente, as vias sensoriais e perceptivas, fragmentando-as e expelindo-as por meio da identificação projetiva – provoca, ao revés, uma série de consequências na própria personalidade, que ficará danificada e amputada exatamente nas suas impressões sensoriais, as únicas em grau de pôr em andamento os processos do pensamento verbal. Em Bion, pois, o operar da área psicótica perturba a instauração da função pensante, tendo como consequência o fato de que o processo de pensamento sofrerá graves alterações. Embora Bion faça remontar os distúrbios psicóticos à atividade de alguns mecanismos distintos da personalidade que os usa, a área psicótica permanece sempre com uma conotação destrutiva e, consequentemente, geradora da patologia.

Nós acreditamos ser particularmente funcional, para a prática clínica, postular a existência de duas áreas da personalidade cuja atividade seja posta em conexão com a formação e com os distúrbios dos processos de pensamento, mas a nossa hipótese propõe que as duas áreas, que chamamos de entrópica e negentrópica, estejam em estreita relação entre si e que a qualidade e o estado de sua relação influenciem, de modo determinante, o sistema pensante.

Consideramos, pois, a área entrópica como uma área dominada pelo fluxo marasmático de sensações e pelas matrizes arcaicas das emoções que nela têm o seu lugar natural, mas que, não obstante, podem também alcançar equilíbrios, por definição, instáveis.

É a área das potencialidades criativas e das estruturas potenciais de pensamento e traz em si mesma, como exigência primária para o viver, a necessidade de contenção. Tal função de contenção é realizada, dinamicamente, pela área negentrópica, que, originando-se por sua vez na própria área entrópica, estabelece a base da capacidade de relacionamento, cujo primeiro modelo é dado pela relação mãe-criança.

Essa hipótese é útil, especialmente, no campo clínico: basta considerar, por enquanto, que na hipótese do eclipse do OOC a copresença do uno e do bino implica a coexistência das duas áreas descritas, com a área entrópica se referindo prevalentemente ao uno e à negentrópica, prevalentemente ao bino. Essas áreas são inversamente complementares, mas dinamicamente conectadas, e o prevalecer de uma ou de outra assinala, por meio dos produtos mentais, a capacidade de contenção e, portanto, a possibilidade de pensamento, ou então o seu oposto. A relação dinâmica entre as duas áreas implica que o inconsciente deva configurar-se como um momento no qual alguma coisa é afastada da percepção, ou não consegue encontrar caminho até ela. Isso significa que a todo momento do nosso viver produzimos inconsciente e fazemos uso dele.

A área entrópica está aberta a qualquer processo. O equilíbrio dinâmico instável, que pode gerar uma situação harmônica no interior da área entrópica, também pode ser convulsionado por acontecimentos internos e/ou externos e transformar-se em marasmo e caos, com presença de momentos de despersonalização, perda de identidade etc. Tudo isso, porém, não tem nada a ver com o conceito de regressão, mas se trata, antes, de manifestações geradas por uma ampla gama de situações desarmônicas.

Essa dimensão vertical (intrapsíquica) deve, por sua vez, responder e entrar em sintonia com a dimensão negentrópica, que engloba o singular e o seu viver na dimensão horizontal (interpessoal). A convergência funcional dos aspectos entrópicos e negentrópicos ou, se quisermos, a relação harmônica dos momentos verticais e horizontais permite ao indivíduo conter e gerir tanto os recursos internos quanto a capacidade de modificar, acolher ou transformar a realidade.

Nas situações desarmônicas (psicoses) não são nem as emoções, nem os sentimentos, nem as matrizes arcaicas do pensamento em si mesmos a estarem comprometidos, mas os modos e as formas como o pensamento se pensa, se desprega, é usado e aplicado. A relação analítica abre caminho à observação e à exploração daquele espaço que se interpõe entre analista e analisando, em cuja área se manifestam, também, as complexas relações que a mente entretém com a própria fisicidade (OOC). O jogo é o intercâmbio uno-bino e bino-uno, postulado como característica essencial do ser humano em perene busca de uma posição adequada de equilíbrio. No momento que falta a operação de contenção, emergem aqueles aspectos de disfunção, variáveis em duração e gravidade, e que se tornam, portanto, objeto do estudo analítico. Desse modo, é supérflua, para nós, a distinção entre "normalidade" e "patologia". A nossa atenção privilegia a individuação da disfunção com a finalidade de criar uma intervenção que favoreça a instauração de condições dinâmicas novas para permitir ao analisando um uso mais funcional da própria mente.

Por essas mesmas razões, não levamos em consideração o tema da eficácia curativa da psicanálise porque pensamos, entre outras coisas, que falar de "cura" e "doença" é impróprio, porque esses termos induzem a presença de "memória" e "desejo", enfraquecendo o instrumento analítico, sobretudo na sua função de insight. Se uma análise, especialmente nos casos mais graves, não se mover em direção a uma erupção magmática – ali onde a mente transformada em lava perde sua forma –, o analista não poderá conhecer os movimentos da mente que observa. Se, ao contrário, depois ter superado a rumorosa barreira da loucura, ele consegue alcançar e ser testemunha dos momentos de altíssima tensão psíquica, pode, então, pôr em evidência as desarmonias presentes na relação entre a área entrópica e a área negentrópica, reconhecer e guiar as tentativas de busca de uma posição de equilíbrio entre as duas áreas do analisando. Isso nos permite afirmar que qualquer indivíduo, por mais perturbado que seja, é capaz de, em certos momentos, estabelecer uma relação funcional e correta com a realidade tanto interna quanto externa. Evidentemente, a relação será precária por causa de sua reduzida capacidade de manter a mente na posição de equilíbrio.

Na relação mente-OOC, esse último não pode ser colocado fora da área psíquica, tampouco contrapor-se totalmente à mente-sujeito como outro de si mesma. Dessa dualidade, nunca completamente atuada, deriva a percepção de que existe em nós algo que nos pertence de um modo tão originário que nos dá não só o sentimento de sua indestrutibilidade, mas, ao mesmo tempo, o de uma voragem tão profunda que não chegaremos nunca a explorar totalmente.

Na relação com o OOC, nos aproximamos, com pânico, daquela área que sentimos como a nossa particular fonte de vida e a nossa particular fonte de morte. Muito provavelmente, do prevalecer de uma dessas duas imagens do OOC se canalizam nossas características de base, a nossa história e, talvez, um destino de doença ou de saúde física e mental.

Referência

Freud, S. (1911). Formulações sobre os dois princípios do funcionamento psíquico. In S. Freud, *Obras Completas* (Vol. 10). Companhia das Letras, 2010.

Freud, S. (1924). Uma nota sobre o "Bloco Mágico". In S. Freud, *Obras Completas* (Vol. 16). Companhia das Letras, 2011.

6. Relação analítica: sistema ou processo?[1]

Parte 1

Proferimos duas palestras que fazem parte de um trabalho mais amplo, em coautoria com o prof. Emilio Garroni, a ser publicado brevemente em língua italiana.

Esta conferência tratará dos seguintes assuntos:

1. Diferenças e semelhanças entre Relação Analítica (RA) e Relação Comum (RC).
2. A especificidade da RA.
3. O espaço analítico e a tensão dinâmica "voltar-ir".
4. A alteridade da RA.
5. A palavra como interação comunicativa: transferência e proposição analítica.

1 Palestras realizadas nos dias 5 e 11 de agosto de 1982 no Anfiteatro Adelheid Koch, da Sociedade Brasileira de Psicanálise de São Paulo (SBPSP). Tradução e revisão do texto realizada por Myrna Pia Favilli. Publicado anteriormente em 1982 na *Revista Brasileira de Psicanálise*, *16*(3), 335-363.

6. Emoções e sentimentos: "AURA".

7. As pseudo RA.

8. A ação da RA sobre pontos simbólicos estruturantes da personalidade.

9. A proposição analítica como transferência.

Acreditamos que alguns dos presentes se lembrem das hipóteses fundamentais contidas no nosso primeiro ensaio: "Esquema de projeto para um estudo da 'Relação Analítica'" (Ferrari & Garroni, 1979). É a partir daquelas mesmas hipóteses que retomamos, hoje, o discurso sobre a Relação Analítica, começando pelas possíveis e em parte conhecidas diferenças e semelhanças entre a Relação Analítica e a Relação Comum.

Podemos dizer que em uma RC os participantes estão presentes enquanto portadores de um comportamento já constituído e qualquer variação dessa relação parece ser, de um modo geral, interpretável como uma específica adaptação. Teremos então, em uma RC, ou um equilíbrio que pode referir-se a um acordo, a uma compreensão (grupo e cultura) com possíveis ajustamentos dentro de certos limites ou a negação dos elementos conflitantes, com o recurso até mesmo a uma ficção. Ou também, caso-limite, uma RC que nem mesmo se estabeleça.

Em uma RA, ao contrário, seus participantes não abandonam os seus modelos, mas os deixam como pano de fundo, não para excluí-los, mas justamente porque eles podem delimitar o horizonte dentro do qual uma RA pode acontecer. É claro que também pode ocorrer uma RA apenas aparente, conforme as modalidades de uma RC. Neste caso, o que fica excluído é precisamente a elaboração de uma *relação original em comum*.

Se no caso de uma RC a relação se estabelece sobre a hipótese de que o outro protagonista ou participante é, de algum modo, conhecido, no caso da RA a hipótese é inversa, exatamente porque o outro não é suficientemente conhecido e deve revelar-se na relação mesma. *Para que isso aconteça é necessário que haja um espaço em comum,*[2] *onde os participantes da RA sejam capazes de constituir as premissas de um acordo projetado no futuro.* Isso, contudo, não significa que tal espaço seja indeterminado, porque, se assim fosse, os participantes de uma RA não se encontrariam, ou não saberiam o que dizer ou o que fazer. O espaço, ao contrário, é determinado de maneira bem precisa por certos pressupostos, entre os quais se incluem também uma teoria e uma prática psicanalíticas. Teoria e prática que, enquanto tais, determinam um espaço provido de uma autonomia própria e não uma RA já predeterminada, o que seria, na realidade, uma simples RC. A especificidade do espaço que torna possível uma RA reside justamente na sua relativa autonomia em relação aos modelos e esquemas que determinam, em geral, uma RC. Esta não tem um espaço próprio porque não são os participantes de uma RC que o assumem como próprio, mas, por assim dizer, o encontram já estabelecido e preenchido por decisões socioculturais precedentes e, de algum modo, coletivas. Nesse sentido podemos dizer que o analista assume, como centro do próprio interesse, não tanto o analisando como tal – transformado em analisando-objeto –, mas o próprio *espaço* no qual é possível uma relação entre analista e analisando.

A RC e a RA não são duas relações concretas, nitidamente distinguíveis uma da outra, mas dois tipos ideais de relação. E isso porque não se pode pensar uma RA que comece do espaço mesmo, em concreto, nem se pode pensar uma RC apenas em termos de predeterminação. Até a RC mais estandardizada contém sempre alguma plasticidade, assim como o analista e o analisando também devem colocar em campo os instrumentos pelos quais são duas pessoas efetivas, que realmente se encontram num espaço predeterminado. *Nesse espaço, o analista é solicitado, de modo prevalente, a "voltar-se na direção de si mesmo"*

2 Entre as correções realizadas por Ferrari em 2005, há aqui uma anotação com que propõe interrogativamente a substituição da expressão "espaço em comum" e da palavra "espaço", utilizada nas linhas sucessivas, por "área de realidade".

enquanto o analisando "vai em direção de si mesmo". Consideramos essa proposição uma constante dinâmica, o ponto de partida para o desenvolvimento de uma virtual RA, constante dinâmica esta que está ausente numa RC. A tensão dinâmica "voltar-ir" é, certamente, um dos dados significativos presentes no desenvolvimento funcional da RA.

Esclarecemos, pois, desde já, o uso da proposição "voltar-ir". Citemos uma conferência de Freud, realizada durante o II Congresso de Psicanálise, ocorrido em Nuremberg em 1910, cujo título é: "As perspectivas futuras da terapia psicanalítica".

> *Outras inovações na técnica dizem respeito à própria pessoa do médico. Tornamo-nos cientes da contratransferência, que surge no médico quando o paciente influencia os seus sentimentos inconscientes, e estamos quase inclinados a solicitar que o médico reconheça e domine essa contratransferência dentro de si. Desde que um bom número de pessoas vem exercendo a psicanálise e trocando experiências, notamos que cada psicanalista consegue ir apenas até onde permitem seus próprios complexos e resistências internas, e por isso exigimos que ele dê início à sua atividade com uma autoanálise e a aprofunde continuamente enquanto amplia sua experiência com os doentes. Quem nada obtém numa autoanálise pode muito bem abandonar a ideia de que é capaz de tratar analiticamente pessoas doentes. (Freud, 1910, pp. 223-224)*

O que foi dito nos leva a considerar a RA, substancialmente, como um processo. De fato, se este "voltar" não se enriquecesse na relação, o analista não poderia, nunca, ampliar o seu mundo interno de percepção e daí o "ir" do analisando se encontraria limitado a pontos de referência quase preestabelecidos pelo próprio analista; portanto, com escassas possibilidades de movimento. Isso nos permite alargar a hipótese contida no primeiro ensaio sobre a função das variáveis analista-analisando, que os apresenta como protagonistas de impulsos "opostos", em direção a soluções que nenhum dos dois pode conhecer a priori. A especificidade da RA está, por assim dizer, na bagagem mental do analista, para o qual existe um sentido neste "voltar", diferente do "ir" do analisando. Na RC, mesmo as mais ativas ou menos formalizadas, existe uma tentativa de expansão do próprio mundo de relações. Já na RA, o mundo do analista não se expande simplesmente, mas se expande como capacidade de percepção, de intuição e, portanto, de experiência, mas com alguma assimetria já estabelecida. Em outras palavras, o analista deve "voltar" para si mesmo, ao fundo do próprio patrimônio de conhecimentos, nos quais se incluem as experiências e as transformações das experiências mesmas em teoria; melhor dizendo, diante dos próprios pontos teóricos de referência.

Um dos aspectos da RA, que ressaltamos, é ser considerada uma experiência e como tal destinada a exaurir-se no seu fazer-se. A comunicação científica que dela deriva é tudo o que é possível objetivamente, e não deve ser considerada, por isso, secundária ou superficial, desde que respeitem, em nível científico, as características e as razões do material original.

Insistiremos ainda na hipótese do sistema autointerpretante, que acreditamos ser uma hipótese válida não somente pelos aspectos que a qualificam como uma relação de dupla, mas também no confronto dos níveis autônomos e pessoais que dizem respeito aos dois protagonistas. Por tudo isso, torna-se cada vez menos sustentável a tese de unicidade e cada vez mais evidente a necessidade de considerar a *alteridade* e a intersubjetividade como aspectos prevalentes da RA.

Freud, devemos dizê-lo, não deu a devida importância à dimensão social da RA, ao "eu" e ao "outro". Para ele a RA é, principalmente, uma câmara escura onde se desenvolve aquilo que poderíamos chamar a fotografia do paciente no passado. Essa é uma atitude curiosa, porque Freud baseia quase todos os seus conceitos fundamentais sobre a relação originária não colocando como hipótese o desenvolvimento autônomo do indivíduo. Devemos supor que esta existência intersubjetiva se esgotou toda nessas proposições básicas. Desse modo só restou à RA aceitar essa relação originária, e somente enquanto originária, e reconstruí-la, depois, na própria RA. Mas aquilo que nos interessa ressaltar, neste momento, é que essas intuições permaneceram sem efeito no que se refere à definição do que é a RA. Tendo esgotado esse problema da alteridade nos enunciados, nos conceitos fundamentais, a RA nos parece de ter sido concebida como o lugar abstrato onde essa alteridade deverá ser revelada na sua dinâmica originária. Isso pretende ser um modo de retomar e, possivelmente, ampliar uma clara e precisa intuição de Freud. Devemos, contudo, procurar ver mais de perto o nexo íntimo que existe entre uma alteridade assim chamada originária e a alteridade que continua na vida de todos os dias, e que pode também, caso funcione mal, fazer-se presente de modo mais específico em uma RA. A fim de que todos esses aspectos possam ser claramente entendidos, é necessário que a RA se coloque como ponto de referência inequívoco, de onde se possam tirar as informações e os dados. Portanto não pode, por definição, deixar de ser a area privilegiada para tal operação. Isso significa, além do mais, que a RA não será vista como uma câmara escura ou tela branca, mas vai ser considerada uma relação *desmistificadora* em todos os níveis. *Uma experiência, pois, que é contemporaneamente realidade e experiência com o outro; portanto, significativa como relação.* Tudo isso faz da RA uma relação privilegiada, em que a palavra dita pelo analista ao analisando não é a palavra como descrição de alguma coisa, mas a palavra como constituição de uma relação. É importante deixar bem claro este ponto: *a palavra como interação comunicativa, e não como descrição de.*

Trataremos desse assunto de modo mais amplo daqui para a frente. Contudo, é oportuno considerar, desde já, que essa afirmação tem relevância nos modos de conceber e realizar a *proposição analítica*, termo este que preferimos para formular aquilo que comumente aparece como interpretação. De fato, a proposição analítica pode ser vista como a descrição de alguma coisa e, nesse caso, a ênfase será colocada sobre aqueles aspectos que se referem à história do analisando, história esta relevada na transferência. Ou pode ser considerada *interação comunicativa*, introduzindo assim o analisando como parte ativa desse processo, facilitando-lhe a assunção de seus estados mentais, isto é, o modo de dispor a própria mente nos confrontos entre os produtos dela mesma (pensamentos, emoções, sentimentos) e os dados de realidade. Ao mesmo tempo, não privaria o analista de utilizar a experiência imediata da relação, provavelmente de maneira mais vantajosa do que recorrendo a outros modelos sensivelmente mais teóricos.

Já fizemos referência, no primeiro ensaio, ao mundo das emoções e dos sentimentos, por nós chamado de *aura* (a valência emocional que adere e acompanha as vicissitudes dos objetos internos e externos), como algo que gostaríamos de considerar na RA não do ponto de vista do seu processo construtivo, mas no seu aspecto de constante. Certamente é determinante a existência de um correlato afetivo, mas consideraremos a aura, para fins deste trabalho, como uma constante. Estamos mais interessados no modo de especificar-se dos outros dois termos da RA: analista-analisando. Se observamos como se constrói a história verbal entre analista e analisando, aquilo que chamamos de "romance analítico", veremos, respectivamente, os dois protagonistas neste contexto autointerpretante. Na realidade, esse contexto não representa nem o analista, nem o analisando, mas alguma coisa que se elabora junto. Todavia, nele se projeta ora um, ora outro, como variáveis que a seu turno se especificam de modos diversos e assumem valores diferentes. Se observamos as transformações dessas duas variáveis, projetadas como são no contexto autointerpretante, podemos afirmar, com segurança, que está presente um correlato afetivo.

Se a aura foi por nós considerada como constante, não devemos, contudo, deixar de observá-la também como uma possível variável. Isso dependerá, então, do modo de ser e de especificar-se, quer do analista, quer do analisando. Não pretendemos fixar os papéis dos dois protagonistas, mas ver como eles desenvolvem a mesma função dentro desses papéis. Se o analista se apresenta como perseguidor e o analisando como vítima, o correlato afetivo será de um certo tipo; em outras circunstâncias, de outro tipo, e assim por diante; mas sempre uma constante, visto que decidimos não levar em consideração o tipo de sentimento presente. A introdução do conceito de aura como constante nos permite evitar toda uma problemática que não consideramos essencial ao nosso tema.

Além do mais, não saberíamos o que dizer, porque, com certeza, é uma tarefa difícil escrever sobre sentimentos e emoções, na medida em que o sentimento-aura não é representável. Sabemos da existência de um correlato afetivo, mas não nos preocupamos com as suas transformações porque elas só poderiam ser estudadas em função das transformações do analista e do analisando na própria Relação Analítica. Não excluímos, pois, o correlato afetivo, mas não nos sentimos obrigados a levá-lo em consideração, neste trabalho, como dado empírico sobre o qual operar. A aura não é um simples colorido da RA.

Sabemos também que os modos de representação das emoções são diferentes das representações propriamente ditas. Enfim, só podemos representar se houver "ausência", e isso é, certamente, uma tarefa muito difícil no que diz respeito às emoções. Elas podem representar, talvez, uma modalidade de linguagem, mesmo que seja primitiva. Não seria possível negar sua existência, bem como o fato de essa linguagem ter uma eficácia também prática. Mas pensamos ser útil insistir no fato de que as emoções estão mais intimamente ligadas ao mundo interno, enquanto o que interessa, neste momento, é mais o pôr-se em comum entre analista e analisando. Por esse motivo, neste ensaio, não foram levados em consideração nem a gestualidade, nem o não dizer, isto é, o silêncio. Gostaríamos de propor aqui, e apenas como proposta a ser verificada, que as emoções se situariam entre o objeto e a sua representação, que ligariam a perda do objeto concreto, carregando de significado, à simbolização do próprio objeto.

Parece-nos mais provável que a emoção não de sua adesão à simbolização, mas permaneça prevalentemente ligada ao objeto mesmo. Sabemos que separar-se do objeto é sempre um fato traumático, mas necessário para o próprio desenvolvimento; as emoções seriam, então, o sinal obscuro desse afastamento, sem que, todavia, o *queiramos* reconhecer como tal. Se assim fosse, a emoção, num certo sentido, não seria "passível de discurso" ("discursível"), isto é, matéria de discussão. Sabemos, porém, que as emoções se tornam, também, momentos particulares da experiência, podendo ser intelectualmente elaboradas. Temos então um indivíduo que vai ao analista, faz um discurso pontilhado de emoções e estas lhe servem *somente enquanto inseridas num discurso*, posto que a emoção, como tal, é pouco verbalizável, seja no plano do seu próprio dizer, seja naquele das suas manifestações exteriores. É um convite à simbolização, mas mesmo assim permanece no limiar da comunicação propriamente dita. Consideramos árduo postular a existência de emoções puras, na medida em que "mais fortes são as emoções, mais débeis são as ideias" (Bion, 1973, p. 64).

Consideremos, agora, algumas consequências teórico-práticas das hipóteses sustentadas até aqui (que postulam a RA como uma experiência única, vivida a dois) no insight, na transferência e sobre a proposição analítica (interpretação), como assinalamos anteriormente. Antes, contudo, ressaltaremos um resultado da nossa experiência prática, segundo a qual os sentimentos-aura não adoecem; não é o amor ou o ódio que sofrem distúrbios, mas a mente, enquanto se serve, aplica e modifica sentimentos e emoções para determinadas operações e funções. Serão os sentimentos a imergir a mente na angústia, ou na euforia, com o resultado de obstaculizar ou impedir o uso das capacidades de percepção, seja da realidade interna, como da externa e, portanto, de servir-se dos próprios aspectos integradores.

Queremos dizer que o indivíduo ou analisando não pode mais ser "um" si mesmo, com a sua potencialidade, mas, na tentativa de evitar a dor psíquica, se considera dividido, ou se imagina, ou vive essa divisão em uma parte, grosseiramente falando, sadia e uma parte doente. Mas essas partes se contrapõem de maneira conflitante, dando origem, no mesmo indivíduo, simultaneamente a um "curandeiro"[3] e a um "paciente", exigência esta que, quer projetada na cena analítica, quer vivida em si mesma, pode reproduzir-se inúmeras vezes, dando origem a uma fragmentação de difícil recomposição.

O propor-se terapeuta (aspectos da função reparadora dos objetos internos) e o dar-se conta disso é o que permitirá ao indivíduo procurar um analista. De fato, se não houvesse dentro de si, de algum modo, o terapeuta, ele não poderia, jamais, estabelecer uma relação com o analista, ainda que, com efeito, a absoluta maioria dos indivíduos tenha que manter o seu próprio terapeuta interno. Nós, porém, temos que ressaltar exatamente este deslocamento do terapeuta interno ao terapeuta externo. Ir à procura de uma análise não significa, por si só, um fato alucinatório (ainda que não possamos excluí-lo a priori), mas essa tentativa de deslocamento pelo qual podemos perceber como o terapeuta externo-analista é aceito pelo terapeuta interno-analisando.

Acreditamos ser necessário esclarecer esse mecanismo porque ele lança luz sobre a dupla estrutura presente na RA. É uma estrutura que vemos como universal, portanto, presente também na RC. E, na medida em que o paradigma da duplicidade possa ser universal,

---

3 Traduzimos a palavra italiana "guaritore" com curandeiro, com base no material de autoria de A. Ferrari e levando em conta a sua formação em antropologia que deve, naturalmente, tê-lo conduzido a esta escolha. Porém, em entrevista sucessiva ao material aqui elaborado, o prof. Ferrari utilizou o termo 'terapeuta' no mesmo contexto, considerando o terapeuta interno e o terapeuta externo. Portanto, é legítimo afirmar que o próprio prof. Ferrari, para além de sua formação e sua experiência em campo, ressentisse a parcial inadequação do termo, a ponto de, alternativamente, usar *guaritore* (curandeiro) e *terapeuta* (terapeuta). [Nota dos Organizadores e do Tradutor]

aplica-se tanto ao doente como à pessoa dita normal. E é isso, de fato, que torna possível a RA.

Desse modo, a RA pode ser vista como a capacidade do analisando de exteriorizar o próprio terapeuta interno, não projetando-o simplesmente, mas estabelecendo um confronto entre ambos e, assim, novamente, uma relação dual. Mesmo porque, em resumo, quem sabe das próprias dificuldades é, ainda e sempre, seu portador, quando em presença de um terapeuta interno. Um terapeuta interno deve necessariamente existir como forma de proteção e de domínio das forças psíquicas destrutivas presentes em cada um de nós. Portanto, poderíamos considerar o suicídio e o homicídio como um fracasso dessa função terapêutica interna.

Na realidade, mesmo no estabelecimento de uma relação entre terapeuta interno e terapeuta externo podemos ser levados a circunscrever essa área dentro de nós mesmos. Neste caso, o terapeuta interno se apoiaria não tanto em um terapeuta externo, mas na ideia pessoal que temos desse terapeuta, o que podemos definir, para facilitar o diálogo, como *terapeuta-sigla* (a identificação projetiva). Vejamos o que significa o fato de cada um de nós procurar compor o conflito psíquico consigo mesmo com a produção de uma sigla que, superando a divisão, garanta a unidade das duas partes. Essa unidade, porém, não é desejada, porque novamente provoca dor, obriga o indivíduo a fechar-se em si mesmo, é fonte de grandes medos, medos estes que o impedem de reformular-se diante de qualquer novidade. O importante é como o indivíduo vive essa experiência, que pode mostrar-se – em diferentes níveis – como uma verdadeira ameaça. Provavelmente, a sigla é a situação mais simplificada de um conflito muito comum, e que talvez nem seja, em certo sentido, patológico. Quando uma pessoa procura um analista, demonstra já ter superado essa sigla tão arcaica e primitiva, mesmo que depois venha a comportar-se com o analista, já num nível ulterior, desse mesmo modo arcaico; ou seja, tentar projetar o terapeuta interno sobre o externo, capturar esse último (o analista) e estabelecer novamente com ele uma sigla, que pode tornar-se, em seu conjunto, uma pseudo RA.

Em uma análise que se desenvolve de modo funcional, os fenômenos transferenciais e os assim chamados contratransferenciais têm a seguinte função: os primeiros são o equivalente do preenchimento do terapeuta real, isto é, o analista fica repleto dos conteúdos psíquicos do analisando: angústias, desejos etc.; desse modo, e em certo sentido, o analisando se descarrega e, descarregando-se, confia ao analista a tarefa de elaborar esse material e reorganizá-lo. Este é um ato de fé, implícito na decisão mesma de procurar um analista. E quanto aos aspectos contratransferenciais, o analista, de algum modo, se comporta como se fosse o paciente nos confrontos do paciente consigo mesmo, mas despojando o material de todos daqueles aspectos persecutórios que o impediram de poder usar esse mesmo material para a sua percepção, escolhas e crescimento.

Como cada RA é uma relação em si, os modelos de relacionamento entre analista e analisando serão inúmeros. Vamos indicar alguns que julgamos exemplificativos.

Partindo da hipótese da existência de um terapeuta interno (TI) tanto no analista como no analisando, e, no caso do analista, também de um terapeuta externo (TE), as possibilidades de desenvolvimento de uma RA poderiam obedecer aos modelos a seguir.

A) O analisando projeta sobre o analista o próprio TI, mas essa projeção é feita segundo sua ideia deste TE. Se o analista aceita essa projeção e se "deixa fazer terapeuta", por parte do analisando, se tornará fatalmente o terapeuta-sigla desse último. O analisando modificará as demandas segundo suas "necessidades" e o analista seguirá essas exigências, sentindo-se "útil e necessário". O analisando parasita o analista.

A1) O analisando projeta sobre o analista o próprio TI. O analista assume como seu o material do analisando, servindo-se exclusivamente do próprio TE. Mas, justamente porque se limita a operar apenas com o próprio TE, coloca o analisando na condição de identificar seu TI como o TE do analista. Em consequência, o analisando se sentirá privado do seu TI, portanto, sempre mais dependente do analista, cuja relação será fortemente idealizada. O analista parasita o analisando e se torna terapeuta-sigla de si mesmo.

B) O analisando projeta o seu TI sobre o analista, que o aceita com o próprio TI. Neste caso, o analista se torna insensível às necessidades do analisando e, o que é pior, será levado, por essa mesma razão, a querer *curar* por meio da substituição do TI do analisando pelo seu próprio TI. Em outros termos, coloca suas próprias necessidades no lugar daquelas do analisando. Na realidade o analista está curando a si mesmo (relação comensal). Que o analista se cura é sempre verdade, mas sem se esquecer do analisando, porque, senão, o fato de a experiência analítica trazer vantagens ou desvantagens seria totalmente casual e não diria respeito à RA nem ao sistema autointerpretante que lhe é necessário.

É fácil perceber que, para os modelos A, A1 e B, os tempos de análise serão longos e apenas fatos externos, ou vicissitudes pessoais poderão pôr fim a essas pseudo RA. A característica fundamental dos modelos descritos é a tentativa de compor o próprio conflito psíquico pelo *uso do outro*: o analisando sobre o analista ou o analista sobre o analisando (quer pelo uso defensivo da teoria e da técnica, quer pela sua própria necessidade de cura).

C) O analisando projeta o seu TI sobre o analista. Este aceita ser seu TE, elaborando o material inclusive com a participação do seu próprio TI, para, em seguida, apresentar ao analisando, ou melhor, ao TI do analisando, as modalidades e as formas como poderá "curar" as partes doentes de si mesmo. As identificações projetivas e introjetivas são os únicos meios de modificação da relação do ego com seus objetos internos. Em outros termos, o analista procura restituir ao analisando a capacidade de assumir sua própria responsabilidade diante das decisões psíquicas necessárias, quer na área afetiva, quer na área racional (relação simbiótica). Provavelmente tudo isso pode ser útil, de algum modo, para o estabelecimento de certos paradigmas que nos permitiriam enfrentar o *fim* da RA. Isto é, quando o analista colocou o TI do analisando em condições de operar e superar o dualismo consigo mesmo, ou seja, em condições de superar aquela divisão que havíamos grosseiramente chamado de parte sã e parte doente. Trata-se, então, da prevalência dos elementos reparadores sobre os perseguidores.

Em resumo, temos de exigir, também do analista, a mesma prova de realidade que pedimos ao analisando para iniciar uma análise. O analista não é um arqueólogo; ele constrói hipóteses que podem ser assumidas pelo analisando e as elabora de modo a permitir que este venha a se conhecer melhor, também na implícita dimensão vertical ou sistemática. Mas o que é explicitamente importante é a sua dimensão como um processo, a sua projeção em direção ao futuro, àquilo que o analisando deve ainda viver, porque está no futuro a sua angústia do passado.

A nossa insistência, e a isso retornaremos mais adiante, na prevalência do caráter de processo *baseia-se sobre a hipótese, obviamente a ser verificada, de que a RA poderia agir, realmente, sobre pontos simbólicos estruturantes da personalidade; estes, como verdadeiras e próprias estruturas dinâmicas de sustentação, poderiam adequar-se à necessidade de fornecer respostas que os modos de ser do mundo interno e externo exigem do indivíduo.* Aqui se faz presente, sem dúvida, o ponto de referência com o romance, enquanto típico desse processo construtivo. E esse ponto existe mesmo levando-se em consideração que o autor de um romance não se relaciona com um terapeuta externo, mas apenas com um terapeuta interno, e mesmo que um romance funcione unicamente se essa prova de realidade for superada. De fato, escreve-se um romance tendo em mente um ouvinte, isto é, um "analista" ausente. Isso nos permitiria demonstrar até que o analista sempre existiu, mesmo antes de nascer.

Quando tratamos do adoecer da função da mente – não dos sentimentos ou da mente – dissemos que a superação da concepção da presença de um sujeito e de um objeto na RA, a complementariedade dos fenômenos da transferência e a assim chamada contratransferência são componentes inevitáveis e constantes da construção de cada RA. Acreditamos, porém, que a reconfiguração do modelo de analista não mais como uma tela branca e impessoal nos leva a considerar, necessariamente, as consequências teórico-práticas dessa hipótese na própria RA, que é uma experiência única, mas vivida a dois.

Dissemos que *no trabalho analítico não se pode ser apenas analista, ou analisando, mas ambos.* É justamente esse fato que promove uma nova experiência para os dois protagonistas: um ir para dentro de si mesmo na medida em que se é capaz de ir com o outro. Isso é válido tanto para o analisando quanto para o analista (com sua análise e suas reanálises). É certamente esta interdependência que está na base da transferência e daquilo que motiva a proposição analítica (interpretação), mesmo que nos escapem, na sua complexidade, as fontes que impulsionam analisando e analista para uma procura sempre mais profunda na RA. Poderíamos considerar a presença, em ambos, de fortes componentes escopofílicos, mas temos a impressão de que isso seria reduzir, simplificar e, em certo sentido, diminuir a própria experiência analítica.

O que é importante, de fato, é que esta forma de "coenvolvimento" que se estabelece como necessidade é uma das condições para instaurar uma área psíquica comum, sobre a qual se desenvolve a relação, a transferência e a proposição analítica (interpretação) – essa última que, em certo nível, pode ser facilmente entendida como uma específica transferência do analista em relação aos materiais do analisando; portanto, o aspecto transferencial do próprio analista. Acreditamos ser útil ressaltar essa hipótese, porque, neste caso, *a assim chamada contratransferência estaria contida na própria proposição analítica (interpretação).*

Obviamente não falamos da contratransferência como um conjunto de pontos cegos que impedem o analista de elaborar a massa de solicitações psíquicas que lhe dirige o analisando. Este problema não pode ser resolvido a não ser por meio de uma nova experiência analítica, uma reanálise, pois. Falamos é de uma transferência já filtrada e mediada pela própria experiência analítica pessoal.

Julgamos ter exposto o essencial para as primeiras reflexões a respeito do tema geral das questões propostas. Ao concluir, reiteramos que este ensaio não pretende mais do que contribuir para as sondagens de novas hipóteses expressas em termos de situações ideais que vinculam os componentes da Relação Analítica.

Na próxima ocasião, teremos a satisfação de expor nossas ideias a respeito de outras questões como:

1. A proposição analítica como fator de construtividade da RA.
2. O tipo de linguagem atuante em uma RA.
3. Os vividos oníricos.
4. O ver como categoria fundamental do pensar.

Parte II

Como adiantei em minha palestra anterior, hoje tratarei da proposição analítica como fator de construtividade da RA.

1. O destino da transferência – fim da RA.
2. O processo interpretativo.
3. O tipo de linguagem atuante em uma RA.
4. A regressão.
5. Aspectos metodológicos: teoria e técnica.
6. Os vividos oníricos.
7. O ver como categoria fundamental do pensar.

A área em que a proposição analítica pode operar é simples e necessariamente *indicadora*, uma vez que o analista se limita a fornecer indicações ao analisando. Na transferência a informação se dá em sentido contrário, do analisando ao analista. É justamente nessa interação, nesse jogo de proposição e transferência, que se situa aquilo que entendemos como *a área da realidade da relação.*

Queremos ressaltar este momento de interação porque, na medida em que o analista começa a perceber que é um mundo de relações que deve dar contas a um outro mundo de relações para elaborar alguma coisa em comum, está fazendo aquilo que, por analogia, a criança deve ter feito desde os primeiros meses de vida, para poder crescer, para adaptar-se ao ambiente a seu redor. A ideia da dualidade é encontrada, pois, exatamente neste processo construtivo, que significa, ao mesmo tempo, elaboração comum e antitética. Aquela interação, que todos os analistas sabem ser essencial, é importante na sua dimensão pragmática (entre analista e analisando) na medida em que *introduz e estabelece um ponto de referência, que é o momento mesmo da construtividade da RA*. A presença da dor parece ser inevitável em todo coenvolvimento psíquico e isso vale tanto para o analisando quanto para o analista (em virtude da existência dos sentimentos e das emoções, a que chamamos aura).

A transferência na RA é o exemplo mais evidente disso e, apesar de todos os esforços para resolvê-la, é a própria RA que a incrementa; e por essa razão nasce uma história de amor, de ódio, e de gratidão. Somente a reflexão sobre a experiência pode ampliar a área da consciência, portanto as emoções e os sentimentos presentes podem ser utilizados como conteúdos psíquicos pela experiência.

Se tudo o que dissemos for aceito, o fim da RA será um final contratado pelo analista e pelo analisando, final de uma determinada experiência. Esta deve conter, possivelmente, toda a transferência, tanto do analisando quanto do analista, que podem esperar, razoavelmente, pelo retorno das respectivas projeções. Não acreditamos, porém, que essa operação possa "resolver" a transferência: a transferência não se resolve, mas pode transformar-se em experiência ampliadora da consciência para os dois protagonistas. Essa possibilidade é o fruto de um desenvolvimento funcional da própria RA. Se assim não fosse, seria uma adesão idealizada do analisando ao seu analista; na prática, um mito a mais no universo psíquico do analisando. É importante distinguir aqui a transferência da qual estamos falando de uma identificação narcísica com o analista. Essa última é, claramente, um obstáculo não só para o fim da análise, mas também para o próprio desenvolvimento da RA.

Nas *Conferências introdutórias à psicanálise*, Freud (1916-1917) se perguntava sobre o que é transferido, de quem, de que coisa, sobre quem, e escreveu: "novas edições daqueles velhos conflitos, em que o paciente gostaria de se comportar como fez no passado" (p. 488). Bastaria acompanhar as vicissitudes da fantasia para notar que o chamado revivido é algo que o analisando reformula aqui e agora; mas o *reviver não é viver*. Além do mais, não podemos esquecer que a dimensão psíquica da transferência é acompanhada, de modo um tanto indistinguível, pela dimensão histórica do próprio analisando, isto é, pelos aspectos socioculturais que influenciam as necessidades e os comportamentos muito além das vivências específicas da primeira infância.

Em 1914, em "Recordar, repetir e elaborar", ele escreveu: "devemos tratar sua doença não como um acontecimento do passado, mas como uma força atual" (Freud, 1914, p. XX).

Bion, nas *Conferências brasileiras 1*, escreveu: "Trazemos à luz certos elementos do passado de um analisando, não porque pensamos que tenha um valor particular, mas porque não tem valor que ele o carregue na sua bagagem. Se o trazemos à superfície, então ele poderá esquecê-lo. Estas memórias, passadas ou futuras, que ele não conhece, parecem ter um grande poder; são alguma coisa que eu chamarei de ideias frágeis mas emoções fortes" (1973, p. 64). E, mais adiante, falando de um bebê com uma sensação de catástrofe iminente, que deve suportar-se sozinho e para isso se fecha em si mesmo tornando-se aquilo que se costuma chamar um "bom bebê", escreveu:

> *Suponhamos que esta criança, tendo se tornado adulto, nos procure para uma análise. Seria difícil retraçar estas "ideias" primitivas, que foram recobertas de inúmeros outros pensamentos e ideias. Seria como procurar reencontrar traços embrionários na anatomia fisiológica do adulto; mais difícil ainda, porque no mundo mental não existem sinais físicos aos quais recorrer, mas apenas "ficções", como esta que procurei inventar. (p. 109)*

Tudo isso, como estamos vendo, se refere apenas a um dos atores presentes na RA: o analisando. Mas o analista deve fazer-se presente com suas proposições, que são *também o seu vivido, mais a experiência analítica*, e constituem, no ato do diálogo, um dos momentos integradores da própria RA.

A proposição analítica, pois, não pode fugir de conter eventuais aspectos arbitrários. Isso, contudo, não deve ser considerado uma limitação, porque os dados de relação prevalecem sobre as respectivas contribuições pessoais dos protagonistas. São justamente esses dados de relação que podem ser considerados, por assim dizer, *um dos momentos objetivos da RA*. É também por essa razão que somos levados a considerar a proposição analítica (interpretação) como a única indicadora da área onde se presume estarem acontecendo fatos psíquicos.

O que queremos dizer é que a proposição analítica (interpretação) tem uma função de suporte, igual à da urdidura na qual o material do analisando, a trama, encontra uma coerência própria. E isso é válido, também, fora da RA. Existem, de fato, inúmeros textos que só podem ser assim chamados se, em função do princípio da interpretação, conseguimos estabelecer uma coerência qualquer. Em outras palavras, o texto é qualquer coisa de coerente apenas *se for o resultado de um processo de interpretação.*

Tal acontece, de modo exemplar, naquele conjunto de segmentos verbais que preenchem uma RA e que devem ser interpretados. Eles são, portanto, "textos em potencial" (candidatos a texto) que irão se revelar como tais no momento mesmo de constituição de uma RA. Mas interpretação não significa decodificação, não significa que o analista deva dar um equivalente interpretativo, em outro código, de cada unidade semântica relevante entre os segmentos verbais de uma dada RA, assim como aconteceria na decodificação de uma mensagem secreta. Isso não é possível. Seja como for, não é possível de um modo sistemático, nem desejável que aconteça.

O texto analítico final, portanto, não é um outro texto em relação ao texto potencial, feito de segmentos fragmentários; não é um outro texto que nos daria a chave equivalente, como correspondência global, ponto por ponto, entre conjuntos de segmentos e texto final. Isso não é possível nem mesmo no caso de uma interpretação do romance. O texto final, sem ser uma decodificação, estabelece antes as condições gerais pelas quais os vários fragmentos se referem a um mesmo plano semântico ou a vários planos semânticos ligados entre si. É necessário precisar esse aspecto para prevenir possíveis críticas opostas e complementares a respeito de uma excessiva "cientificidade" (interpretação como decodificação) ou uma excessiva "artisticidade" (interpretação como reviver individual e intuitivo).

De tudo o que dissemos, é fácil concluir que o analista, tanto quanto o crítico, deve saber colocar-se no processo interpretativo com rigorosa cautela. Se tomarmos um romance, veremos que os personagens devem ser percebidos como *um convite a pensar*, e não como uma ocasião para nos substituirmos a eles, para pôr às claras tudo aquilo que lhes respeita; o que comportaria um processo infinito e, sobretudo, nada interessante. Isso vale também para o analista, que deve focalizar sua atenção sobre *o modo e a forma* como o analisando apresenta o seu material, modo e forma que devem, necessariamente, *prevalecer sobre os conteúdos desse mesmo material*. É justamente essa modalidade que permite ao analista evitar o apelo sedutor de substituir-se ao analisando, com a pretensão de iluminar os inúmeros conteúdos que dizem respeito, em última instância, apenas ao próprio analisando. Também aqui, como no romance, o processo seria infinito e de todo desinteressante.

Achamos importante ressaltar, neste momento, que se deve ter sempre em mente que, na RA, o analisando tem como referência, e não poderia ser de outra maneira, apenas o analista como tal. Isso significa que, mesmo através das deformações às quais são submetidas a figura e a atividade do analista, por obra das vicissitudes do mundo psíquico do analisando, ele (analista) permanece, por assim dizer, uma figura relativamente estável. Acreditamos que essa relativa estabilidade desempenhe um papel fundamental naquilo que comumente indicamos como *fatores modificadores da organização psíquica do analisando*. Em outras palavras, essa estabilidade se vai revelar, no tempo, um fator de mudança, ainda que inconsciente. Na RA e no seu desenvolver-se como tal, o analisando encontra-se e confronta-se consigo mesmo e com o seu "modelo". Com isso não queremos limitar a função do insight, mas insistir outra vez na importância da dimensão "processual" em suas complexas relações de objetos que encontram, na RA, os espaços necessários para as modificações da dupla analítica.

O uso do instrumento interpretativo nos propõe a necessidade de considerar o tipo de linguagem atuante em uma RA. Podemos postular, de início, a criação de um verdadeiro e próprio *código de transição*. Mesmo que se trate, obviamente, de códigos parciais, obedecem contudo a uma necessidade pragmática, portanto, uma *pragmolinguagem*, sobre a qual, passo a passo, se estabelecerá uma linguagem artificial explícita. Isso vai permitir ampliar cada vez mais a área comunicativa entre analisando e analista. É justamente essa área de interação, entendida como de transição, que, ao expandir-se, deveria ter a cada passo o seu equivalente na expansão da área da experiência. A proposição analítica é, também, o modo pelo qual o analista procura criar estas intersecções, não só para o esclarecimento daquilo que não se conhece, *mas também para dar sentido a todo o conjunto de percepções.*

Assim, a reconstrução do passado será criada por analista e analisando na medida em que conseguirem estabelecer uma RA, relação esta que será uma *verdadeira história pessoal a dois*. A atenção é posta principalmente no processo construtivo dos dois e a ênfase é colocada mais sobre o momento processual que sobre o sistemático. Introduzindo a linguagem de transição, podemos postular uma área inicial de intersecção onde não são as palavras em si que permitem o desenvolvimento da RA, *senão enquanto servirem para instalar uma experiência pragmática*. Analista e analisando têm como finalidade processual justamente essa construção de diagramas em comum, onde possam jogar seu próprio jogo por meio de sentimentos e emoções, o que significa que na RA existe *apenas aquele tanto de texto que os dois conseguirem construir*. E também no caso de se querer privilegiar a reconstrução do passado, esta só seria possível sob a condição de se construir uma história presente em comum.

Resumindo, podemos considerar a função da transferência de dois pontos de vista diversos: do ponto de vista sistemático, a transferência é vista como repetições de relações infantis. Procuramos, então, na RA, atitudes, sentimentos etc. que possam ser definidos como *protótipos* e, como tais, sejam interpretáveis; do ponto de vista processual, a transferência não é vista como um movimento passivo, repetição de relações arcaicas, mas como um comportamento em movimento, dinâmico, o que faz da RA uma área onde a transferência pode criar, comprovar ou corrigir-se a si mesma, na medida em que, *na relação, a realidade não é um dado de fato, mas um fazer-se*.

O analista não é apenas o pretexto da transferência, mas um dado para o desenvolvimento da ação da fantasia do analisando (no presente). Freud, em *Construções em análise*, lembrava como o trabalho analítico "consiste em duas partes inteiramente diferentes, que ele é levado a cabo em duas localidades separadas, que envolve duas pessoas, a cada uma das quais é atribuída uma tarefa distinta" (1937, p. 261). É claro, pois, que Freud põe em causa o analisando como "parceiro" da responsabilidade do trabalho analítico.

Dito isso, torna-se necessário introduzir um discurso sobre o conceito de regressão, mais especificamente, sobre a oportunidade ou não de induzir o analisando à regressão, e sobre a função teórico-técnica do próprio conceito, conforme se considere a prevalência do momento sistemático sobre o "processual" e vice-versa.

No primeiro caso, havendo uma disposição latente para a regressão, o clima da sessão e a atitude específica do analista irão propiciar um aprofundamento dessa regressão. Isso permitiria atingir níveis transferenciais mais arcaicos, possibilitando a sucessiva reconstrução do vivido infantil do analisando. (Essa hipótese é sustentada por muitos analistas, entre os quais, os mais conhecidos, Ferenczi e Winnicott.) Se, ao contrário, a prevalência for dada ao momento "processual", a função da transferência será *considerar e ter sob controle os impulsos regressivos* sempre presentes, mediante uma comunicação (do analista) que se dirige, principalmente, aos aspectos mais integrados e conscientes da personalidade do analisando. Desse modo se abrem amplas possibilidade de diálogo e de espaço entre analisando e analista, favorecendo-se, assim, *os aspectos construtivos da própria RA*.

Essa não é uma questão marginal, mas profundamente relacionada ao nosso tema, tendo em vista a nossa hipótese sobre a RA e os problemas de técnica que tudo isso comporta.

De fato, segundo a hipótese da RA como um processo, a análise, mesmo se desenvolvendo sobre múltiplos planos do inconsciente, é sempre uma constante comunicação entre o analista e as estruturas mais integradas da personalidade do analisando. Em sua essência, esta é, também, a posição de M. Klein, cuja preocupação fundamental é o desenvolvimento da criança em todos aqueles aspectos que podem favorecer ou obstaculizar esse mesmo desenvolvimento. Em Freud, o foco prevalente é o passado e sua reconstrução por meio da psicopatologia do adulto. Não trataremos agora dessa questão. Restringimo-nos a ressaltar que realmente seria difícil conceber a possibilidade de modificações a não ser invocando para o adulto a mesma concepção de desenvolvimento que está na base da pesquisa kleiniana.

Embora se vislumbrem algumas contradições nas várias citações de Freud, evitaremos discussões a respeito da interpretação dos textos. No entanto, julgamos que tais contradições derivam não só das dificuldades inerentes à matéria, mas sobretudo da dificuldade de circunscrever, com certa clareza, *as áreas que pertencem ao método analítico e as áreas que pertencem à técnica propriamente dita*. As primeiras referem-se claramente ao funcionamento psíquico do analisando e do analista, enquanto as segundas dizem respeito, e de modo preciso, aos procedimentos utilizados para abordar o material clínico, objeto de exame. Esses procedimentos podem variar na modalidade e nas aplicações, conforme as necessidades do próprio material e das teorias sobre as quais se apoiam essas técnicas.

Antes de prosseguir na exposição de outros elementos da RA, gostaríamos de esboçar uma preocupação epistemológica, sujeita a maiores reflexões.

Não é fácil encontrar uma formulação epistemológica que lance luz sobre questões de método e de técnica analítica. Mas é certo que nossas formulações nesse campo não podem deixar de refletir as diversas fases da evolução da psicanálise; portanto, encontramo-nos sempre em condições de reformular e de harmonizar o nosso conhecimento teórico.

Talvez o aspecto mais importante dessa dificuldade metodológica resida na presença de uma contradição entre a teoria analítica de um lado e a técnica e prática analíticas de outro. Esclarecemos o que entendemos por essa contradição. Clinicamente, a observação se dá em uma situação a dois, isto é, em um contexto de RA regido por leis estruturais próprias, que configuram um tipo especificamente humano de relação: *a alteridade*. Enquanto isso, as resultantes teóricas são formuladas em termos de uma psicologia individual.

Essas reflexões deveriam ser esclarecidas de modo mais adequado, mas assim como estão já servem para justificar a validade de escolha "processual" sobre a sistemática.

Enfrentamos o problema de "reconstrução histórica" do vivido do paciente, preocupando-nos, e acreditamos, de um modo correto, em não a excluir do contexto da RA. Temos a impressão de que nossa dificuldade está mesmo na posição tradicionalista em que nos colocamos. Mas este é um falso problema. Não nos devemos preocupar com o vivido histórico. Ele aparece no desenvolvimento da RA, com características próprias, que irão fazer dele ora discurso atual, ora mito, ora romance, ora narrativa, como uma espécie de corolário necessário ao "retrato" que o analisando faz de si mesmo.

Não há dúvida de que maior consciência de si mesmo, por parte do analisando, implica um emergir de extratos cada vez mais profundos de sua personalidade psico-histórica, mas apenas como dados que, pouco a pouco, irão confirmar, acrescentar ou corrigir os arranjos interpretativos que o analista e o analisando estão construindo. *Repetimos: é o processo que faz emergir e dá um significado ao vivido, e não o contrário.*

Após essas considerações, vamos retomar nossa exposição para falar de uma outra forma peculiar e privilegiada de linguagem na RA: *o relato dos vividos oníricos.*

Enquanto conjuntos de significados e de experiências do mundo interno do analisando, encontram uma modalidade própria de projeção na qual prevalece a narrativa como coisa vista. Mais adiante veremos aspectos dessa prevalência do "ver" na narrativa onírica.

Uma das dificuldades de aproximação a esse tipo de linguagem está, provavelmente, em considerá-lo capaz de transmitir um significado completo, e não como a face de uma moeda, cuja parte que dá ou não significado, do ponto de vista pragmático e não do ponto de vista semântico, pode estar nas mãos de qualquer um dos elementos da dupla analítica.

No sentido semântico é bastante evidente o fato de o sonho ser a metade de um significado. Realmente, isso seria apenas propor de novo a distinção clássica entre significado manifesto e significado latente.

Contudo, quando falamos do aspecto pragmático, queremos dizer que o sonho é a proposta de uma atualização diferente entre analista e analisando, e também, respectivamente, com eles mesmos. O sonho é uma proposta que pode ter ou não uma verificação própria, ou melhor, que pode ter verificações diversas, sucessivamente, caso essa verificação se concretize ou não, preenchendo-se, pois, de significados pouco a pouco. Já dissemos tudo isso quando insistimos no aspecto pragmático da própria RA.

Não se trata de tomar certos conteúdos representativos como tais e, portanto, autossuficientes, mas como conteúdos representativos enquanto propostas de uma interação diversa da atual.

É fato pacífico considerar o material onírico como a estrada régia para o inconsciente. Se isso é verdade, é também verdade que o sonho deve conter aspectos, por assim dizer, precursores; *não simples descrições* a posteriori, *mas também antecipação.*

Tudo isso comporta grandes dificuldades do ponto de vista técnico: como manejar esse sonho, como interpretá-lo, em que momento sucede alguma coisa pela qual é possível verificá-lo etc. Mas devemos supor que a proposta, ao menos como proposta, nas suas várias e possíveis realizações futuras, seja compreensível no seu estatuto.

Para poder estudar esse processo construtivo tanto da RA como dos vividos oníricos, é necessário que o analisando narre, que o analista diga, que o analista perceba aquilo que o analisando exprime e também tudo aquilo que ele (analista) pretende de si mesmo; portanto, *o modo de construir isso tudo.*

Suponhamos que essa metade de significado seja tudo aquilo que, com otimismo, temos à nossa disposição para estudar não só o sonho, mas a própria RA. Isso terá que nos bastar. Não podemos, nem poderemos nunca, colocar como hipótese um ponto ou um momento em que tudo fique claro, nem mesmo no fim da análise; mas podemos colocar como hipótese, isso sim, *que a cada momento da análise dispomos de um ponto de vista que nos permite olhar para trás*. Se assim não fosse, não poderíamos nem mesmo ter, obviamente, qualquer tipo de comunicação científica. Portanto, essa é a única maneira possível de seguir a construção na análise, porque, de outro modo, ela seria a montagem de vários pedaços pré-fabricados, cada um autossuficiente. Isso não corresponde à realidade, porque cada momento da RA é um confronto com a própria reorganização. Portanto, o fato de se poder chegar, em um certo momento, à interpretação que faz superar, em parte, as interpretações precedentes (ou as modificas substancialmente) não significa que estas sejam incorretas, ou que devam ser rejeitadas. Significa, apenas, que a proposição analítica atual nasce, sempre e unicamente, em função das proposições analíticas precedentes.

Portanto, podemos *dominar, de algum modo, a construção dessa relação* e seguir o seu desenvolvimento sem chegar a uma suposição muito forte, do tipo "toda RA constitui alguma coisa de coerente", o que não corresponderia à realidade. O que importa é introduzir hipóteses que permitam distinções mais sutis, de modo que o material onírico não seja considerado apenas um falar, que nos permitam evidenciar suas características pragmáticas.

O sonho é visto como significado na medida em que é material de troca entre analisando e analista. Não existe, para nós, um significado a priori do sonho, mas esse significado é adquirido na relação, exatamente como qualquer outra coisa. Consideramos o sonho como portador de significado, sim; mas o consideramos funcionalmente interno à RA, como se o sonho adquirisse o seu verdadeiro estatuto no momento mesmo em que estiver sendo *referido a algo* (e, posteriormente, *referido a alguém, que o estuda*).

Vamos nos colocar, então, diante da pergunta: o que sucede o sonho, quais as suas vicissitudes?

Podemos dizer, de início, que é uma experiência específica na qual a presença de um personagem, o analista, é de tal maneira solicitante que aquilo que era uma área indeterminada, onde o sonhador e seus produtos podiam se propor livremente, aparece agora como um ponto de referência, um espaço, a RA. Isso não significa, é claro, que não permaneça livre o sonho de sonhar. Mas nós, analistas, não podemos considerar a indeterminação como uma área possível para a produção onírica na medida em que não haveria espaço para a dualidade. Ao contrário, para nós existe apenas o determinado, isto é, a RA, que pode ser exemplificado já pelo sonho sonhado antes, sonhado antes do início da RA. Nessa dualidade, o outro não pode ser apenas um objeto ao qual se poderia aderir, mesmo de modo parasitário, mas um próprio e verdadeiro alter ego.

Portanto, perguntar onde está o analista em determinado sonho é um problema inexistente, porque o analisando, relatando o sonho, o faz presente. A observação do material analítico nos mostra como este ponto de referência, a RA, tem um relevo notável no sonho; mostra-nos também como certos sonhos adquirem uma regularidade qualquer, por exemplo, os sonhos que precedem intervalos, férias, fim da RA etc. É evidente que também sonhamos fora da RA, justamente porque cada um de nós tem um mundo interno. Não se trata de negar aqui que existam sonhos fora da análise, ou que o sonho produzido durante a análise não possua inúmeras características do sonho comum, assim como a RA e a RC têm características semelhantes, posto que os mecanismos são os mesmos. Seria difícil demonstrar como a RA influi sobre o sonhar, mas porque não, como hipótese, o analista como resto diurno?

Um sonho pode ter vários destinos: ou o esquecemos, ou o consumimos pessoalmente, ou pode servir para certas fantasias durante a vigília. Ou pode ser posto em circulação, isto é, narrado. Narrá-lo, porém, já significa transformar o sonho em qualquer coisa de pragmático; nós o damos a outro, para que esse sonho, transferindo-se de nós, provoque reajustes, um novo jogo diferente do próprio sonho, diferente do sonhar; nós o damos a outro para que este o arrume (lhe dê uma ordem).

Na RA, o estatuto do sonho não é mais importante. Como foi dito, é provável que ela influa sobre o modo de sonhar, mas o *que importa, realmente, é o modo de o analisando utilizar o sonho*, o modo como ele irá selecionar certos sonhos: quais serão referidos ao analista, quais os aspectos a serem postos em evidência etc. Tudo isso dependerá do analista, do momento particular da análise, do tipo de RA.

Já dissemos, várias vezes, que existe uma distinção fundamental entre mundo interno e a dimensão na qual esse mundo interno é utilizado. Na realidade, na RA não aparece nunca o mundo interno, não pode aparecer, como tal, por definição. Ele aparece por meio de sua utilização e construindo esse jogo fascinante entre o analista e o analisando.

Portanto, o que importa é a elaboração da utilização social que se faz do sonho. No caso da RA essa utilização é dirigida à elaboração do próprio sonho. Essa elaboração acontece no interior de cada um de nós e procede por meio desse jogo que diz respeito não ao sonho, mas à sua utilização, e, curiosamente, nos servimos deste material para torná-lo discurso comum por meio de uma operação linguística comum, operação esta que, na verdade, não nos permite ver, de imediato, que relação possa ter com o próprio sonho. Quando narramos um sonho, nós o fazemos com palavras e inevitavelmente nos adequamos a certos esquemas comuns pelos quais ele pode ser, efetivamente, transmissível. Mas o que transmitimos de nossos sonhos? Quando contamos o sonho são apenas palavras, palavras com as quais tentamos transmitir as imagens "vistas", assim como os seus componentes emocionais: podemos dizer que estávamos perturbados, fascinados, apavorados etc. Deve ficar bem claro que esta "decalagem" existe em qualquer forma de comunicação, mas na RA é o tipo de jogo e o modo de utilizá-lo que são examinados.

Resumindo, pois, consideramos não o sonho, mas a sua utilização, na medida em que se torna um fato social de comunicação a dois.

Assim, não importa se os sonhos, na sua integridade e originalidade, mudam durante a análise, e sim a ênfase que é posta sobre o sonho, sobretudo no seu vir a ser referido, por meio do qual acontece essa microelaboração pública, que parece jogar luz sobre o modo de ser da organização do mundo interno do analisando. Devemos, porém, estar atentos ao perigo de a RA vir a se constituir como uma organização para utilização de sonhos, organização esta que pode tornar-se tão forte que será capaz de socializar os pacientes de modo privilegiado, deixando, contudo, seu mundo interno na falência.

São tantos os aspectos para os quais o analista é solicitado que, por mais que esteja atento, acaba veiculando proposições que são utilizadas pelo analisando nas esferas mais diversas: éticas, políticas, pedagógicas etc. Este e outros perigos estão sempre presentes. O analista é sempre mitificado pelo paciente, quer no sentido positivo, quer no negativo; portanto, a proposição analítica que tem como objetivo estabelecer um novo espaço para o analisando deve cuidar de não incrementar uma relação na qual o analisando espere algo do analista, dependa do analista ou se adeque ao analista.

Pela sua formulação, o sonho já é interiorização de aspectos externos; podemos dizer, então, que o sonho é uma espécie de mito privado, ou melhor, é um mito privado. Mas esse mito privado deve prestar contas ao mito público, isto é, à RA. É justamente por meio dela que o mito privado encontra a possibilidade de uma arrumação pessoal adequada; portanto, por meio de sua decantação, a sua eficácia. Essa decantação, no que diz respeito ao analista, também é fundamental se ele pretender que essa mitologia se transforme em uma teoria científica.

Ao terminar queremos acrescentar uma hipótese que se foi formando pouco a pouco ao escrevermos estas notas: entre o sonho (prevalentemente narrativa vista), a RA (como narrativa dialogada mais aura, em que o visível ressalta) e a narrativa romance (cujo criador estaria vendo a própria criação), parece haver, em comum, *o ver como categoria fundamental do pensar*. Não podemos dizer, pessoalmente, se isso é inteiramente válido para o romance, mas, sem dúvida, poderia ser considerado válido como *categoria primária e formadora da própria relação analítica.*

Deixamos todas estas questões à sua reflexão e agradecemos e atenção.

Referências

Bion, W. R. (1973). *Conferências brasileiras 1*. Imago.

Ferrari, A. B., & Garroni, E. (1979). Esquema de projeto para um estudo da "relação analítica". *Revista Brasileira de Psicanálise, 13*(3), 269-320.

Freud, S. (1910). As perspectivas futuras da terapia psicanalítica. In S. Freud, *Obras Completas* (Vol. 9). Companhia das Letras, 2013.

Freud, S. (1914). Recordar, repetir e elaborar (Novas recomendações sobra a técnica da psicanálise). In S. Freud, *Edição Standard Brasileira das Obras Psicológicas Completas de Sigmund Freud* (Vol. XII). Imago, 1996.

Freud, S. (1916-1917). Conferências introdutórias à psicanálise. In S. Freud, *Obras Completas* (Vol. 13). Companhia das Letras, 2014.

Freud, S. (1937). Construções em análise. In S. Freud, *Edição Standard Brasileira das Obras Psicológicas Completas de Sigmund Freud* (Vol. XXIII). Imago, 1996.

7. A proposição analítica

Proposição na acepção de *propositus*, "o que é apresentado à consideração e à decisão de outrem". Seria, talvez, mais correto o termo *proposta*. Tanto a consideração quanto a decisão cabem ao analisando. Escolhemos essa formulação substituindo aquilo que, comumente, a psicanálise define como *interpretação*. No decorrer desta comunicação, teremos a oportunidade de esclarecer o significado e a função dessa escolha.

Observaremos a proposição analítica pelo prisma da análise da própria Relação Analítica (RA), em suas formas e modalidades (Ferrari & Garroni, 1979).

Isto posto, faz-se necessária uma ulterior especificação, que diz respeito à maneira como a Relação Analítica deve ser considerada quando enquadrada em sua dimensão sistemática ou naquela processual. A nosso ver, uma escolha ou outra condicionará pesadamente tanto a abordagem clínica e, por conseguinte, o quadro teórico referencial quanto, sobretudo, o instrumento interpretativo. Esta é a linha de confrontação que seguiremos nesta comunicação.

Em primeiro lugar, precisamos definir e limitar o espaço em comum, onde os participantes da RA, analista e analisando, *possam constituir as premissas de um entendimento projetado no futuro*. O espaço será determinado por alguns pressupostos, entre os quais há também uma teoria e uma prática psicanalíticas. Analista e analisando colocarão na mesa também as ferramentas que os tornam duas pessoas, efetivas, que realmente se encontram em um espaço predeterminado. Nesse espaço, *o analista está, preponderantemente, solicitado a "retornar para si mesmo", e o analisando a "ir para si mesmo"*. Freud, em uma conferência apresentada no II Congresso de Psicanálise em Nuremberg, em 1910, com o título "As perspectivas futuras da terapia psicanalítica", escreve:

> *Desde que um bom número de pessoas vem exercendo a psicanálise e trocando experiências, notamos que cada psicanalista consegue ir apenas até onde permitem seus próprios complexos e resistências internas, e por isso exigimos que ele dê início à sua atividade com uma autoanálise e a aprofunde continuamente enquanto amplia sua experiência com os doentes. Quem nada obtém numa autoanálise pode muito bem abandonar a ideia de que é capaz de tratar analiticamente pessoas doentes. (Freud, 1910, pp. 223-224)*

Nós consideramos esta constante dinâmica do "retornar-ir" como um dos pressupostos significativos para o desdobramento funcional da RA. Isso nos conduz a considerar a RA um momento essencialmente processual. De fato, se aquele "retornar" não se enriquece na relação, o analista não poderá, em nenhum caso, ampliar seu mundo interior de percepção, e assim o "ir" do analisando se encontraria limitado a pontos de referência quase predefinidos do próprio analista.

Para que seja uma relação entre duas pessoas, deveremos considerar a *alteridade* e a intersubjetividade como aspectos prevalecentes da RA, justamente porque tanto para o analista quanto para o analisando a constituição da própria relação torna-se objeto de reflexão. Uma experiência, portanto, que é simultaneamente realidade e experiência com o *outro*, logo, significativa como relação. Isso faz com que a RA seja uma relação privilegiada, na qual a palavra proferida pelo analista ao analisando não é uma palavra que descreve algo, mas é uma palavra que constitui uma relação. É nossa opinião que isso esclarece as implicações que estão na base da escolha da expressão *proposição analítica* e não *interpretação*. Cabe destacar, portanto, que, de nosso ponto de vista, a palavra é utilizada como *interação comunicativa*, e não como *descrição de*.

Pode-se facilmente pensar que essa afirmação tem uma relevância fundamental nas maneiras de conceber e realizar a própria proposição analítica. É evidente que, se a proposição analítica for considerada a descrição de algo, então o acento recai naqueles aspectos que se referem à história do analisando; mas se a proposição analítica for considerada uma interação comunicativa, então introduz o analisando como parte ativa desse processo, agindo positivamente na assunção de seus estados mentais; isto é, as modalidades das quais dispõe a mente do analisando em relação aos produtos dessa mente. Referimo-nos especialmente a sensações, emoções, sentimentos, pensamentos e dados da realidade. Ademais, esse tipo de abordagem permite que o analista utilize de imediato a experiência da relação. Tendemos a considerar tudo isso vantajoso para o analista no âmbito perceptivo, em relação a outros modelos sensivelmente mais teóricos.

Cabe afirmar logo que, nesta ótica, uma relação original em comum funda aquilo que, em outros escritos, descrevemos como *contexto autointerpretante* (Ferrari & Garroni, 1979). Podemos, por enquanto, falar em relação analítica como um horizonte não observável, como uma condição de possibilidade, pois estaríamos lidando com um condicionado observável. Acontece que o condicionado não é, aqui, um dado preliminar face à relação analítica; não é algo sobre o qual se possa voltar toda vez que se queira como a algo que preceda a instauração da relação; não é este ou aquele fato ou evento que está dentro da relação analítica como dentro de um recipiente ou de outra forma; não é esta ou aquela referência isolada da relação (nem mesmo aquela mais "autêntica" do analisando ou mais "confiável" do analista). É, sim, o conjunto de todas as referências, em que cada uma delas já está em relação analítica com um correspondente grau contextual e participa da construção de uma mais ampla relação analítica – não "peça por peça", mas por progressiva expansão do contexto, que reinterpreta aos poucos os contextos menores que este contém. *A esse condicionado damos o nome de "contexto autointerpretante"*: ele, e mais nada, funciona para nós como dado observável. E destacamos: "contexto" no sentido de que não é pensável somente como resultante de unidades constitutivas menores, dadas de antemão, mas é a unidade que permite colhê-las em conjunto, em sua totalidade, e, assim, também as distinguir, mas justamente como unidades menores que já são contexto e expressão de uma relação analítica condicionadora.

"Autointerpretante" no sentido de que o analista nunca se encontra na condição de ter a seu dispor uma referência como dado externo a ser interpretado, pois já se trata de contexto e relação, mas o interpreta sempre como momento interno de um contexto mais amplo que ele vai, em presença de determinadas condições teóricas, construindo. É provável que haja, aqui, também uma crítica à noção de interpretação corrente no discurso psicanalítico, talvez mais no uso prático e não na acepção propriamente científica – e, ao mesmo tempo, uma aproximação da noção "hermenêutica", como se a interpretação fosse, por assim dizer, uma maneira de ser, de manifestar-se e de crescer de uma "tradição", daquela tradição peculiar que vai se constituindo no decorrer de uma relação analítica. Seja como for, resta o fato de que a interpretação *não* parece ser, em nosso caso, a interpretação de um dado externo e fixado em uma insuperável objetividade, portanto, uma espécie de *decriptação* com base em uma teoria e de "códigos" já estabelecidos; seria mais uma proposta de algo interno à interpretação e que, de alguma forma e de alguma maneira, lhe dá voz, conforme um processo expansivo que *não* acrescenta interpretação a dados, mas move e transforma os dados, que são já, desde sempre, de natureza interpretativa, em ulteriores dados-propostas, objetivos em sua mobilidade e, assim, formuláveis na própria proposição analítica.

O analista não é um arqueólogo, mas propõe hipóteses que podem ser assumidas pelo analisando e elaboradas de forma que este possa conhecer-se também na implícita dimensão sistemática ou vertical. O que consideramos explicitamente importante é sua dimensão processual, sua projeção para o futuro, isto é, aquilo que o analisando ainda deve viver, porque está somente ali, no futuro, sua angústia do passado. Nossa insistência, e retornaremos a isso ainda mais à frente, sobre a dominância do momento processual baseia-se também na hipótese *segundo a qual a proposição analítica, no contexto da própria relação, pode agir realmente nos pontos simbólicos que estruturam a personalidade, que, como autênticas estruturas dinâmicas, poderiam adequar-se às necessidades de fornecer novas respostas que os modos de ser do mundo interno e externo exigem do indivíduo* (Ferrari, 1982).

No trabalho analítico, não pode haver *somente o analista ou somente o analisando, mas ambos*, e esse estar dos dois promove, justamente, uma nova experiência para os dois protagonistas.

Esta interdependência está, decerto, na base da transferência e daquilo que motiva a proposição analítica, mesmo que não consigamos carpir, em sua complexidade, aquilo que, na verdade, leva tanto o analisando quanto o analista rumo a uma busca cada vez mais profunda de si mesmos e em si mesmos.

Qualquer material que o analisando transmita é acompanhado por uma coloração emocional. Esta emoção, embora de baixa intensidade, ocupa, junto com os fatos, as fantasias, os pensamentos etc., a mente do analisando. É necessário que o analista, por meio da proposição analítica, assinale ao analisando seu estado mental, evidenciando os aspectos essenciais e as modalidades peculiares de seu pensamento.

Assim, o analista cria o espaço para a dimensão da transferência que é essencial para transformar a percepção do analisando em experiência, mediante uma nova coloração emocional (transferência) própria do contexto da RA.

Em todo caso, esta forma de "envolvimento" que se estabelece como exigência e necessidade é uma das condições para o instaurar-se de uma área psíquica comum, sobre a qual desenvolve-se a RA. Transferência e proposição analítica, em que esta, em determinado nível, poderia facilmente ser entendida como uma transferência específica do analista em relação aos materiais do analisando, portanto, o aspecto transferencial do próprio analista. Acreditamos que seja oportuno destacar essa hipótese porque, nesse caso, a *denominada contratransferência estaria contida na proposição analítica*. Obviamente, não estamos falando da contratransferência enquanto conjunto de pontos cegos que impedem ao analista a elaboração da massa de solicitações psíquicas que chegam até ele do analisando. Esse problema não pode ser resolvido senão por meio de uma nova experiência analítica, portanto, uma reanálise. Estamos falando de uma transferência já filtrada e mediada pela própria experiência analítica pessoal. Com efeito, a área em que essa proposição analítica pode operar é simplesmente e necessariamente *indicativa*, como, de resto, é a proposição transferencial do analisando.

É justamente aqui, nessa dinâmica de transferência e proposição analítica, de interação entre analisando e analista, que se coloca aquela que definiremos como a *área da realidade da relação*. Queremos dizer que temos que evidenciar este momento de interação já que, na medida em que o analista começa a perceber que é um mundo de relações que deve lidar com outro mundo de relações para elaborar algo em comum, está fazendo o que, por analogia, deve fazer a criança desde os primeiros meses para poder crescer e adaptar-se ao ambiente ao redor. Essa interação, que todos os analistas sabem ser essencial, é importante em sua dimensão pragmática entre analista e analisando, na medida em que *introduz e estabelece um ponto de referência, que é o próprio momento da construtividade da RA*. A presença da dor parece inevitável em qualquer envolvimento psíquico, e isso vale tanto para o analisado quanto para o analista, para aquele conjunto de emoções e sentimentos que todos nós conhecemos. A transferência na RA é o exemplo mais evidente, mas, apesar de todos os esforços para resolvê-lo, é justamente a RA que o incrementa, e é essa a razão pela qual pode nascer uma história de ódio, de amor e de gratidão. Somente a reflexão sobre a experiência pode ampliar a área da consciência e, assim, as emoções e os sentimentos presentes podem ser utilizados como conteúdos psíquicos da mesma experiência.

Se o que afirmamos pode ser aceito, então o fim da RA (fim da análise) é um fim acordado entre analisando e analista, é o fim de uma determinada experiência. Essa experiência contém, possivelmente, toda a transferência, tanto do analisando quanto do analista, que podem razoavelmente esperar operar para o retorno das respectivas projeções. Nós, porém, não acreditamos que essa operação possa "resolver" a transferência: a transferência não se resolve, mas pode transformar-se em experiência para os dois protagonistas. Essa possibilidade é o fruto de um funcional desdobramento da própria R.A.

O contrário significaria uma adesão idealizadora do analisando ao seu analista, na prática mais um mito no universo psíquico do analisando. E aqui temos que diferenciar a transferência da qual estamos falando de uma identificação narcisista com o analista. Essa última é, claramente, um obstáculo não apenas para o fim da análise, mas para o desdobramento da RA.

Freud pergunta-se *o que* seria transferido, *por quem*, *pelo quê* e *sobre quem*, e escreve: "Novas edições dos antigos conflitos; nestas, o paciente gostaria de se comportar do mesmo modo como o fez no passado" (Freud, 1916-1917, p. 455). Seria suficiente acompanhar as vivências da fantasia para se dar conta de que o denominado revivido é algo que o analisando reformula aqui e agora, *mas formular um discurso ainda não é o vivido*, o reviver não é o viver. E mais: não podemos esquecer que à dimensão psíquica da transferência acompanha-se, de maneira bastante indistinguível, de uma dimensão histórica do mesmo analisando, isto é, aspectos socioculturais que influenciam as necessidades e os comportamentos muito além das específicas vivências da primeiríssima infância. Bion escreve:

> *O único lugar em que posso viver é sempre no presente; não há valor, por conseguinte, naquilo que posso lembrar do meu passado, exceto que não consigo esquecer aquilo que não posso lembrar. Consequentemente, a menos que eu saiba que o passado é aquilo que ocupa a minha mente, eu não posso esquecê-lo; e eu não presto atenção ao presente se estou obcecado pelo futuro, sobre o qual nada sei, uma vez que ele ainda não chegou. Trazemos à tona certos elementos do passado do analisando não que eles sejam particularmente valiosos, mas porque não são valiosos para ele carregar consigo. Se conseguimos que venham à superfície, então ele pode esquecê-los. Essas lembranças, passadas ou futuras, que ele não conhece, parecem encerrar uma grande quantidade de poder; são o que eu chamaria ideias fracas, mas emoções poderosas. (1973, p. 64)*

E, mais adiante, ao falar de um bebê com uma sensação de catástrofe iminente, que deverá suportar sozinho, e, portanto, se fechará em si mesmo, tornando-se aquilo que geralmente é denominado um "bebê tranquilo", escreve:

> *"Suponha que essa criança venha, já adulto, ao senhor para análise. Seria difícil acompanhar*
> *aquelas idéias primitivas agora encobertas por um sem número de outros pensamentos e idéias. É*

> *como tentar seguir os sinais embrionários na anatomia fisiológica do adulto, mas mais difícil porque no mundo mental não há sinais físicos em que se apoiar – apenas essas ficções como a que tentei inventar". (Bion, 1973, p.109).*

Tudo isso que estamos vendo refere-se, porém, somente a um dos atores presentes na RA: o analisando. O analista deve manifestar-se com suas proposições, que, em certa medida, são também, como para o analisando, sua vivência mais sua experiência analítica que, no momento do diálogo, constituem um dos momentos integradores da RA. Também por conta disso somos levados a considerar a proposição analítica como unicamente indicadora da área em que se presume que estejam *acontecendo* fatos psíquicos.

O que estamos afirmando é que a proposição analítica desenvolve uma função de suporte, como uma urdidura, sobre a qual, sucessivamente, o material do analisando, a trama, encontra sua coerência. E isso vai inclusive para além da RA. Há, de fato, muitíssimos textos que podem ser denominados assim somente se, em função do princípio da interpretação, conseguimos estabelecer que possuem alguma coerência. Em outras palavras, o texto é algo coerente *somente se for o resultado de um processo de interpretação.*

Isso ocorre de forma exemplar para aquele conjunto de segmentos verbais que preenchem uma RA e que devem ser interpretados. Assim, eles são candidatos a textos que se revelarão tais justamente porque será constituída uma RA. Mas interpretação não significa decriptação, no sentido de que para cada unidade semântica detectável entre os segmentos verbais de uma determinada RA o analista tenha que dar uma equivalência interpretativa em outro código, assim como aconteceria em uma decriptação de uma mensagem secreta e assim por diante. Isso não é possível, não é em todo caso possível de maneira sistemática, e nem seria conveniente que acontecesse. O texto analítico final, portanto, não é outro texto em relação ao texto potencial constituído por segmentos fragmentários, outro texto que nos dê, desse último, o equivalente em termos de correspondência global e, ponto a ponto, entre o conjunto de segmentos e o texto final. O texto final, sem ser uma decriptação, estabelece as condições gerais segundo as quais os vários fragmentos referem-se a um mesmo plano semântico ou a vários planos semânticos conectados entre si. Essa especificação tem, entre outras, a função de prevenir possíveis críticas opostas e complementares acerca de uma excessiva cientificidade da proposição analítica como decriptação, ou uma excessiva artisticidade, como um reviver individual e intuitivo.

O que dissemos significa que o analista deve saber colocar-se no processo interpretativo com rigorosa cautela.

Se pegarmos o caso de um romance, veremos que os personagens devem ser percebidos *como um convite a pensar*, e não como uma ocasião de substituir-se a eles, esclarecer tudo aquilo que lhes diz respeito, o que implicaria um processo infinito e, afinal, definitivamente não interessante. Isso vale também para o analista, no sentido de que o que deve chamar a sua atenção deve ser justamente *o modo e a forma* como o analisando apresenta seu material, modo e forma que devem necessariamente *prevalecer sobre os conteúdos desse material*. É justamente essa modalidade que permite ao analista evitar o sedutor chamado que o conduziria a substituir-se ao analisando, querendo esclarecer os inúmeros conteúdos que, no fim das contas, dizem respeito unicamente ao analisando.

Isto posto, acreditamos, porém, que se deva considerar que na RA o analisando tem como referencial, e não poderia ser de outra forma, somente o analista enquanto tal. Isso significa que, mesmo através das deformações às quais a figura e a atividade do analista são submetidas, por conta e segundo as vicissitudes do mundo psíquico do analisando, o primeiro permanece, por assim dizer, uma figura com um papel relativamente estável. A respeito dessa relativa estabilidade, acreditamos que tenha um peso fundamental naquilo que comumente indicamos como *fatores modificadores do ajuste psíquico do analisando*. Em outras palavras, essa estabilidade se revelaria no tempo um poderoso, embora inconsciente, fator de mutação. Na RA e no seu desdobrar-se como tal, o analisando encontra a si mesmo e confronta-se com seu "modelo". Com isso, não entendemos limitar a função do insight, mas destacar mais uma vez a importância da dimensão processual justamente em suas relações objetais complexas, que encontram na RA os espaços necessários para as alterações que dizem respeito ao próprio par analítico.

O uso do instrumento interpretativo retorna a nos propor, agora, a necessidade de considerar o tipo de linguagem, na proposição analítica, que vem acontecendo entre analista e analisando. Podemos postular, inicialmente, a criação de um autêntico código de transição, embora se trate, obviamente, de códigos parciais, mas que, entretanto, obedecem a uma necessidade pragmática, por assim dizer, uma *pragmolinguagem*, sobre a qual, aos poucos, irá se estabelecer uma linguagem artificial explícita. Isso, por sua vez, permitirá a ampliação cada vez maior da área comunicativa de contato entre analisando e analista. É justamente esta área de interação, que definimos de transição, cuja cada expansão deverá corresponder também a uma equivalente expansão da área da experiência. A proposição analítica é também a forma como o analista procura criar essas intersecções não apenas para esclarecer o que não se conhece, *mas para o sentido de todo o conjunto de percepções que a intersecção facilita*. Portanto, na RA a reconstrução do passado é proporcionada pelo analisando e pelo analista, já que conseguem estabelecer essa relação que constitui *uma autêntica história pessoal a dois*. A atenção é chamada, sem excluir o texto que está presente, principalmente pelo processo construtivo dos dois, e o acento cai mais no momento processual do que no sistemático. Mesmo que se quisesse privilegiar a leitura vertical, esta será possível somente se for construída uma história em comum.

Introduzindo a hipótese da linguagem de transição, podemos postular uma área inicial de intersecção em que não são simplesmente as palavras que permitem o desdobramento da RA, *mas as palavras na medida em que servem a instalar uma experiência pragmática.* Analista e analisando têm, como finalidade processual, a construção de diagramas em comum em que possam jogar seu jogo por meio de sentimentos e emoções, o que significa que na RA existe *somente aquela porção de texto que analista e analisando conseguem construir*, uma autêntica história pessoal a dois.

Para resumir, poderíamos considerar a função da transferência de duas possíveis maneiras. No primeiro caso (sistemático), a transferência é como uma repetição de relações infantis reais ou não; então, nós procuraremos atitudes, sentimentos etc. que possamos definir prototípicos, uma repetição e, portanto, passível de interpretação. No segundo caso (processual), a transferência não é vista principalmente como um movimento passivo, uma repetição de relações arcaicas que podem até não ser reais, mas como um comportamento em movimento, dinâmico, o que torna a RA uma área em que a transferência pode criar, comprovar ou corrigir a si mesma na medida em que *na relação a realidade não é um dado de fato, mas um dado* in fieri. O analista não é apenas o pretexto da transferência, mas um dado para que a fantasia do analisando aconteça.

Mais uma vez Freud lembra como o trabalho analítico "consiste em duas partes inteiramente diferentes, que ele é levado a cabo em duas localidades separadas, que envolve duas pessoas, a cada uma das quais é atribuída uma tarefa distinta" (1937, p. 261). É claro que Freud interpela o analisando como parceiro na responsabilidade do trabalho analítico. Isto posto, vislumbra-se a necessidade de introduzir um discurso sobre o conceito de regressão, mais especificamente sobre a oportunidade ou não de induzir, por meio de proposições analíticas, o analisando à regressão, e sobre a função teórico-técnica do mesmo conceito, a depender que se considere a sobrepujança do momento sistemático sobre o processual ou o contrário.

No primeiro caso, onde prevalecer uma disposição latente para a regressão, o clima da sessão e a atitude específica do analista e suas proposições favorecem um aprofundamento dessa regressão. Isso permitiria alcançar níveis transferenciais mais arcaicos e, assim, a sucessiva reconstrução da vivência infantil do analisando. Essa hipótese é sustentada por muitos famosos analistas, de Ferenczi a Winnicott. Se, por outro lado, a preponderância for dada ao momento processual, a função da transferência aplica-se também na consideração e no controle dos impulsos regressivos, sempre presentes, mediante uma comunicação dirigida sobretudo para os aspectos mais integrados e conscientes da personalidade do analisando. Abrem-se, dessa forma, amplas possibilidades potenciais de diálogo e de espaço entre analisando e analista, e, portanto, favorecem-se os aspectos construtivos da própria RA. É uma temática certamente não secundária, tendo em vista nossa hipótese sobre a proposição analítica que tudo isso comporta. De fato, segundo a hipótese processual, a análise, mesmo desdobrando-se em planos múltiplos do inconsciente, é sempre uma comunicação constante entre o analista e as estruturas mais avançadas, mais bem integradas da personalidade do analisando. Esta, na verdade, é em essência também a posição de Melanie Klein, cuja preocupação fundamental é o desenvolvimento da criança em todos aqueles aspectos que podem favorecer ou dificultar tal desenvolvimento. Em Freud, o acento cai sobretudo no passado e na reconstrução desse passado a partir da psicopatologia do adulto. Posto, por enquanto, o aspecto psicopatológico, é bastante difícil conceber a possibilidade de modificações senão invocando para o adulto a mesma concepção de desenvolvimento que está na base da pesquisa kleiniana.

A nosso ver, algumas contradições que emergem das várias citações (melhor evitar inúteis discussões sobre as interpretações dos textos) devem-se não apenas às dificuldades próprias de nossa matéria, mas sobretudo à dificuldade de circunscrever com relativa clareza as áreas que pertencem ao método analítico e aquelas que pertencem às técnicas propriamente ditas. Onde as primeiras têm uma clara referência ao funcionamento psíquico do analisando e do analista, as segundas dizem respeito e referem-se de maneira precisa aos procedimentos utilizados para abordar o material clínico objeto do exame. Esses procedimentos podem variar nas modalidades e nas aplicações, a depender da necessidade do próprio material e das teorias sobre as quais escoram-se essas técnicas.

Não é fácil encontrar uma formulação epistemológica que esclareça aspectos de método e de técnica analítica. Certamente, nossas formulações não podem não refletir as várias etapas da evolução da psicanálise. Assim, estaríamos sempre na condição de reformular e harmonizar nossos conhecimentos teóricos. Talvez, o aspecto mais importante dessa dificuldade metodológica resida na presença de uma contradição entre a teoria, por um lado, e a prática e a técnica analíticas, por outro. Vamos esclarecer o que entendemos por "contradição".

Clinicamente, a observação ocorre em uma situação a dois, isto é, em um contexto de RA que é disciplinado por leis estruturais próprias que configuram um tipo especificamente humano de relação: *a alteridade*. As resultantes teóricas são, diversamente, formuladas em termos de psicologia individual.

A respeito, gostaríamos de acrescentar ainda algumas considerações. Enfrentamos o problema da "reconstrução histórica" do vivido do paciente, preocupando-nos, e acreditamos, justamente, em não o excluir do contexto da RA. Temos a impressão de que nossa dificuldade reside exatamente, afinal, na posição ainda tradicionalista na qual nos colocamos. Este é um falso problema. Não temos que nos preocupar com o vivido histórico. Isso aparece naturalmente no desdobrar-se da RA com características próprias que, uma vez após outra, o tornarão discurso atual, mito, romance, narrativa, como uma espécie de corolário necessário ao "retrato" que faz de si mesmo o analisando. Não cabe dúvida de que uma maior consciência deste implica a emersão de camadas cada vez mais profundas da personalidade psico-histórica do analisando, com dados, porém, que aos poucos confirmarão, acrescentarão ou modificarão os ajustes interpretativos que analista e analisando vão construindo. Queremos dizer que *é o processo que faz emergir e dá um significado ao vivido, e não o contrário.*

Esperamos, com esta comunicação, ter ilustrado aos colegas de que forma a RA é por nós considerada *o laboratório* mediante o qual tomamos ciência daquilo que transmitimos e como o transmitimos a nossos analisandos – analogamente, dos efeitos e de seus significados para eles e, em última instância, também para nós (Ferrari, 1984). O uso e a destinação da transferência e dos processos interpretativos, os tipos de linguagem para a transmissão de nossas proposições analíticas, o espaço analítico que se configura em uma especificidade na qual a palavra pode assumir funções distintas e, finalmente, o conceito de regressão são apenas os aspectos gerais de uma operação muito mais ampla e refinada por meio da qual se devem poder discernir não apenas as linhas teóricas específicas, mas – e sobretudo – indicações para as modificações e o desenvolvimento das mesmas teorias.

Discussão[1]

Em primeiro lugar, como já afirmou meu colega Abadi, não me preocupo com as vivências históricas; se existem, vão se manifestar naturalmente no desenvolver-se da relação analítica, com características próprias que as tornarão, a cada vez, discurso atual, mito, romance, narrativa, como uma espécie de necessário corolário ao "retrato" que de si mesmo esboça o analisando. Não há dúvidas de que uma maior

1 Reproduzimos aqui a intervenção de Ferrari no decorrer da mesa redonda que seguiu as apresentações do dia. Além de Ferrari, participaram da mesa redonda M. Abadi, F. Corrao e E. Gaburri.

consciência do próprio analisando implique o vir à tona de camadas cada vez mais profundas da sua personalidade psico-histórica: dados que, aos poucos, confirmarão, acrescentarão ou modificarão os aspectos interpretativos que analista e analisando vão construindo. Quero dizer, com isso, que é o processo que faz emergir e dá significado às vivências, e não o contrário.

Quando eu falo, portanto, em proposição analítica, penso em um modelo que, traduzido de maneira aproximativa, poderia ser visto assim: o paciente diz algo; eu procuro averiguar que se ele usou o termo "mãe" trata-se efetivamente deste termo "mãe" e não de outro objeto (porque, aqui, a palavra poderia gerar um engano). Após ter averiguado que aquilo que está dizendo é exatamente quanto está disposto a assumir como coisa que está de fato dizendo, então passo para outra operação, que é a de ver que função o dizer do analisando tem no contexto, em nosso contexto. Porque a relação analítica tem vários aspectos, mas desses aspectos eu, geralmente, só privilegio um, e sobre este chamo a atenção do meu analisando. A função pode ser protetora, pode ser sedutora, pode ser indicativa, pode ser... não importa, veremos o que é e esclareceremos que função reveste, se for possível. Isto posto, permanece ainda muito espaço na proposição analítica para poder observar, para além daquilo que está sendo dito, qual é, em última instância, a visão de mundo que naquele instante o analisando nos mostra.

Porque não há dúvidas de que nossos analisandos chegam até nós com teorias próprias; aliás, chegam até nós justamente porque têm alguma teoria. Portanto, temos também que supor que, em algum momento passado, aquelas teorias tenham funcionado à perfeição, a ponto de nossos analisandos se apaixonarem por elas, apropriarem-se delas. Mas resta o fato de que não há nada de mais dramático para o pensamento do que obter uma resposta; a resposta é o túmulo do pensamento. Nossos pacientes, pelo contrário, têm outra teoria: acham que quanto mais respostas puderem dar, mais soluções de vida poderão experimentar, e isso é, segundo minha experiência, falso. Assim, eles chegam com teorias muito precisas, muito bem estruturadas, e nosso trabalho é exatamente este. Quando temos a sorte, mediante uma proposição analítica, de indicar qual é a função e vislumbramos com bastante clareza a possibilidade de propor uma teoria, nesse momento nós, na verdade, estamos realizando uma modificação que, se acolhida, *se acolhida* (o paciente tem todo o direito de descartar minha proposição, é um direito que lhe cabe), cria modificações. O paciente pode rir de minha proposição, pode considerá-la totalmente descabida, pode dizer que ele, sim, pensava em encontrar um analista estúpido, mas nunca teria imaginado um analista tão estúpido. Não importa. Faremos o que está ao nosso alcance na tentativa de repropor novamente uma função e assim por diante, até conseguirmos obter não um acordo, mas simplesmente que o analisando nos ouça.

O que, entretanto, eu considero fundamental é que, se o analisando me escuta, eu tenho à disposição uma vantagem enorme. Que vantagem é esta? Poder pedir ao analisando a chance de acompanhar o processo mental que ele está fazendo ou que acabou de fazer comigo, de maneira a observar de que forma ele, analisando, usa sua mente diante das situações que acabou de descrever. Se temos a sorte de conseguir que o analisando nos acompanhe nesta pequena operação, poderemos construir um modelo ad hoc, que pode ser um modelo astronômico, culinário, um modelo de engenharia, de moda, de músicas, qualquer fato de crônica, uma matéria no jornal, o incidente no Golfo de Sidra,[2] qualquer coisa. E, com esse modelo, fazer com que o analisando entenda como opera e o que faz de sua própria mente. Nós não podemos ir além disso. Tudo o que virá depois será por conta do analisando. Caberá a ele decidir se e como servir-se disso.

---

2 Ferrari alude aqui aos fatos de 19 de agosto de 1981, quando dois caças líbicos alvejaram e sucessivamente foram derrubados por dois aviões análogos estadunidenses.

Entretanto, há um dado que considero oportuno destacar: esse processo de pensamento ocorre na relação analítica, esse operar da mente do analisando ocorre na frente do analista. Supõe-se que o analista tenha algum conhecimento a mais, não é verdade? Por que digo que isso é importante? Porque é evidente que o analisando entra na sessão trazendo suas emoções, emoções que são uma grande barreira para o conhecimento do funcionamento mental. Temos, em determinado momento, que mostrar-lhe com clareza aquilo que está acontecendo, de forma que a emoção primária (ou aquela que vier de fora) seja apaziguada e ele possa dispor de sua mente, possa ter espaço em sua mente para perceber aquilo que está acontecendo. Mas isso não é suficiente, porque seria um dizer, um falar, enquanto a relação, a proposição analítica deve conter outro elemento. É aí que intervém o elemento da transferência: depois que o paciente percebeu o modelo específico atuado, o analista tem (ou é convidado a ter) eu diria a obrigação de propor-se como aspecto emocional, por assim dizer secundário, para fazer com que a percepção e o insight do paciente ganhem novamente a cor de emoções e, assim, tudo isso possa se transformar em experiências, condição *sine qua non* para que o discurso possa continuar. Obrigado.

Referências

Bion, W. R. (1973). *Conferências Brasileiras 1*. Imago, 1975.

Ferrari, A. B. (1982). Relação analítica: sistema ou processo? *Revista Brasileira de Psicanálise*, *16*(3), 335-363.

Ferrari, A. B. (1984). La théorie de la transmission de la psychanalyse (sa signification). *Revue Française de Psychanalyse*, *48*(1), 49-54.

Ferrari, A. B., & Garroni, E. (1979). Esquema de projeto para um estudo da "relação analítica". *Revista Brasileira de Psicanálise*, *13*(3), 269-320.

Freud, S. (1910). As perspectivas futuras da terapia psicanalítica. In S. Freud, *Obras Completas* (Vol. 9). Companhia das Letras, 2013.

Freud, S. (1915-1917). Conferências introdutórias sobre psicanálise. In S. Freud, *Edição Standard Brasileira das Obras Psicológicas Completas de Sigmund Freud* (Vol. XV). Imago, 1996.

Freud, S. (1937). Construções em análise. In S. Freud, *Edição Standard Brasileira das Obras Psicológicas Completas de Sigmund Freud* (Vol. XXIII). Imago, 1996.

PARTE II

Seminários clínicos[1]

1 O material original foi obtido da transcrição de gravações de áudio. A tradução, como o original, respeita o andamento da fala aqui apresentada em forma escrita, mas derivante de um discurso oral, espontâneo e – por vezes – com fortes traços coloquiais. Qualquer sistematização ou normatização na versão escrita teria invariavelmente traído o espírito e a essência da comunicação do prof. Ferrari. [N. T.]

8. Técnica psicanalítica com crianças[1]

Entre a criança e o terapeuta cria-se uma história escrita a quatro mãos, uma história que precisa ser tratada com o máximo respeito. Por isso, aconselho sempre atender antes a criança, porque assim será possível estabelecer de imediato um contato pessoal e obter uma primeira impressão, isenta daquelas distorções que, aos poucos, irão se manifestar, ligadas às emoções e aos sentimentos que a mãe e o pai têm em relação a seu filho.

Todavia, já que um dos coautores dessa história a quatro mãos – a criança – retornará para uma realidade distinta da sala de terapia, é necessário que o terapeuta conheça pai e mãe, para ter uma ideia do contexto em que a criança vive. Do encontro com os pais – que aconselho encontrar *separadamente* – serão evidenciadas as modalidades de relação entre os cônjuges (até mediante perguntas diretas), o que nos levará a conhecer a proveniência da criança e seu destino todas as vezes que sai da sala de terapia. Dessa forma, poderemos verificar se

1 O capítulo reúne material extraído de um ciclo de seminários de formação com o título "Da clínica à teoria: a psicanálise na prática clínica", junto ao Serviço Materno-Infantil da Unidade de Saúde Local de Ravenna, Itália, no período de 1990 a 1994.

a criança tem a possibilidade de ser ouvida em seu ambiente ou se irá deparar-se somente com surdez.

Para isso, é importante que, depois de ter encontrado a criança, o terapeuta encontre também a mãe, para poder observar a *imagem* que ela tem da criança. A mãe que leva a criança leva, em certo sentido, também a si mesma: ela é a criança. Eis a razão pela qual não podemos perder nenhum elemento da relação com a mãe: a criança pode ser depositária das psicoses maternas e ser funcional à manutenção do equilíbrio interno da mãe.

O especialista que fala com a mãe não irá apenas perguntar acerca da criança, mas também se informar sobre ela, convidando-a a se expressar sobre sua relação com o marido e, em última análise, consigo mesma: certamente virão à tona notícias interessantes, já que a mãe tenderá a esquecer do filho para falar de seus eventuais problemas pessoais.

O pai trará facilmente outra imagem da criança, talvez mais distante, quiçá filtrada através da mãe. A ele também deverão ser formuladas perguntas sobre sua relação com a esposa. Desses encontros cruzados emergirá o clima emocional e diário em que a criança está mergulhada.

Quando encontro a mãe sempre pergunto qual é a imagem que ela tem de seu filho, e assim tenho, de imediato, a *criança-mãe*, depois a *criança-pai*, a *criança-avó* e assim por diante: uma série de crianças, todas menos a *criança-criança*. Esta, eu a vi, já formei uma ideia sobre ela e, portanto, as imagens dos familiares não me incomodam com suas interferências.

Assim, dessa forma, começa a esboçar-se um contexto, em que vive a criança. Ela vive dessas relações, depende delas e nasce em relação a elas, portanto, eu sei aonde irá a criança ao sair da sala de análise e de onde veio quando a sessão começa.

Em nossa profissão, deve-se também ir contra hábitos que são solidificados, já codificados, mas nunca discutidos. É necessário mudar algo para poder ir em frente. Como podem ver, minha proposta é nova, pois coloco a criança no centro do encontro com o psicanalista. Por isso, eu proponho encontrar primeiro a criança, porque é ela o sujeito que nos interessa e, em seguida, a mãe, separadamente de marido e filho, e ainda o pai, sozinho.

Se alguém, diversamente, aceitar encontrar antes os pais, que tipo de criança nos será mostrada? Construiremos a ideia de uma criança que seria tão somente a combinação das imagens dos pais. Por isso, não deixemos que as "várias" crianças que os pais apresentam interfiram: melhor, certamente, encontrar desde logo a criança, para, sucessivamente, em alguns casos, de repente concluir que é o genitor que precisa de ajuda, e não a criança. Desta forma, eu respeito sobretudo as exigências da criança. Aqui reside nossa responsabilidade. Nós temos a responsabilidade de proteger o elo mais fraco do núcleo familiar, que é sem dúvida alguma a criança.

Esse aspecto da responsabilidade é extremamente importante e merece um breve parêntese: a responsabilidade do analista há de ser claramente diferenciada daquela do paciente. Um paciente que procura o serviço onde vocês trabalham deve assumir uma responsabilidade em relação a si mesmo: posso afirmar que não há relação que não implique um mínimo de responsabilidade, sem a qual a própria relação não tem significado, isto é, equivale a nada.

Independentemente do grau da patologia, é importantíssimo estabelecer desde logo que é impossível fazer milagres, que o terapeuta utilizará a si mesmo na melhor das maneiras para poder ajudar ao outro, mas o outro deve colocar tudo o que tem à disposição de si mesmo. Por tradição, valeu a convicção de que o analista deva encarregar-se do analisando. Acredito que esta seja uma atitude gravíssima e muito perigosa: o analista não é onipotente, é simplesmente o coautor de uma relação que irá se desdobrando através de um processo que é a "Relação Analítica", como sistema de "corresponsabilidade autointerpretativa". Disso, evidencia-se de que forma a responsabilidade é fundamental para o êxito de qualquer tipo de relação, ainda mais de uma relação com finalidades terapêutico-analíticas. Mas é evidente que, se nós pedimos a nosso paciente ou à família que encontramos que assumam certa responsabilidade, o analista também deve assumir as próprias e isso quer dizer escolher. Escolher quer dizer decidir de que forma irei trabalhar e o que preciso conhecer para ajudar uma família a sair de uma condição de dificuldade. Muitas vezes, objetam-me que, ao ver primeiro a criança, se possa criar um conluio com os pedidos de uma família ou de um contexto social que enxerga a criança como o "doente", mas é justamente para evitar esta colusão que eu encontro primeiro a criança, porque o que é preciso constatar é qual seria o aporte pessoal de cada componente ao grupo.

Depois de ter visto a criança, a mãe e finalmente o pai, é possível encontrar os dois genitores juntos. Encontrar os dois genitores juntos no fim da consulta nem sempre significa encontrar um casal.

Trata-se de relações dinâmicas, altamente sofisticadas e poluídas, em que emoções e sentimentos, teorias, pontos de vista e ideologias intervêm e passam livremente nos comportamentos do núcleo familiar. Se quisermos tentar responder de maneira mais funcional à solicitação específica, temos que usar técnicas de abordagem que evitem o contágio entre marido, mulher e filhos, já que as problemáticas familiares remetem sempre a problemáticas individuais dos componentes do núcleo familiar. Talvez, a família possa ser também considerada como a soma dos problemas individuais, mas é certamente uma soma que obedece ao poder e quem ama o poder é, em todo caso, uma criança. Assim, é necessário definir de imediato quem detém o poder. Separar os componentes do núcleo para ver como se comportam sem a presença limitadora, ativa, perturbadora e poluidora dos demais pode nos permitir compreender quem, no grupo familiar, detém esse poder. É importante distinguir qual é o aporte do grupo familiar à patologia da criança.

Eu divido os familiares para avaliar quem formula a pergunta real, porque quando um núcleo familiar expressa um pedido de ajuda, não se sabe quem, dentre eles, está realmente pedindo ajuda. Se o especialista formular, a si mesmo, essas perguntas dentro de si, terá um quadro mais claro, porque poderá prestar atenção ao ponto em que com maior evidência se manifesta a necessidade. Quem necessita, faz perguntas.

Às vezes, os vários membros da família tendem a confundir-se entre si e ter dificuldades em se separar, inclusive até simplesmente na sala de terapia. Nesses casos, eu aconselho a sentar com o grupo e explicar-lhe que, para que o trabalho seja satisfatório, é preciso que a criança entre sozinha e que lá dentro não acontecerá nada de perigoso, para acalmar a angústia que, muitas vezes, é mais dos adultos do que da criança ou do adolescente.

Eu sou responsável pela situação clínica e não eles, e se não houver as condições que eu considero necessárias, posso também me recusar a acompanhá-los. É nossa onipotência que nos faz aceitar condições que os interessados impõem. Mas temos que levar em conta a dificuldade por eles manifestada ao separar-se como uma indicação poderosa: evidentemente, quando estão unidos, inconscientemente protegem-se uns aos outros.

Falemos agora dos adolescentes e dos jovens adultos. Eu ajo assim: quando estão com mais de 18 anos e estão em situação muito grave, trato-os como crianças; se o quadro não for muito grave, mas dependerem economicamente dos pais, encontro estes também – é uma questão de respeito. Porque eles têm o direito de saber aonde vai o filho, e ainda há uma série de questões (compromissos, honorários, formas de pagamento) que devem ser discutidas juntos. Quando, diversamente, os jovens são economicamente autônomos e vivem sozinhos, mesmo diante de patologias graves, eu não encontro mais ninguém além deles. Se não estão sozinhos, não encontro a pessoa convivente, mas a encaminho a um colega de minha confiança.

Imaginemos um encaminhamento à terapia proposto pelos pais: os adolescentes opõem-se, sentindo-se como uma encomenda levada para cá e para lá. De fato, se o adolescente chega até nós porque mamãe quis assim e não porque, por meio do diálogo conosco, percebeu sua necessidade e que podemos ajudá-lo, então há uma corresponsabilidade nesta gestão distorcida do caso. Não podemos levar a cabo nenhuma experiência, em nível nenhum, se a outra parte que entrar em relação conosco não se responsabilizar por ela mesma. Esta é a condição *sine qua non* para qualquer tipo de relação.

Se encontrarmos o núcleo familiar em conjunto, é importante diferenciar a relação real e definida entre adolescente, pai e mãe da comunicação inconsciente, resultante dos equilíbrios estratégicos e táticos do núcleo face ao especialista, visto como um estranho e percebido como perigoso porque em posição dominante, porque dele se tem necessidade. Nossa razão em separá-los é nossa competência psicológica: este é nosso campo. Acredito que conseguir separar os componentes do núcleo equivalha a obter um primeiro e importantíssimo dado: o genitor reconhece que o filho é um ser autônomo. Um segundo dado obtido será a compreensão por parte do casal de genitores que esse casal reveste um significado social, emocional, sentimental e político tão somente no contexto da família, enquanto, no consultório do especialista, é o exato contrário que tem significado: isto é, cada indivíduo deve apresentar-se com suas próprias características psíquicas, enquanto a dimensão do grupo será uma operação secundária e não fundamental.

Nos casos mais complexos, poderíamos até pensar em separar com clareza a observação da intervenção terapêutica. Ou seja, seria interessante que outro colega encontrasse a criança ou o adolescente em observação e, depois de uma série de encontros, o encaminhasse ao analista que fará o acompanhamento. Este é um modelo que, sucessivamente, podemos até modificar. Com certeza, temos que manter o instrumento analítico limpo e funcionante em seu quadro referencial. Por tratar-se de crianças e adolescentes, uma operação desse tipo resguarda sem dúvida o instrumento analítico, mas poderia perturbar a criança ou o adolescente.

O analista é um profissional que precisa trabalhar em condições mínimas de garantia porque é ele que se expõe e é sobre ele que pesa grande parte da responsabilidade. Cada um de nós tem seu próprio parâmetro que define as condições mínimas de trabalho com um analisando, e é fundamental que, a cada instante, se saiba decidir quais são tais condições e não se abra mão delas, para não colocar em risco seu aparato pensante: há de se ter um enorme respeito pela própria mente, porque é o único instrumento do qual dispomos e porque, sobretudo, é disponibilizado aos outros. A responsabilidade é dupla: diz respeito a si mesmo e diz respeito ao outro, que paga nosso instrumento mental.

Em alguns casos, pode ser preferível sugerir, inclusive com firmeza, que mãe ou pai comecem uma terapia pessoal antes de poder ajudar o filho. Em outras palavras, é preciso reconhecer se as dificuldades manifestadas pela criança derivam de dificuldades presentes na estrutura psíquica da própria criança ou se são a manifestação de uma estrutura psíquica de grupo que se expressa nas qualidades psíquicas da criança. Se acontecer, em nosso encontro com a criança e sucessivamente com a mãe e com o pai, percebamos que o clima familiar é tal que possa justificar os transtornos apresentados pela criança, que razão haveria para trabalhar sobre a criança? Melhor seria que a mãe, ou o pai, ou ambos enfrentem seus problemas, aliviando não apenas a criança, mas o núcleo familiar inteiro. E, enquanto tais problemas começam a resolver-se, podemos, de alguma forma, ajudar a criança, por exemplo entrando em contato com a escola.

Esse procedimento pode ajudar a criança ou o adolescente a perceber que o pai e a mãe estão doentes, ganhando em percepções e experiências – embora doloridas – e sentindo-se muito envolvido na tentativa de fazer algo para si e para os pais. E isso pode ser altamente terapêutico. A criança pode perceber que a diferença entre o grupo familiar e o grupo escolar é demasiadamente marcada e sentir os dois contextos dramaticamente em contraste; isso pode determinar nela uma revolta, conduzindo-a a vivenciar uma conflitualidade dilacerante entre os aspectos emocionais mais profundos: pai e mãe de um lado, aspectos sociais do outro. Dependerá da própria criança e de como os adultos na escola conseguirão indicar em termos construtivos a diferença entre a acolhida escolar e social e a acolhida emocional familiar.

Cabe lembrar que não há pais bons ou maus, pais que funcionam e pais que não funcionam. Os pais são o que são: pais. Depois há os filhos, que são filhos. Existem situações que, por conta de um conjunto infinito de dados, dentro de um grupo familiar, ativam uma patologia justamente no elo mais frágil. Isso não quer dizer que quem adoecer seja o mais fraco: é o mais sensível, o mais problemático, no sentido de que é o mais curioso, aquele que tem hipóteses muito fortes sobre a vida. Quem não tem hipóteses sobre a vida não adoece. Podemos reavaliar desse ponto de vista a manifestação patológica, considerando-a como a derradeira e desesperada tentativa de dar algum sentido à própria vida.

O comportamento dos pais reflete as características de cada um deles. Deve ser levada em consideração a extrema delicadeza da temática de que estamos tratando e a quantidade enorme de incógnitas com as quais deparamos. Por isso, o nosso é um trabalho em que temos que ter hipóteses, porque sem hipóteses não podemos nem sequer observar: poderão ser válidas em determinado momento, em determinado contexto, limitadamente a algo, e depois será preciso tecer outras.

Nas análises de crianças acontece amiúde que os pais possam interromper repentinamente a terapia. Eu entendo os pais que enviam sinais de alarme e que, em determinado momento, interrompem, porque vivem uma situação muito angustiante. Tecnicamente, quando nós aceitamos uma criança em terapia, temos que disponibilizar aos pais um colega que estabelecerá com eles contatos periódicos, amenizando, nos pais, as angústias despertadas pela terapia da criança. Angústias compreensíveis, porque a terapia é algo intangível e que rapidamente traz à tona aquilo que teria permanecido submerso se a criança não tivesse necessitado de ajuda. Os pais sentem-se de imediato e totalmente responsáveis. É importante fazer com que os pais compreendam que na relação não existe o conceito de erro: como os dedos da mão que, embora pertençam ao mesmo membro, são todos distintos uns dos outros, analogamente a relação que os pais mantêm com seus filhos é diferente para cada um deles. O terapeuta pode explicar-lhes como é o trabalho que desenvolve com o filho, para evitar que a terapia se torne algo mágico.

Após ter estabelecido o começo da terapia, eu explico aos pais que seus contatos comigo terminam naquele momento. Poderão falar com o colega ao qual os encaminhei e que será, por mim, mantido a par do andamento da terapia. Não encontro mais os pais porque acabariam poluindo a privacidade e o sigilo do trabalho com a criança, já que esta não poderia ter nenhuma tranquilidade ao imaginar as comunicações entre seus pais e o analista. Em via excepcional, e somente com a aprovação da criança, posso pensar em reunir todos os três juntos, se houver um aspecto específico a ser enfrentado, que esteja criando graves dificuldades à família. Mas é, como disse, uma exceção. Para proteger o espaço terapêutico de forma a preservar a criança e seu terapeuta, a alteração do *setting* deverá ser evitada após ter sido estabelecido, já que alterações se traduzem na subversão da relação e podem gerar manifestações reativas na criança, não previsíveis. Faltando as condições mínimas de proteção do *setting*, a criança deverá ser protegida de outra forma, isto é, colocando em terapia o genitor e não ela mesma, para não comprometer uma possibilidade terapêutica para essa criança no futuro.

Na primeira entrevista com a criança, a técnica é bastante simples: será suficiente oferecer folhas de papel e lápis, convidando-a a fazer o que deseja. Ao mesmo tempo, perguntaremos sobre seus interesses, os programas de TV mais apreciados, para que fique à vontade e, assim, ocupada com o desenho e com nossa presença, possa entrar no diálogo consigo mesma, para poder falar sem excessivas defesas. É importante colocar a criança na condição de quem esteja quase sonhando para que, assim, falando, possa expressar seus pensamentos da forma mais imediata e espontânea.

Do ponto de vista da observação, é importante ver de que maneira a criança adentra a sala, ao que ou a quem presta atenção, que tipo de estado de espírito prevalece: curiosidade, desconfiança, indiferença, rejeição, medo etc.

É necessário, para nós, conhecermos as várias culturas da criança: leituras preferidas, desenhos, filmes, esportes, interesses etc., sem que o conteúdo real desse material nos distraia. Nós estamos interessados na maneira e na forma do uso que a criança faz de tudo isso. É oportuno também investigar sobre os brinquedos que a criança traz de casa, mostrando curiosidade na dose certa e formulando perguntas diretas.

Muitos terapeutas evitam que a criança traga brinquedos próprios. Eu sou terminantemente contrário a tal rigidez. O importante é trabalhar no gesto, e não nas coisas. As coisas são coisas, é sua função o que importa. Ver que sentido tem para a criança, se, durante a terapia, cobrir de amor e segurança um brinquedo, se o leva consigo porque traz aspectos da sessão, do analista etc. E vice-versa, se traz algo de casa, algo que lhe seja familiar, porque percebe que a situação não é assim tão tranquila como poderia parecer. Então, introduz um elemento concreto, que lhe é familiar, para modificar num passe de mágica o ambiente em que se encontra. Querer interpretar de imediato aquilo que a criança diz e faz impede que o terapeuta entre de forma partícipe na brincadeira. A leitura daquilo que acontece ganha consistência progressivamente, partindo do sentir do analista. É importante brincar com a criança, e interpretaremos enquanto brincamos. Com isso, estaremos transmitindo algo e a criança compreende a brincadeira, compreende as nossas palavras somente se, antes, as tivermos colocado na brincadeira, porque isso a faz se sentir emotivamente mais segura e não nos percebe como estranhos. Se a criança faz um gesto e o analista imediatamente o interpreta, a relação se torna persecutória.

A brincadeira é a forma como trocamos algo. Numa sessão, podemos colocar uma, duas ou no máximo três formulações no contexto lúdico, como um prosseguimento da brincadeira. O sentido, a direção da brincadeira, sua coloração emocional, são essas as coisas que importam e isso vale também para os adultos, substituindo a brincadeira pela palavra; o adulto brinca com a palavra.

É importante que a criança sinta que o terapeuta está disponível e em posição de escuta, na sua mesma sintonia, já que a passividade do terapeuta é vivenciada pela criança como algo hostil. É fundamental levar em conta a descomunal e pavorosa disparidade de situação do pequeno diante do adulto. Portanto, quando nos aproximamos de uma criança, embora estejamos no papel de terapeuta, não temos que significar nada, temos que ser única e exclusivamente adultos e nos tornaremos terapeutas junto com a criança. Eis por que a relação é importantíssima e a empatia, fundamental. A criança descobre nossos segredos mais profundos e se for perturbada sua sensibilidade aumenta em mil por mil. Assim, pode captar um movimento profundo, inconsciente, antes mesmo que nós tenhamos consciência disso. Fiquemos sempre muito alertas quando percebermos comportamentos que podem parecer, à primeira vista, anômalos, e vamos investigar qual atitude temos em relação ao pequeno, ou a nossas angústias pessoais.

Para o analista, existe a dificuldade de decodificar, porque a brincadeira representa a palavra inconsciente. Nós agimos o inconsciente e verbalizamos o consciente. Cabe a nós, analistas, refinar a metalinguagem para colher a imagem subjacente ao nome, chegando assim à pragmolinguagem comum ao analisando e ao analista; para nós, a palavra é um símbolo, para a criança não, portanto, é evocadora e é animada pela própria criança. Pode-se assim "presentificar" o que ela diz.

Na relação analítica com a criança, é necessário, em primeiro lugar, testar se está presente um referencial espaço-temporal, fundamental para apoiar nossa comunicação. A relação com a criança deve ser construída junto com ela e junto com ela deve ser montada a caixa dos brinquedos, ao longo do tempo, para evitar que faça dela um uso defensivo e para evitar também uma relação de tipo persecutória face ao adulto.

Se vocês utilizam a caixa de brinquedos e gostam daquela kleiniana, está ótimo. Mas eu proponho não a usar, e sim formá-la com a criança, criando-a pouco a pouco, crescendo, vocês e a criança, dentro da brincadeira. Porque a caixa é uma expressão dela: vamos ver o que quer, quais brinquedos quer, o que acha deles. Os meios de comunicação de massa intervêm de forma contundente na orientação da escolha, mas, assim mesmo, prestando atenção, irão encontrar um nicho que se torna a expressão última dos desejos da criança. A criança não é anônima. É *aquela* criança, com aquele nome, aquela história, aquele passado, portanto, se a sensibilidade de vocês for suficientemente refinada, irão garimpar um espaço que será só de vocês e da criança, na construção da brincadeira. Quando a caixa estiver completa, a análise chega ao fim, porque cessa a curiosidade e então é inútil insistir.

A escolha do brinquedo está ligada à finalidade que, a cada vez, se apresenta como prioritária; isto é, se deve servir para socializar ou para refletir sobre si. Decerto, o brinquedo deve auxiliar a criança a vivenciar experiências não angustiantes, não rigidamente regulamentadas, não dramáticas, com o adulto. A caixa dos brinquedos equivale à representação do mundo interno e, por isso, o conteúdo deverá ser adequado a cada criança. Pode-se então começar com nada. Começamos a estar com ela, vamos ver se é mais reflexiva ou mais socializadora. Daí, vamos propor brinquedos: a escolha dos brinquedos ou de palavras deve acontecer porque a relação amadurece, e não por imposição apriorística. O brinquedo, o brincar é uma forma altamente especializada de narração.

Temos que precisar que a ordem cronológica e aquela psíquica não coincidem; às vezes, o terapeuta é, inconscientemente, levado a seguir um andamento linear, mas a mente da criança não obedece a uma temporalidade linear, e sim a um movimento circular, típico da psicose e da criança. A criança vai e volta até encontrar uma resposta pessoal, isto é, até criar uma teoria. De fato, não apenas nós adultos temos teorias, mas as crianças também têm, e mais do que nós, porque o não conhecer da criança é de uma ordem tal que ela é levada a procurar respostas a todos os interrogativos sobre as coisas que não conhece; portanto, é uma súmula de teorias. Por isso, na terapia, é preciso avançar com cuidado, porque não apenas são tocados problemas emocionais, mas também aqueles sobre os quais se apoiam seu sentido do viver, sua visão de mundo de uma riqueza respeitável e respeitosa.

A necessidade da linguagem comum é muito grande porque é na avaliação comum, no uso dos símbolos, que tem início o conhecer-se, a troca de impressões. A criança procurará explicar qual é sua hipótese sobre a palavra que está usando. É evidente que nós temos que adaptar nossa linguagem àquela do analisando, porém temos também que lhe esclarecer a palavra para que perca toda a aura de ambiguidade que comporta, já que sabemos que a palavra tem muitos sentidos, não é unívoca, mas equívoca por definição. Sem esclarecimento, é introduzida uma variável que desarranja completamente o nível de entendimento.

Davi, 7 anos

O material que vocês trazem, para mim, é um pretexto. Eu quero falar com vocês, quero disponibilizar a vocês minha experiência: vocês, diariamente, desenvolvem trabalho clínico, e se tiverem à disposição uma técnica, irão se sentir bem mais seguros, menos preocupados com os conteúdos. A loucura não é privilégio do homem, os animais também enlouquecem, mas se houver uma diferença, talvez seja que o homem pode se dar conta de ter enlouquecido. Eis porque nós existimos. A mim, interessa que seus aparatos receptores funcionem de forma adequada sobretudo para protegê-los do impacto dos conteúdos, que pode transformar-se na sua perda de pensamento. Quanto maior o impacto que o conteúdo tem sobre você, mais perderão a capacidade de pensar. Analogamente, o cirurgião não pode deixar que o impacto do momento o perturbe, porque a cada vez é surpreendido por *aquele* corpo, *aquele* fígado, *aquele* estômago, e deve estar pronto para "não ser impactado" e levar a cabo o objetivo que fixara. Nós também, quando abrimos uma mente, ou melhor, quando uma mente se aproxima de nós, se deixamos que o impacto dos conteúdos nos perturbe, começamos de forma errada. E quando nos aproximamos do funcionamento mental de uma criança, podemos nos deparar com inúmeras surpresas.

Deem-me um exemplo.

Davi, 7 anos, é magro, com olhar penetrante, postura do corpo muito rígida. Entra na sala sem muitos problemas e vai logo em direção à pequena poltrona e à mesa. Pergunto se sabe qual é a razão de nosso encontro e ele diz que está com raiva, porque a mãe não lhe disse que teria vindo aqui e que tinha medo deste lugar, porque já viera aqui para tomar injeção. Depois diz que sente um calor na cabeça. Digo que, na verdade, muitas emoções podem dar essa sensação. Depois acrescenta: "Eu tenho algumas suspeitas sobre minha professora, mas agora entendi e vou me vingar". Peço que me explique melhor.

Vejam só! A criança está nos comunicando sua filosofia de vida. Esta é a sua técnica: confiar não é suficiente, é preciso também vingar-se! Na criança e no adolescente, a ideia de justiça não é externa, mas interna ao sistema. De fato, nesses casos não devemos ter à mente um conceito de justiça adultomorfo, mas um conceito de justiça muito mais direto, espontâneo, equilibrado. Não uma justiça formal, mas uma justiça que nasce de dentro do sistema. À criança interessa uma troca direta e imediata, constituída de convicções, e depende muito também do tipo de contexto e do tipo de competição presentes no grupo ao qual pertence. Muitas vezes, nós, adultos, pisamos nesta área muito sensível, muito importante; é o ponto sobre o qual elas, as crianças, se apoiam para poder "entender" aquilo que o adulto faz. É um instrumento com o qual se aproximam da vida adulta, uma de suas chaves de leitura do comportamento adulto. Prossigamos.

Diz: "*Quando estava na primeira série, falava com Lucas, mas ele, quando a professora olhava, parava de falar. E assim eu levava a culpa e a punição, e tinha que ficar de pé, na frente dos colegas*".Para que serve uma escola que sugere fechar a boca, olhar para o professor etc.? Pensem se, diversamente, toda essa energia fosse canalizada para conhecer, em vez de aprender truques! Continua: "*Meu pai está parecido comigo, minha mãe arruma os defuntos no quarto*". *Diz que pega os mortos e os acomoda nas sepulturas. Acredito que seja mais um trabalho administrativo, embora Davi fale disso como se a mãe, efetivamente, pegasse os defuntos e os acomodasse. Narra: "Vomitei, na escola. Fui ao banheiro e vomitei. Chorei muito, estava com medo de ter vomitado sangue. Depois o assistente foi ver: era a geleia que tinha comido no café da manhã*".

Mas o sangue existia antes da geleia. A geleia se tornou simplesmente o objeto sobre o qual a projeção pôde funcionar, embora de forma grosseira, e assim denunciar um estado de alarme.

Davi relata: "*Somente minha mãe me consola, meu pai usa as mãos como palmatória e minha avó usa a palmatória e diz à mãe que é para o meu bem, a professora diz que tenho que estudar mais*".

Ele vê todos em suas funções e provavelmente os vê também duplos: qual dos dois será o autêntico? De autêntico, há somente os mortos que a mãe acomoda nas sepulturas. Se, ainda, acrescentarem que a vida e o sangue são intercambiáveis, são sinônimos, o quadro começa a configurar-se de maneira bastante pesada.

De que maneira falou de tudo isso? Com participação, com frieza, descrevendo, narrando? É este o dado que nos interessa, é a chave de leitura: se narra, se descreve, se participa, se não participa, se está muito distante e, assim, qual é a distância das coisas que diz, como as diz. Esses são os dados importantes para mim. Quando uma criança nos conta algo, nos permite ter uma chave de leitura sobre a distância ou aproximação das coisas que diz, das suas preocupações. Parece falar sem envolvimento, com uma distância entre o que diz e a maneira como o diz? Dir-se-ia que de sua boca saem palavras que ele não escuta, aparenta não ter participação emocional, parece ser maior que sua idade real porque o ouvimos raciocinar sobre as coisas que diz? Diz essas coisas como se lhe dissessem respeito ou como se fosse alheio a elas? Não é uma descrição feita para a senhora, doutora, porque se assim fosse estaria mais próxima de uma reportagem. Se, diversamente, fosse uma narração, já seria uma divertida invenção. Na narração há um aporte pessoal.

Diria que todas as coisas que lhe dizem respeito são desprovidas de significado emocional.

Podemos então supor que a criança tenha conseguido dizer tudo isso ao analista porque – justamente – conseguiu diminuir a intensidade da participação emocional nas coisas que dizia. Se essa hipótese se revelar verdadeira, significaria que há um bom controle. Diversamente, significa que, para falar delas, a criança deve se afastar, e então pode haver uma negação, que é o contrário de um bom controle. Se agora vocês observarem somente estes detalhes: o grau de participação, o grau de compreensão e o grau de negação, esses elementos irão falar do estado psíquico da criança. Não esqueçam que a causa de sua presença em análise é o vômito, que, banalmente, caracteriza-se como rejeição: a criança pode usar o vômito para dizer *não*. É uma característica do recém-nascido, mas também de crianças maiores.

O *não* que pode ser expresso pelo vômito é uma resposta em nível corporal que não deixa espaço a dúvidas, segundo uma hipótese que equipara o pensamento ao alimento e vice-versa. Assim, também o recém-nascido pode vomitar o excesso de leite ou até a mamada inteira, com base na estruturação da relação com a mãe: é o diálogo mudo entre mãe e filho em que o alimento é expelido se assumir um valor persecutório. Equiparar pensamento e alimento será por um longo período, até à idade da latência (ao redor dos 8, 9 anos), um ato inconsciente e natural para a criança. Há de se dizer que também os adultos recobrem o alimento de um significado distinto daquele que realmente tem: assim, rejeitar o alimento é, muitas vezes, como rejeitar a própria mãe!

Podemos lançar mão aqui de minha hipótese do eclipse do corpo: quando a mente não é capaz de formular algo, por razões que seria inútil procurar e que se perdem na noite da própria mente, o corpo pode substituí-la nessa formulação. O vômito é o protesto contra uma tensão que excede a capacidade de tolerância do viver. O vômito é, hipoteticamente, o vomitar os aspectos tristes, a morte, a doença, aspectos intoleráveis para a mente que, portanto, são eliminados dessa forma.

A criança tem o corpo como recurso e, enquanto não conseguir abrir espaço com a mente, não pode fazer outra coisa senão falar com seu próprio corpo. Esta criança faz isso adotando uma linguagem comum, bastante clara e precisa. Seu mundo interno é organizado, porque sua mente é organizada. Por favor, continue.

Chegando nesse ponto, convido a criança a fazer um desenho.

Não duvido que sua decisão tenha sido tomada com base em um número infinito de sugestões e emoções. Todavia, eu acho que se o analisando – criança, adolescente, adulto, caso patológico, caso não patológico – está disponível ao diálogo, isso não deve ser apenas protegido, mas também alimentado e mantido, porque o interessado escolheu essa forma de comunicação, e não outra.

Uma criança de 7 anos poderia ter pedido qualquer coisa: um brinquedo, um carrinho, e com isso poderia ter se expressado e dizer as mesmas coisas. Mas a criança não apenas aceita o diálogo, como aceita o diálogo sincero, é direto nas coisas que diz. Entretanto, a tensão era tão forte que, em vez de correr o risco de perder a capacidade de acompanhar o analisando, o analista optou por uma pausa para recuperar o fôlego, propondo um desenho. É muito compreensível. Continuemos.

Desenha uma casa e depois sua família.

Vejam só, a criança põe no desenho aquilo que os adultos querem que ela coloque. Com o desenho, nunca chegaremos a ela, o desenho é estereotipado. Sua resposta é lapidária: "É isso o que vocês querem, aprendi: não vou mais mexer minha boca quando a professora olha para mim, assim não vou ser mais castigado porque falo".

Quando termina a sessão e sai da sala, cumprimenta como um pequeno adulto, se poderia dizer que que estruturou uma versão falsa de si. Não acredito que se possa falar em uma "versão falsa de si" nem mesmo quando vai embora cumprimentando como um adulto; a "versão falsa de si" está "no lugar de". Aqui não há uma "versão falsa de si", mas há a criança que tenta proteger a si mesma daquilo que considera um incompreensível assalto. Essa versão falsa de si está relacionada ao si cultural, ao si modal. Por exemplo, quando há uma moda em uma cultura, as estruturas psíquicas mais fracas adequam-se ou forçam-se a adaptar-se para adequar-se; a finalidade é obter consentimento, espaço social.

Na sessão seguinte começa dizendo: "Tenho uma boa notícia: não vomitei!".

Compreendeu que os outros estavam assustados com sua rejeição. A rejeição permanece, mas a criança trava sua manifestação: o vômito. Este dado, que alguém poderia considerar como um sinal positivo de confiança, de relação muito boa, na verdade me parece expressar a necessidade de acalentar o outro, o analista: "Eu não vomitei e, se não vomito, vocês não ficarão com medo". Temos que nos perguntar se o vômito ficou ou se sumiu. O vômito ficou dentro. Teve seis dias de tempo para elaborar o encontro e a primeira coisa que diz é "Tenho uma boa notícia para você, não vomitei". Então, ela sabe que é uma boa notícia para o adulto, que significa "Suspendi a situação conflitual, a situação de guerra".

Não é a criança a focalizar-se no sintoma vômito, mas o adulto. Se ouvirmos a criança, o importante é o sangue. Ela trouxe seu sintoma: "Senti muito ódio e muito medo". Dois princípios muito claros que a criança segue. O adulto trouxe o vômito como sintoma, segundo o qual a criança precisa de ajuda, mas a criança destacou *o sangue*, não o vômito. Portanto, esta é a razão da criança. Se o analista não tivesse tido a sensibilidade e o cuidado de não intervir e tivesse proposto o vômito, a criança teria experimentado constrangimento, porque daqui também teria recebido atenção ao vômito... está praticamente em todo lugar! Certamente, existe o perigo que tamanha quantidade de vômito ao redor acabe condicionando a criança, mas, se tivermos o cuidado de não prestar demasiada atenção ao vômito, ela nos dirá o que imagina de si, porque a criança sabe disso.

A preocupação dos pais em relação ao vômito não teria nenhuma influência se a criança encontrasse o espaço no qual operar livre e autonomamente em vez de encontrar todos os espaços fechados: o espaço dos pais e o da escola. Isso ocorre se entre pais e professores se criam cumplicidades, alianças críticas ou antagonismos. Aqui, temos um caso-limite para uma criança de 7 anos. Raramente vi uma criança com esta idade e com uma energia, uma incisividade, e clareza tão fortes. Se a criança for frágil, a superestrutura familiar pesa demais e pode sufocá-la. Se, diversamente, não for muito frágil, virá à tona, mas nós – teórica, técnica e clinicamente – temos sempre que supor que sua posição seja sustentável e que, colocada em condição de agir livremente, se apresentará justamente como a imagem que a criança tem de si mesma.

Acredito que tanto a criança quanto o adulto não possam fugir às suas características fundamentais, às suas personalidades. É evidente que a criança possui esta modalidade com a qual entra em contato com o adulto e, portanto, aplica-a de forma indiscriminada. É possível que, com o desdobrar-se do trabalho com a doutora, a criança possa também considerar que está diante de uma exceção, mas antes que possa acordar confiança à exceção, deve passar algum tempo. Sobretudo quando sabe que o risco é dela, quando sabe que são seus os dedos que estão no marco da porta, a criança avança com cuidado, porque já aconteceu: quando a criança chega ao nosso consultório, já aconteceu tudo com ela. E é por isso que somos procurados: a defesa, assim, já se desenvolveu e já se estruturou aquela modalidade com a qual a criança responde àquelas que acredita serem ameaças às quais o adulto a submete. Portanto, quando, passados seis dias, este menino vem e diz: "Não tenho mais o sintoma", na verdade está dizendo: "Você estava com medo disso, eu quero confortar você".

Vejam bem, tudo aquilo que posso propor na leitura do material clínico tem valor de hipóteses, a serem testadas durante o desdobramento do caso. Especialmente, deve ser verificada clinicamente a hipótese de que neste menino, cujas qualidades eu considero incomuns, já tenha se estruturado um comportamento defensivo que se manifesta por meio da adesão àquilo que pensa que o mundo adulto espera dele.

Este é também o valor que atribuo à proposição analítica: proposta que o interessado tem a faculdade de aceitar ou recusar, input a ser proposto aguardando seu efeito, que orientará rumo a novas proposições ou ao desdobramento da primeira. A proposição analítica torna-se o instrumento de busca do ponto de maior sofrimento e de mais elevada representatividade do sistema psíquico do analisando.

Podemos também repensar o conceito de defesa no sentido de um funcionamento psíquico dinâmico e processual que assume a função de busca de respostas funcionais, na tentativa de adaptar-se ao ambiente e às vivências da existência, e que nunca chega a ser um sistema defensivo totalmente fechado. Por isso, acredito que seja importante estarmos treinados à escuta e à observação do fenômeno psíquico, para poder rastrear algumas fendas do sistema de defesa, alguns sinais de abertura que possamos utilizar como pontos de entrada para tocar e aliviar a angústia.

Por sorte, nenhum de nós tem defesas de tipo absoluto, em sentido positivo ou negativo que seja, e, portanto, mais cedo ou mais tarde, algo irá se revelar: certamente uma negação é sempre osmótica, mesmo quando é aparentemente perfeita. Há sempre uma "passagem", por tênue e reduzida que seja, sempre há algo que vem à tona. Quando estamos diante de uma criança ou de um adolescente, é muito importante que consigamos evitar considerá-los "crianças" ou "adolescentes" e que os avaliemos por aquilo que podem nos dizer naquele momento, sem rotulá-los. Infelizmente, faz parte de nós a necessidade de rotular, positiva ou negativamente. Uma criança com 7 anos poderia escapar aos padrões previstos para uma criança de 7 anos. Em geral, quase todas as pessoas que nos procuram fogem, por excesso ou por defeito, daquilo que consideramos o modelo estereotipado que lhes corresponde. São necessárias, portanto, de nossa parte, certas flexibilidade e liberdade para escutar com um ouvido não perturbado pelo fato contingente. Nossa surpresa ou até mesmo nosso mal-estar podem ser determinados justamente pelo fato de que na nossa frente temos uma pessoa que sabe raciocinar, discriminar, observar, escrever ou narrar, enquanto nós não esperávamos que o fizesse.

Davi me conta: "Quando estava com 4 anos, fui internado por quatro ou cinco dias no hospital; quando estava com 6, mais uma vez, e sempre por crises de asma. Tem um cheiro que me incomoda. É o cheiro do centro cirúrgico, me dá dor de cabeça. Eu sou amigo das doenças, fico doente com frequência, tinhas estas crises de asma, agora até que desapareceram. Se não vomito pela manhã, vomito à noite. Num domingo, mamãe me acordou, estava cheio de sangue, em todo lugar... Eu confio no meu médico, mas não naquele outro que só quer me internar... Fiquei com medo depois que vovó foi ao hospital e depois morreu".

Paremos por aqui: é até demais. Aqui temos um menino que chega com seu currículo feito de asma, internações, vômito, sangue e morte: este é um currículo que ele construiu juntando fragmentos, por meio das narrações da avó, da mãe e do pai. Vejam com quanta indiferença ele lê os vários títulos de mérito que sua vida tem: "Quando estava com 4 anos fui internado... eu sou amigo das doenças". O que significa um menino que se diz amigo das doenças? Se o adulto não tem condições de protegê-lo e ele é continuamente exposto ao risco da doença, a melhor solução é abraçar o inimigo, senão entraria em conflito, em guerra, e correria o risco de perder. Assim, afirma: "Eu sou amigo das doenças". Não tem outra saída. Notaram no seu dizer a alternância entre "sim" e "não", a rejeição e a aceitação? Quando há uma aceitação, existe uma situação sem saída: "eu fico doente com frequência. Eu sou amigo das doenças". É uma aceitação convencida, seguida imediatamente pela rejeição do outro médico. O menino alterna para tentar manter o que pode de sua personalidade, no meio de tensões e situações muito pesadas. Esta é a maneira que experimentou para encontrar uma via de fuga por meio da qual manter um mínimo de controle sobre a situação, controle que, vez ou outra, perde porque, obviamente, está apavorado pela asma e por aquilo que a asma pode provocar. Supõe-se que a asma seja uma falta, mas não se sabe do que seja de fato. Ainda não há muitos conhecimentos a respeito. Deveríamos nos perguntar, a esta altura, se a falta é interna, externa ou interno-externa. Duvido que possa haver uma resposta unívoca. Acredito que seja possível encontrar uma resposta equívoca, que, por sua vez, gerará uma nova pergunta.

Isso ocorre em nosso setor, pois em outras disciplinas, como a medicina, é possível identificar aspectos mais específicos e, se algo faltar, a falta é corrigida, de modo que o organismo retoma sua configuração normal. Infelizmente, em nosso setor, o problema é muito mais complexo. Acredito que notaram que o que me fascina no caso desse menino é justamente sua estrutura pensante, isto é, como ele tenta, dramaticamente, cavalgar um tigre, que é justamente esse conjunto fortemente ameaçador de acontecimentos que não deixa muito espaço a aventuras oníricas. Davi não fantasia, não tem tempo para isso, porque a realidade já é, por si só, uma fantasia tão mutável, rica e ameaçadora. Mas o conto há de ter seu final feliz, porque senão a viagem, a experiência do herói, seria destruída, seria insignificante. Ganha significado do fato de que sua aventura conduz ao sucesso. O menino necessita disso; então, o viver é possível. Se todos os contos tivessem um final feliz, a criança não poderia se exercitar ao viver com um mínimo de possibilidade para a sobrevivência.

Esta é a função do conto. Se vocês olharem para esses dois encontros, não há um canto sequer onde esse menino possa ser um menino de 7 anos; não há um centímetro quadrado de espaço para permitir-lhe ser uma criança. Imaginem, então, até que ponto deve estar saturado, tentem imaginar que tipo de equilíbrio instável está vivenciando nesta aventura feita para um homem com grandes recursos, não para uma criança que ainda não tem os recursos de um adulto.

Davi diz: "Fiquei com medo depois que vovó foi ao hospital e depois morreu".

O menino afirma isso com grande simplicidade, porque faz uma conexão: "Eu sei que a morte existe", e realmente sabe disso. Não é como o saber das outras crianças: "Depois chegou o príncipe, deu-lhe um beijo... a princesa acordou e depois se casou...". Não, nosso menino relaciona o sangue ao fato de ter sido acordado; ou seja, a diferença entre morrer e dormir, e diz: "Eu sei, porque vovó foi internada e depois morreu". Não tem dúvidas sobre o fato de que a avó morreu, até porque não a vê mais, portanto é ausência, *ausência sem volta*. Mais ainda se considerarmos que a mãe acomoda os defuntos nas sepulturas.

O que quer dizer com "ausência sem volta"? Quer dizer perda.

Perda, sim. Mas eu a pensava do ponto de vista infantil, que é "ausência sem volta", porque para as crianças a ausência sempre tem uma volta. Há crianças angustiadas porque a mãe ou o pai vão embora.

Então lhes é dito: "Agora está indo embora, mas depois volta". Ao ir corresponde sempre um voltar. Se isso se interromper, o conceito de "vai e não volta" ganha toda a dramaticidade que tem, para nós, a palavra "morte".

Davi continua: "Vovó tinha ficado só. Estava na cama com um travesseiro para apoiar as costas. Eu brincava com ela. E tinha uma empregada doméstica, mas vovó não gostava muito dela".

Vejam como agora para e conta a história da avó. Talvez seja o único momento fabulador da criança: lembra-o como um tempo dourado, tempo áureo. Está se alimentando do que tem.

Lembro-me de ter visto, numa cidade da América do Sul, um ninho de andorinhas feito de clipes de várias medidas que as aves subtraíam dos escritórios nos prédios ao redor. Recolhiam os clipes e com eles construíram um autêntico ninho, com dentro os ovos e depois os filhotes. Se a andorinha pode formar um ninho com clipes de papel porque é o que tem à sua disposição, imaginem se uma criança não pode fazer de seu passado com a avó que agora está morta uma espécie de conto de fadas que ele reconduz ao tempo áureo, para dar-se um espaço onde acomodar sua mente e onde tentar encontrar alimento.[2]

"Vovó tinha um cãozinho, um cachorro salsicha: morreu, tinha parado de comer."

O analista deu-lhe permissão, abriu espaço para ele, e assim o menino se liberta da coisa mais angustiante e mais angustiada que tem. E trata-a também com temas poéticos. A descrição da avó é muito bonita; o menino tece observações refinadíssimas, é realmente muito dotado.

"Foi encontrado morto pelo papai e pela mamãe dentro de sua casinha. Lembro que eu brincava com uma bolinha com um guizo, só me restou isso."

2 Deste momento em diante, a doutora que apresenta o caso se limitará a referir as palavras de Davi, criando assim uma situação sugestiva em que parece que Ferrari está dialogando diretamente com a criança.

Este menino parece um velhinho que vive de lembranças e restos de lembranças.

"Queria rever o apartamento...". Para ver se recolhia algo do passado. Acredito – trata-se de uma interpretação pessoal – que queria recuperar algo de si, da idade de ouro. É uma tentativa para ver se consegue reconectar a si mesmo a algo que tenha sentido, vida. O apartamento existe e, se existir, é sempre esperança de vida, há sempre uma possibilidade de volta. Ele procura "amanhã" porque "ontem" e "hoje" parecem bastante comprometidos. Este é um garoto que procura amanhã.

Davi: "Gostaria de saber se vovó morreu por culpa da gente, porque a deixamos sozinha, ou se morreu de alguma doença. Nos últimos dias, me parecia um pouco triste, pode ter sido a solidão". Respondo: "Essas coisas são muito dolorosas!".

Talvez, seja o caso de dizer algo mais do que "dolorosas", isto é, dar-lhe o sentido da força e da capacidade que demonstra ter, falar-lhe positivamente daquilo que está fazendo, seria o caso de felicitar-se com ele dizendo: "Você tem uma grande força, você está tratando esses assuntos com coragem". A proposição analítica, neste caso, deve ser positiva para sustentá-lo, porque aqui não há crítica, não há ódio, o menino não consegue participar de tudo isso. Pode somente dizer "foi assim", e formular a si mesmo perguntas em que coloca em discussão até ele próprio: "Será que foi culpa da gente?". Chega à conclusão de que a solidão pode ter matado a avó. Ele chama o isolamento de solidão. Mas se consegue entender que o isolamento pode matar, é porque deve ter feito alguma pequena experiência disso. A esta altura, para nós, não é mais possível confirmar o que afirmamos no começo acerca de sua necessidade de afastamento, de indiferença, separação. O fato é que o desafio ia além de suas capacidades de conter tudo aquilo que estava vivenciando. Podemos então afirmar que Davi deve a Davi o fato de ainda ter uma mente, porque conseguiu fazer uma operação que o incluiu sem envolvê-lo até destruí-lo? São perguntas que não podemos evitar, porque, se nos são úteis nesse caso, podem ser úteis também para outros analisandos. A possibilidade maior que cada um de nós tem é a de ser capaz de medir suas próprias forças: muitas vezes, perder significa vencer.

Se conhecermos a medida das nossas capacidades de contenção, podemos sem receio operar no meio dos outros, e diria que este jovem analisando tem essa capacidade. Neste caso, adotaria a técnica utilizada com os psicóticos, isto é, fortalecer os aspectos positivos de sua personalidade, declaradamente, sem estratagemas. Parece-me que isso é possível, observado seu tom modesto e a riqueza e a sensibilidade peculiares que ele coloca em suas palavras.

Quando Davi diz: "Eu sou amigo das minhas doenças", significa que ele não encontra dentro dele um conceito positivo de si? E que, portanto, isso torna necessário que, de fora, lhe cheguem recursos que não estão presentes dentro dele e que devem, por isso, chegar de fora?

Na verdade, eu acho que ele já tem esses recursos internos. Vamos dividir o tema. Ele é vítima de algo de que não conhece a razão: as crises de asma que chegam quando querem e trazem reviravoltas descomunais. Com certeza, ele está apavorado e procura confirmações fora, mas só encontra confirmações de morte. Diversamente, todos os ganchos com aspectos de experiência e de realidade podem conduzi-lo ao sentido de uma vida que continua: que existe e que pode continuar.

Davi diz que perguntou à mãe: "Quando vamos fazer o enterro da vovó?". Quando ouve que já tinha ocorrido, chora, dizendo que não sabia, que ninguém o havia informado. E até mesmo quando a mãe lhe lembra que não apenas havia sido informado, mas que lhe foi proposto escolher, se ir à escola ou ao enterro, e ele preferiu a escola, Davi continua chorando. Em outro momento, pelo contrário, a mãe afirma que tinha sido ela a preferir que Davi fosse à escola e não assistisse ao enterro.

Mesmo que a escolha de não participar do enterro tivesse sido do menino, no momento que reabre a questão da morte, a mãe deveria assumir para si o problema, deveria dar-lhe ajuda: porque é evidente que a criança negou para proteger-se da morte. Se uma criança chora, a mãe deveria encarregar-se do problema. Eventualmente, depois liga para a doutora pedindo conselho sobre como se comportar. Neste caso, pelo contrário, temos a mãe, temos a criança e temos um dado de realidade que poderia ser falso e que é jogado nos ombros da criança: "Foi você que não quis participar do enterro". O enterro ocorreu e não vai ter outra chance: outra morte! Claramente, a criança não consegue enterrar a avó, porque não consegue elaborar o luto. Depara-se com uma mãe que não apenas lhe cria uma barreira, mas lhe atribui a responsabilidade da decisão.

O funeral coincide com o início da elaboração do luto. Essa é a finalidade desse ritual. Em algumas regiões da Europa, depois do enterro oferece-se um banquete. Trata-se, obviamente, de rituais com a finalidade de favorecer a operação do luto. Este menino tenta desesperadamente agarrar novamente a vida. Em sua fantasia, a cerimônia fúnebre é justamente a possibilidade de transformar a morte numa festa, o que permite sua aceitação, por ser outra dimensão. Decerto, o menino não tem essa consciência, mas sua insistência tem justamente esse significado. Os acontecimentos levaram Davi a ter que assumir tais atitudes, atitudes próprias de um adulto, e consequentemente a escolher respostas tão extremamente refinadas.

Disse-me: "Nunca falei a ninguém desses pensamentos".

Para nós, que isso seja verdadeiro ou falso não tem importância. O que nos interessa é a forma, não os conteúdos. Estamos diante de um excelente vocabulário, de uma grande capacidade de síntese, de observação e de introspecção. O menino fala de si e não se limita a registrar fatos externos. É um menino que teve pouco tempo para brincar, porque sofre de asma. A brincadeira é expressão física, como é o correr, jogar bola. Ele não consegue ficar vermelho como um tomate, precisa ficar de lado, retirar-se, desistir. Isso o impulsiona rumo à autorreflexão. Desse modo, alcançou certo equilíbrio, por meio de uma técnica que, geralmente, é própria dos adultos, uma técnica não psicótica, aproximando-se da situação conflitual numa forma que reclame o preço mínimo. A manifestação somática é indicação dessa dramaticidade: pensem na angústia que o sangue e seu derramamento comportam, o medo de perder a vida! Porém, consegue mediar até sobre coisas imbuídas de sofrimento. É uma criança que possui essa capacidade. Acredito que seja uma capacidade com caráter simplesmente defensivo, que faz parte de sua estrutura de personalidade. Entretanto, o que me preocupa nesse caso é que o ódio não aparece com clareza. O que ele fez do ódio? Nas coisas que diz, não tem rastros de ódio, que seria natural, benéfico e funcional num menino.

Até quando o aspecto "não psicótico" consegue conter aquele psicótico, todos nós parecemos pessoas sensatas, mas a psicose está dentro de nós, não é algo que vem de outro planeta. Cada um traz consigo sua loucura. Nosso equilíbrio psíquico é instável, tanto é que há desafios internos e externos que conseguimos conter e outros que não conseguimos. Porque todos nós enlouquecemos várias vezes ao dia: é muito rápido, logo em seguida começamos a nos conter, são momentos que passam como se fossem estrelas cadentes, que iluminam por um instante nosso mundo mental e depois apagam, isto é, são absorvidos. Mas nós perdemos a cabeça vinte, trinta vezes ao dia.

Temos que aprender a conviver com tudo isso, nós, especialmente, que fazemos esse trabalho. Não podemos exigir isso do homem comum que passa pela calçada, mas temos que o exigir de nós mesmos, que utilizamos esse nosso aparato psíquico para nos aproximar da loucura, para tentar entendê-la e, assim, ajudar aos outros. Temos que saber que nós mesmos, diariamente, perdemos nossa mente várias vezes.

Sandro, 7 anos

O pedido de atender Sandro, 7 anos, chega com um telefonema ao Serviço, feito por uma mulher que indica transtornos na aprendizagem e inquietação diante de uma turma excessivamente barulhenta.

Não considerem nada óbvio. Quem é esta mulher?

Não é uma observação banal, porque rotular algo como óbvio – neste caso, por exemplo, que uma voz feminina pertença à mãe da criança – significa já ter uma imagem, isto é, ter na mente uma imagem já clara de uma situação que não se conhece ainda. Todos nós temos que possuir a capacidade de sermos curiosos diante dos problemas, sem preconceitos. Não devemos permitir distrações geradas por nós mesmos. Se não foi a mãe quem ligou, temos uma informação importantíssima: não é a mãe que se ocupa e que se preocupa com os aspectos psicológicos deste menino. Podemos inclusive pensar, por exemplo, que essa mãe tenha enormes problemas que dizem respeito não apenas à esfera da maternidade, mas também à esfera pessoal. É extraordinário pensar como uma pergunta, formulada ou não formulada, pode inaugurar diversos cenários e oferecer informações significativas.

Agora sei que a mãe morreu, mas eu não tive coragem de perguntar aos adultos que o acompanhavam no consultório para o primeiro encontro: "Os senhores são os pais?"

Não tinha pensado nessa hipótese dramática. Teria sido melhor se fosse aquilo que tinha dito antes, isso é ainda mais pesado.

É curioso que o especialista, em determinado momento, de forma inconsciente, evite enfrentar um problema, como se houvesse outro tipo de comunicação que não aquela barulhenta feita pela voz, pelos sons, mas a rêverie. Bion dá-lhe essa denominação porque é uma comunicação que vai além do significado e do significante, é uma intuição de um clima psíquico interno ao sujeito, que pode ser comunicado e captado pelo outro.

Nós sabemos que, durante os longos meses da gestação, os sonhos da criança são captados pela mãe e os sonhos da mãe pela criança. Há uma interação noturna em nível inconsciente muito intensa. A partir dessa percepção, Bion afirma que essa comunicação é útil para o nosso trabalho. Isso explicaria as dificuldades da terapeuta ao formular a pergunta: "Os senhores são os pais?". Evidentemente, captara algo em nível inconsciente.

*Depois da apresentação inicial, o menino começa a desenhar. Enche a folha inteira, rapidamente, sem deixar espaços vazios. Começa pela casa no meio, depois o castelo, depois outra casa, e as ruas, o rio, e uma ponte que as atravessa, o cemitério, um barril do qual vaza leite que cai no rio ao lado.*Há uma paisagem realística, típica da paisagem italiana. Eu diria que há muita ansiedade, muita angústia que transborda de cada linha desta paisagem poética. Perguntou algo a respeito do leite?

Não consegui dizer, perguntar nada. O cemitério e o leite me paralisaram.

Curioso, isso acontece com todos os jovens terapeutas! Não é preciso falar nada, apenas perguntar: o que é este leite? E o cemitério? Quem quer falar é o menino, porque é ele que representa essa paisagem. Eu, pessoalmente, uso esta técnica, faço perguntas ao interessado e ele responderá com outras perguntas. Nosso diálogo é fundado nas perguntas, se um de nós dois desse respostas, pois, seria a lápide sob a qual encerrar a sessão.

Quem me conhece sabe perfeitamente que eu estou centrado na Relação Analítica, uma relação que não tem nada a ver com uma relação histórica. A Relação Analítica, de fato, necessita de duas características peculiares: de duas pessoas, não importando se criança ou adulto. De um espaço; de tempo; e é autointerpretante, isto é, não precisa de mais nada porque é nela que ocorrem as trocas experienciais. Nasce assim a Relação Analítica, nasce algo novo, que é a modalidade com a qual duas pessoas falam entre elas de problemas que, em outros contextos, não seriam compreensíveis.

Imaginem espiar na porta de uma sala de consulta, durante uma sessão, e descobrirão que aquilo que as duas pessoas se dizem é totalmente incompreensível. O que acontece só tem sentido no âmbito da relação que se desdobra entre eles. O fenômeno psíquico nunca é visível porque, no momento que acontece, é possível, na melhor das hipóteses, somente contá-lo.

Em astronomia dizem, por exemplo, que chegou a luz de uma estrela partida há quatro milhões de anos, e é possível que, quando aquela luz chega até nós, a estrela já não exista mais. Embora com prazos claramente distintos, o fenômeno psíquico tem essas mesmas qualidades: não há respostas para as perguntas que nascem dentro da relação, temos que, continuamente, procurar as condições do viver do homem, assim como Sandro as representou graficamente. Crianças, chamamo-las crianças, mas na verdade são gênios! Adultos, se tornarão um tanto "estúpidos". Nesse caso, vivemos toda a dramaticidade, até pouco comum num menino tão pequeno. É preciso não responder, mas assumir que o analista possa ser utilizado para obter esclarecimentos que, sucessivamente, permitirão ao analisando conduzir o analista a ulteriores possíveis perguntas.

Às palavras "eu sou o Sandro que tem esta experiência", o analista não pode, naquele momento, ter uma experiência com a qual possa responder àquela do Sandro, porque não compreende o seu significado. Porém, tem o poder, aliás, diria a obrigação de perguntar, por exemplo, ao Sandro algo mais preciso, pedir para que seja mais claro, expandir sua narração. A expansão quer dizer, por exemplo – se considerarmos seu desenho –, pedir ao menino, partindo do castelo, que fale do cemitério, do barril que derrama leite e, enquanto ele conta, eu, metaforicamente, o abraço, digo-lhe de ocupar o meu lugar. Se percebermos que o nível de angústia é demasiadamente alto, temos primeiro que socorrer o menino.

Dispomos de várias modalidades de leitura do desenho; podemos considerar o elaborado uma criação genial e, portanto, uma resposta do mundo interno do menino; ou poderia ser lido como uma poderosa e violenta incapacidade de continência que se manifesta por meio da morte, e assim se explicaria o derramamento de leite. Deixando de lado as fantasias kleinianas, aqui há a perda da vida, para a criança. O leite poderia ser sumariamente visto como a vida que flui e que se perde porque aquele leite cai no rio. Não quero me delongar, porque a mim, vejam bem, não interessa a literatura, eu gosto é da clínica.

Esta forma de trabalhar baseia-se num conceito de intervenção sobre a relação analítica que é novo, é a primeira vez, o senhor é a primeira pessoa que nos propõe trabalhar de forma que o analista ajude a criança a se conhecer.

Esta é minha maneira de trabalhar. E vou dizer mais: se a doutora tivesse falado antes com os adultos acompanhantes, teriam seguramente perturbado a relação com o menino.[3] Paradoxalmente, em nível teórico, justamente na psicanálise britânica, temos duas configurações bastante diferentes. Por um lado, Rosenfeld, pertencente ao movimento kleiniano, que, antes de ler o caso que lhe é apresentado, convida o analista em supervisão a narrar tudo nos pormenores, e quando digo tudo, é mesmo tudo! Pai, mãe, irmãos, irmãs, tios, avós. Antes de conhecer a criança, era necessário realizar quatro ou cinco encontros com os adultos com os quais a criança se relacionava, coletando uma anamnese detalhadíssima do caso.

No mesmo grupo de trabalho, outro psicanalista, Bion, tinha um hábito totalmente oposto. Não estava interessado nem no sexo do paciente. Dizia simplesmente: "Leia!". Tenho disso uma lembrança muito forte.

---

3 Aqui Ferrari expõe seu método de trabalho ao acolher inicialmente uma família. O texto não foi transcrito, e sugerimos a leitura do começo do capítulo para uma perfeita compreensão.

A escola de Rosenfeld considerava que quanto mais ampla fosse a anamnese, mais nós teríamos em mãos a realidade e a verdade. Segundo a escola de Bion, quanto menos sabemos, mais liberdade temos de observar. Vocês podem escolher, podem misturar, partindo do nada rumo ao tudo, do tudo rumo ao nada. Cada um de vocês deve encontrar sua própria colocação pessoal e isso depende da maneira de ser, da estrutura psíquica de cada um.

Vocês acham que no final de uma relação analítica o analista saiba algo de seu analisando? Sim, algo saberá, mas haverá também um mar de coisas que não conhece e que nunca saberá, até porque, muito provavelmente, nem o próprio analisando as sabe e as conhece daquela forma. Poderá conhecê-las depois de ter tido outros tipos de experiência. O sistema é dinâmico, portanto, a cada instante escapa entre nossos dedos, é inútil agarrar-se às informações para saber.

Não posso fazer, nesta altura, outra coisa a não ser lembrar meu sábio mestre, Bion, que dizia: "Nem o sexo quero saber, porque se haverá um sexo vamos descobri-lo juntos, lendo o prontuário". A escola de Rosenfeld nos convida, diversamente, a coletar muitas informações, e isso condiciona o analista durante os encontros com a criança.

Se eu não souber nada da criança, quando a encontrar e ela me entregar um desenho, espontaneamente perguntarei: "O que é este barril que derrama leite?", "O que é este cemitério?" e "Por que colocou numa imagem toda a sua vida?".

O fenômeno psíquico nunca é visível, é útil ouvir o que o analisando nos diz. Esse desenho é muito estimulante, e eu também me sinto um tanto arrebatado pela quantidade de mensagens que fornece. Observando o desenho, ninguém de nós duvida que Sandro seja capaz de ficar sozinho, de comunicar, e que talvez gostaria de alguém que lhe dê ouvidos. Por que nós, terapeutas, não deveríamos ser capazes de estar sozinhos diante dele?

Terminado o desenho, diante de meu silêncio, pede-me para brincar.

Muito bonito! Vejam como o analisando ajuda o analista!

Esse fenômeno é muito comum, quer no trabalho com crianças e adolescentes, quer com adultos. Com os psicóticos é comum que sejam eles a pegar a mão do analista e levá-lo aonde precisam que o analista vá. Sandro declarou-se, deixou suas pegadas psíquicas com muita velocidade e clareza. Este é um indicador diagnóstico do quanto é nítida dentro dele a imagem, a representação psíquica dessa paisagem. O silêncio que segue, em nível inconsciente, Sandro bem o conhece, tem seguramente uma ideia do peso, da gravidade do conflito, da complexidade de sua vida. Propõe uma brincadeira, nesse momento, para quebrar o peso do silêncio.

Pega a caixa dos brinquedos e escolhe os animais, coloca-os no curral com um menino, depois diz: "Vou tirar o menino, porque as feras selvagens vão devorá-lo". Logo depois, me pergunta se o consultório era frequentado por muitas crianças. Pede-me também para ir ao banheiro, eu o acompanho e me pede para ficar ali (do lado de fora da porta). Depois sai com as calças desabotoadas. Ajudo-o a arrumar-se.

No meu estilo de trabalho, não é contemplado o uso de caixas de brinquedos. Prefiro construir junto com a criança a caixa para brincar, a depender daquilo que a criança prefere ou demonstra necessitar. Essa maneira de trabalhar não economiza a dor, mas acredito que o sofrimento de Sandro não apareça com a caixa cheia, não é sobre o sofrimento que a caixa tenha um peso maior ou menor. Se considerarem útil nos servir da caixa, menos coisas vocês colocarão na caixa, menos coisas a criança terá que dizer.

Como podem ver, Sandro pega a caixa, constrói o curral, retira o menino para protegê-lo das feras, mas tem interesse em formular perguntas, quer saber quem frequenta esse lugar. Está dizendo: "Eu lhe fiz um desenho e você não me pergunta nada?". Ele tenta aproximar-se de um conhecimento específico, procura saber o que está fazendo aí, não sabe nada disso porque está tentando organizar sua agonia. Ele foi levado aí. Não sabe o porquê, talvez não conheça a razão. Quem é a doutora, qual é a função dela?

Organizou tudo, estruturou a angústia, deu um nome a tudo, até mesmo à morte, à vida, ao leite, mas não a este encontro extraordinário. Dar um nome, para ele, tem a função de esvaziá-lo de todas as ameaças daquilo que é desconhecido, porque o que dá medo ao menino é a não resposta. Esta é a razão pela qual inventa interessantíssimas teorias, inclusive com um fundo filosófico. Ele precisa ordenar o que vê, precisa dar a si mesmo umas respostas. A resposta lhe permite, por um passe de mágica, dominar o fenômeno. Sandro é uma criança, não é um adolescente, senão teria perdido essa característica. A forma mental do adolescente permite confrontar-se diretamente com a realidade e não com um mundo mágico.

Percebo uma nítida discrepância entre o desenho e o comportamento. Isso me remente às relações com o mundo dos adultos. O mundo do desenho diz respeito à organização de seu mundo interno, da relação que mantém consigo mesmo. Ele, nas relações com o mundo, está desprovido, desarmado, é profundamente carente. Não se pode explicar o pedido de permanecer perto do banheiro, mesmo ele sendo capaz de fechar a porta com chave e fazer tudo sozinho, e depois se apresenta com as calças arriadas, submetendo a analista a uma prova de seus comportamentos manifestos. Na sua capacidade de organizar-se na relação com o outro é extremamente pobre. Há um evidente desequilíbrio entre as relações dentro de si e aquelas com o mundo exterior. As causas poderiam ser internas ou externas, agora é preciso observá-lo a 360 graus.

A relação com o outro perturba Sandro. Lembramos que, na escola, era incomodado pela confusão que reinava em sua turma. Isso nos faz pensar que se trata de uma criança introspectiva, que tenda a fechar-se em si mesma, com medo de se abrir, talvez porque isso conduziria a uma enorme confusão. Sabemos, ainda, que é órfão de mãe. Quando formulamos uma proposição analítica, aquilo que, vulgarmente, denomina-se interpretação analítica, é necessário que possamos nos escorar em algo, que haja uma hipótese, mesmo muito fraca, mas que nos permita falar. Esta não deve cair sobre a urgência, mas sobre a área em que, presumivelmente, o fenômeno psíquico aconteceu. Não é necessário atingir com precisão, é suficiente se aproximar da área das necessidades psíquicas. Não se preocupem demais se sua proposição não é excelente, o analisando vai cuidar de modificá-la, ajustá-la, reformulá-la segundo aquilo que ele perceber mais verdadeiro, porque a proposição tem como objetivo mobilizar, dentro do analisando, as áreas silentes.

Nossas hipóteses permitem disparar o alarme sobre essas áreas, para que o analisando as reacomode, construindo aquilo que eu chamo de Relação Analítica. A Relação Analítica é o resultado desse trabalho. O analisando escolherá aquilo que, desse trabalho, necessita, que lhe importa, e deixará de lado o que não lhe despertar interesse. O mesmo fará o analista.

Nós também, junto com Sandro, aprendemos e crescemos, aliás, neste momento é ele, e só ele, que ensina algo a nós. Em outros momentos, ele também receberá de nós alguma coisa, como a capacidade de compreendê-lo, e isso vai lhe permitir continuar seu caminho psíquico. Convido com ênfase a não censurar ou desprezar nossa máquina pensante, mas, muito pelo contrário, a termos humildade e muita paciência para aprender a escutar. Graças à escuta saberemos construir e formular proposições analíticas. Portanto, nunca – e repito, nunca – temos que parar de perguntar ao interessado o que acha, qual hipótese construiu dentro de si. A humildade requer que perguntas sejam feitas, porque o analisando chega no consultório com um sistema próprio, com hipóteses próprias acerca da visão do mundo.

Durante a segunda sessão, desenha e conta o que o desenho representa. São personagens de sua família, a mãe no céu, o pai, as tias, a irmã, o gato...

Não é fácil proceder com esse menino. Eu teria começado pelo gato, para aliviar a situação, e depois chegar à linha do front, já que não tem a mãe e a senhora, doutora, não sabe o que fazer, como introjetar esse dado tão doloroso. Este é o ponto mais fraco da relação de vocês. Pessoalmente, teria investigado, sempre com o uso das perguntas sobre sua história, para procurar aspectos emocionais, para conhecer sua situação. Neste segundo desenho, me chama a atenção a ideia de que não esteja inscrita a configuração edípica. A irmã é posta de lado, pai e filho se abraçam, a mãe está no céu ou para mantê-la viva, ou por outras suas teorias que nós desconhecemos. Somente perguntando sobre a mãe conseguiremos entender suas teorias. Sandro a desenhou, portanto, para ele, é importante, não a desenhou por acaso. A mãe está no céu e não tem contato com ele, talvez possamos pensar que o menino tenha relações mágicas com a mãe.

Formule sob forma histórica algumas hipóteses, será a criança que vai dar a direção correta. Por exemplo, poderia dizer: "Sua mãe tem nome bonito...", algo assim, simples. Com as crianças é muito útil evitar as pausas ou os silêncios prolongados, porque percebem isso como um vazio persecutório.

As pessoas do Oriente, por exemplo, nunca retiram a mão do corpo quando praticam Shiatsu. Perguntei a uma delas o porquê desse hábito, e o mestre, maravilhado pelo fato de eu ter formulado tal pergunta, tão banal, disse-me que servia para não perder a comunicação. A senhora, doutora, deve colocar sua mão na mente de Sandro, e deixar que Sandro tenha a mão dele na sua. Nada mais se pede a um terapeuta. A criança atribui a felicidade ao gato,[4] porque deslocou os

4 Na gravação faltam algumas partes. Evidentemente, a criança foi submetida ao teste da família de Louis Corman, segundo o qual se pede de desenhar uma família e, sucessivamente, responder a perguntas do tipo: "Quem é o mais feliz? Por quê?", "Quem é o mais gentil? Por quê?", "Quem é o mais malvado? Por quê?". As respostas se deduzem dos comentários de Ferrari.

afetos. É muito maduro, tem o sentido da vida porque tem o sentido da morte. Ele organizou a todos, o mais feliz, o menos feliz, com uma explicação, mas é claro que não corresponde à realidade. Na conversa sucessiva, emerge um dado importante, isto é, o gato se torna o mais gentil e ele é muito amigo dele.

Para treinar suas mentes e seus ouvidos ao trabalho clínico, devem ler e reler este protocolo em vários momentos e, todas as vezes que o fizerem, esforcem-se para esquecer que tipo de configuração tinham na primeira leitura e, em seguida, na segunda, para permitir a vocês mesmos contemplar múltiplas configurações. Um caso é suficiente como treino para todos os demais. Se nós relêssemos tantas vezes quantas escrevemos, talvez pudéssemos colher qual é o ponto de urgência, isto é, a angústia. Agora, deve-se intervir clinicamente somente sobre aquilo, porque se a angústia passar, então a criança, com o auxílio do analista, pode se permitir encontrar aspectos dentro de si sobre os quais construir um novo ajuste psíquico. O momento de urgência era a passagem que ocorreu entre analista e analisando, "de feliz a gentil", e era aqui que devíamos nos deter. Este é o ponto de angústia. A criança recua porque suas problemáticas são demasiadamente intensas, típicas do mundo adulto, e não consegue contê-las. A tarefa do analista é dar a possibilidade ao analisando de perceber a razão pela qual deve identificar-se com o gato e não possa se identificar consigo mesmo.

9. A pré-adolescência[1]

Primeira parte

O pré-adolescente é o mais adolescente dos adolescentes, porque é aquele que, pela primeira vez, debruça-se para o momento da passagem da infância à adolescência, para o momento ontogenético. Sucessivamente, adquire, em nível imitativo, os defeitos dos adultos e perde algo de sua inicial dinamicidade. De fato, trabalhar com o pré-adolescente é mais dinâmico e muito mais ilustrativo de como não trabalhar com o adolescente propriamente dito. Pensem nos arquitetos: vão numa casa e fazem banheiros para crianças pequenas... depois de poucos anos, são banheiros que não servem a ninguém! O analista que não está bem preparado trata o adolescente como se fosse uma criança.

Em uma experiência clínica da qual participava como supervisor, o analista preocupava-se com o fato de que seu paciente fosse aos encontros sozinho! Pior do que a mãe! O analista estava receoso porque o garoto jogava futebol com certa violência... Pior do que a mãe! O problema não era o garoto, mas o analista, completamente cego. Começara o tratamento quando o analisando estava com 8 anos e não

1 Estes seminários aconteceram em 1994.

percebera que tinha crescido. Inconscientemente, mantinha-o infantil, não enxergava os aspectos precoces da sexualidade e outras coisas. O garoto provocava-o, para ter informações.

Eis a razão pela qual eu trato com "o senhor" ou "a senhora" também o pré-adolescente! Desde o começo, concebo um tipo de relacionamento destinado fatalmente a crescer. O processo analítico deve ser visto numa perspectiva dinâmica, é inserido no tempo: o tempo do analisando, o tempo da Relação Analítica. Acontece que o analista que trabalha com pré-adolescentes (e também com adolescentes) deve estar, por isso, particularmente atento ao movimento contínuo e ativo de uma realidade *in fieri* num contexto temporal extremamente concentrado. O crescer nos faz vivenciar uma dupla situação dramática: por um lado, não há mais a força inventiva da criança (aquela força criativa que responde mediante suas hipóteses pessoais a todas as perguntas sobre o mundo, estabelecendo refinadas teorias filosóficas); perdemos essa força porque o impacto com a realidade nos empobrece (ou talvez nos enriqueça). Por outro lado – como já dissemos – o conhecer coincide, progressivamente, com o fazer. Essas duas características, a *perda de força inventiva* e o *conhecer mediante o fazer*, devem sempre ser levadas em conta. Apresentem-me um caso.

Gostaria de falar de uma garota de 11 anos que, desde a primeira menstruação, entristeceu, ensimesmou-se, deixou de sair de casa, até mesmo para ir à escola. Permanece apática e inerte, abandonada no sofá, silenciosa e chupando o dedo. Repete esta modalidade todas as vezes que o ciclo menstrual se apresenta, por uma semana.

Certamente, esta garotinha já sabia tudo sobre a chegada do ciclo menstrual porque, como sabemos, vive num contexto social em que há outras garotas mais velhas; mas não sabemos que, nessa idade, o *conhecer* entendido como *saber* não tem nenhuma função, porque é algo que não envolve pessoalmente e necessita de uma *experiência* para se tornar efetivamente *conhecimento*. Assim, essa garota sabia que as mulheres têm a menarca, as *outras* mulheres, e podemos imaginar que receasse este evento que a teria projetado numa outra dimensão. É o que acontece com todos nós com a *morte*, que pensamos pertencer somente aos outros e não a nós, sobretudo quando somos jovens! Esta *defesa* é uma proteção que ajuda a seguir em frente até que nos tornemos capazes de enfrentar a morte, englobando-a na vida, porque somente acolhendo a morte em nossa vida nos tornamos capazes de dar significado à existência.

Assim, temos essa jovem que, biologicamente, se tornou adulta, pronta para a maternidade, mas onde está a mente dessa pessoa biologicamente adulta? A fisicidade tem uma maneira própria de se expressar e a psiquicidade, outra. A fisicidade é inexorável, mas a psiquicidade pode operar sobre a fisicidade, pode impedir uma criança de crescer, mesmo tendo tido a menarca, assim como uma mulher pode entrar em amenorreia quando a psiquicidade intervir abruptamente no ciclo biológico. Qual é o desenvolvimento da mente? Não sabemos. Certamente, sua curva tende ao infinito, não tem limites, sobretudo se ignorar o corpo ou conseguir relegá-lo à sombra: uma sombra patológica, não aquela natural de um normal desdobramento da relação entre corpo e mente. Neste caso, a relação entre corpo e mente é dramática, porque a fisicidade não é compreendida pela mente.

A garota não consegue separar-se da mãe, que, durante os primeiros encontros, presencia as sessões.

Diria que, nesses casos, que são bastante comuns, tecnicamente a situação deve ser tolerada. O trabalho verdadeiro será realizado, na verdade, quando a mãe aguardar fora da sala e a garota entrar sozinha. Porém, é importante levar em conta o comportamento da garota na presença da mãe e, sucessivamente, quando do primeiro encontro sem a mãe; isso para colher qual incidência revela a presença materna. E ainda: a mãe vai conseguir separar-se?

Quando entra sozinha na sala, no começo tende a assumir uma atitude silenciosa, não responde às perguntas, fala muito pouco e, por vezes, é claramente hostil. Amiúde, responde às perguntas por monossílabos, sorri de forma artificiosa e um pouco ausente, apresenta-se pouco curiosa e ativa, até quando começa a desenhar um modelo recorrente: bandeiras dos heróis dos quadrinhos. Desenha também duas bandeiras de times de futebol: aqueles prediletos pelos pais. Diz gostar muito de futebol e torcer pelo mesmo time do pai, com o qual vai frequentemente assistir aos treinos: gostaria de praticar futebol, mas o pai não quer.

Aqui podemos começar a esboçar uma hipótese sobre o porquê do medo da menarca: depois de ter embalado a fantasia de ser um garoto, agora é definitivamente mulher. Mas permanece a impressão de que tudo seja um tanto estereotipado. Temos talvez percepção de áreas de angústia, de situações não dizíveis e paralisadoras?

No começo, teve uma crise de choro e queria ir embora, mas a mãe foi muito rígida com ela. Isso repetiu-se algumas vezes. Começa a chorar, grita, diz que não aguenta mais ficar na sala de terapia, quer marcar outro horário, chama a mãe, sai da sala e quando retorna apoia-se na mesa, começa a chupar o dedo e chora silenciosamente. Diz que não aguenta mais e olha continuamente para o relógio.

Essa explosão de choro e de incapacidade de permanecer aí, esse "não aguento mais" poderiam representar o único momento em que expressa a si mesma. No choro dela há medo, desejo... senão acabaria sufocada pelo estereótipo!

Diz: "Eu agora não faço nada, só fico aguardando que a sessão acabe". E emudece obstinadamente, ficando sentada, apoiada à mesa. Depois pede uma folha e desenha o retrato dela, quando termina cai no choro e diz que quer ir embora, quer ir junto da mãe. Vai até a porta e sai para se juntar à mãe, que a manda de volta para a sala. Senta-se, apoia-se na mesa, enfia o dedo na boca e olha fixo para o relógio.

Desenhou uma figura e, sem dúvida, é uma criança. Podemos supor que pôde, por meio deste retrato, separar-se de si e estabelecer um mínimo de espaço entre o seu ser e a imagem que conseguiu criar. Portanto, pode-se – em sentido psicológico – supor que justamente esta figura lhe tenha dado a medida de sua fragilidade e que deve recorrer à mãe para reconquistar a imagem de si menos desoladora, sozinha, fraca e criança. Porém, como sempre acontece, a angústia prevalece e, portanto, a situação, em vez de conduzi-la à percepção, leva-a ao restabelecimento do processo de interconexão com a mãe, pela qual parece sentir-se tanto amada quanto rejeitada, em uma dinâmica um tanto perversa mãe/filha que impede o analista de poder trabalhar em profundo com a adolescente. De fato, a mãe é sempre a sombra que paira sobre a sessão: é o elemento esperado. Essa garota tem o sentido do tempo, o que é algo muito positivo, pois nos permite afastar qualquer forma de psicose. O sentido do tempo não é usado de forma construtiva, porém; mas a garota tem consciência dele e usa a referência temporal de forma correta. O contato com a mãe serve a preencher a angústia de poder destruir a mãe.

O problema de base é a identidade, que, aqui, tem duas faces: se sou mulher, então meu pai é o meu homem, mas se conseguir ser como meu pai, então está solucionado tanto o meu problema com minha mãe quanto aquele com meu pai. A simbiose com a mãe – por outro lado – coloca o analista como coisa externa, marginal ao processo interativo mãe/filha. A reação da mãe parece ser aquela de ver, no fato de a garota retornar para a sala de terapia, um remédio mágico e resolutivo porque percebe o peso da filha que precisa dela e não sabe como lidar com isso. Ao mesmo tempo, entretanto, seria possível dizer que continua alimentando a relação simbiótica com a filha, tornando-a consciente das problemáticas e permitindo-lhe formar uma aliança distinta daquela que tem com a filha. Isso poderia facilitar na menina a possibilidade de sair do círculo vicioso e inaugurar a experiência de ser uma garota, uma jovem mulher.

Trabalhar com os pré-adolescentes (e com os adolescentes) nos introduz o problema delicado do pudor. Acredito que o pudor nasça neste período da vida, quando o indivíduo se torna um incômodo para si mesmo, sente que não tem o que mostrar ao adulto, não tem mais aquela coragem descarada, criativa, artística e, portanto, sedutora da criança. Nesse período reina o desajeito, porque o indivíduo não se conhece, não sabe quem é, ignora tudo de si, não tem mais nenhuma certeza.

É uma situação deveras dramática. Pré-adolescentes e adolescentes escutam e enxergam o adulto, estão muito próximos do adulto, admiram e rejeitam o adulto, assumem posturas de contraposição com ele, mas, ao mesmo tempo, querem crescer e se tornar adultos.

O comportamento desta garotinha não poderia ser uma forma de erotização?

Certamente, a erotização é um momento fundamental da adolescência, mas no caso desta garota diria que não é este o ponto. Ela trouxe para a análise o seu momento infantil, e não a situação a ser enfrentada. No adolescente, a erotização não ocorre com base nas fantasias infantis, mas justamente no enfrentamento de um dado da realidade, é algo preciso e concreto, não fantástico e manipulável como é o aspecto da sexualidade infantil.

Aqui, não há nenhuma aspiração a ser adolescente. Aliás, o choque é devido, provavelmente, ao persistir de uma fantasia infantil desmentida, porém, por um dado da realidade, que é a menarca. Portanto, diria que essa garotinha é mais vítima de uma situação biológica do que psíquica, enquanto na adolescência há a tentativa psíquica de controlar o momento físico.

O pudor aparece no adolescente porque funciona como contraponto ao impulso da erotização. Quanto mais intenso for o impulso à erotização, mais significativo será o pudor no comportamento, porque todo adolescente pensa ser único. O mundo e a história começam com ele, todas as fantasias são suas, sente-se no âmago de si mesmo, de sua atenção e da atenção do mundo, razão pela qual envolve-se necessariamente de pudor, ou até de seu oposto.

Talvez seja por isso que percebo como hostis os silêncios dessa garotinha...

A palavra na infância é um instrumento que se manipula, porque das palavras se faz o que se quer. A criança brinca com as palavras, não as teme, aliás, em sua cultura maníaca, inventa novas. Para o pré-adolescente, a palavra se torna perigosa, porque, para ele, começa a ter um sentido, mas não é concreta em seu sentido. Os silêncios podem ser algo típico da passagem da infância à adolescência, quando a palavra pode ser portadora de um significado, mas esse significado ainda não foi plenamente apreendido e, portanto, não é controlável, não é dominável, e prevalece o receio de cair no redemoinho da palavra. Ao redor de todo garoto ou toda garota há pessoas que têm uma opinião própria sobre eles, sobre o mundo, sobre a vida. Nós só temos que ser, simplesmente, interessados!!! É preciso prestar atenção ao uso da palavra. É necessário dar um nome às coisas. Temos que saber do que estamos falando. E não permitir ao analisando brincar com o uso da palavra, evitando denominar e especificar as coisas pelo que são.

O nome é um vínculo do qual não podemos abrir mão. Temos que estar atentos no fazer desabrochar no ouvinte – criança, pré-adolescente, adolescente ou adulto que seja – uma atitude muito severa e muito respeitosa acerca do uso da linguagem. Podemos pensar que seja tecnicamente muito fácil, quando o analisando nos diz "Minha mãe", perguntar-lhe de imediato: "De qual mãe está falando?". Temos que chamar sua atenção para o fato de que a palavra deve ser pensada. Bion falou dos pensamentos não pensados e dos pensamentos pensados. Se o analisando conseguir prestar atenção, então, quando utilizar as palavras, falará de si, e não usará as palavras para não falar de si, porque o uso da palavra é isso tudo. A palavra nos permite também nos separar da coisa que dizemos. O sobrepeso, os movimentos desengonçados, as atitudes a esconder as formas do corpo nos fazem supor que essa garotinha ainda não tenha trazido o corpo em terapia. É preciso, portanto, que lhe seja proposto falar disso.

Acredito que com os pré-adolescentes e os adolescentes seja necessário estabelecer um clima de diálogo empático que nos permita atingir também pontos dos quais eles têm vergonha, medo, pudor. Temos que fazer isso de forma extremamente cautelosa, envolvendo-os no discurso. Em todo caso, é conveniente agir assim, porque por meio dessa forma de diálogo podemos ter a imagem que eles têm de si mesmos. Sem esta, nós nos moveríamos num território desconhecido. Seria uma boa norma, portanto, tão logo sejam superados os momentos de constrangimento, estabelecer uma relação de confiança e tender, com o diálogo, a ajudar os garotos e as garotas a falarem da imagem que têm de si, da maneira como se enxergam: obtemos, assim, coordenadas de referência necessárias para nos mover com maior segurança e isso permite a eles ampliar e corrigir sua própria imagem. Amiúde, olham para si no espelho e acham-se feios, sentem que nada funciona em seu corpo, que não é o corpo que desejavam. A imagem de si não é apenas a imagem corporal, pois desta emerge a imagem psíquica e isso nos interessa, e muito! Poucas fases da vida apresentam tamanho dinamismo em todos os níveis: físico e psíquico. Diria que nem mesmo a infância atravessa essa revolução...

Portanto, pela imagem que o pré-adolescente e o adolescente têm de si mesmos, nós temos as modalidades e as formas de seu funcionamento mental e isso nos é enormemente útil, justamente em termos das modificações que devem realizar sobre si mesmos em nível psíquico, para acompanhar as modificações que acontecem em nível biológico. É importante que, na terapia, se fale disso, porque pode motivar o pré-adolescente ou o adolescente a crescer. O analista poderá enfrentar o assunto – com o objetivo de envolvê-lo no discurso – e assim poderão vir à tona indicações muito válidas, úteis para levar adiante a experiência analítica. Vamos continuar.

Numa sessão chega levemente em atraso; vejo a garota com o rosto congestionado, em prantos: tem o lenço na mão e parece hesitar em entrar. A mãe, de forma rude e grosseira, compele-a a adentrar a sala. Quando a filha pergunta se irá aguardá-la do lado de fora, responde irritada: "Aonde quer que eu vá?". A filha entra e se senta, cabisbaixa, o dedo na boca, apoiada à mesa. Ao analista que lhe pergunta o que está acontecendo, responde com outra pergunta: "Ainda tem a caneta da última vez?". Pega uma folha e começa a desenhar dois quadrados, dentro dos quais escreve "meu irmão" e "minha irmã" (imaginários).

Chegamos ao ponto. Vejam, até mesmo quando se configura um quadro aparentemente pobre, carente, de repente emergem alguns elementos: elementos de uma vida interna de fantasia e dor, como nesta folha. Agora, pode-se entender tanto o desejo como o receio de que a mãe produza outra irmã ou outro irmão; emerge toda a solidão, o trabalho imaginativo que ela realiza, que guarda dentro de si e que finalmente, com clareza, expôs. Essa crise é a comunicação da dor enorme, da solidão enorme que essa garota ressente em relação à vida. Eu, tecnicamente, me aproximaria justamente dessas temáticas, tentando contar-lhe uma história em que haja uma *ela* que não é esta atual, mas aquela que podemos vislumbrar por meio deste desenho.

A razão técnica é simples: se formos capazes de propor algo que se aproxime da fábula e da história que o adolescente vive, nos pontos de contato ele interromperá a narração do analista e isso deixará entender que a fábula tocou em *sua* realidade psíquica. Então, poderemos falar disso juntos. Provavelmente, essa garotinha não tem consciência de ter um mundo interno, mas o tem. A *não consciência* faz com que seu mundo interno se torne perigosíssimo. Assim, é necessário fazer emergir essas fantasias de forma a permitir-lhe se tornar alguém, não cair mais naquele pânico que a leva a chorar, a fugir em direção à mãe que não tem condições de acolhê-la. A relação mãe/filha não oferece segurança e garantia. É preciso, assim, que seja o analista a assumir uma função de rêverie, tecnicamente utilizando a narração de uma fábula, de uma história. A criatividade e a sensibilidade devem nos ajudar quando o jovem paciente não consegue ter dentro de si nem mesmo o menor diálogo!

Porém, existem fantasias que explodem, como aquelas dessa garotinha, cujo magma interno tenta ganhar forma, mas não encontra saídas. Não as encontra com a mãe, como vemos. Tenta desesperadamente com o pai, imitando-o (como acontece com o futebol), e essa imitação a distrai mais ainda de si mesma, porque não faz outra coisa senão evidenciar as diferenças. Observamos que está próxima do ponto de ruptura e de mergulhar no pânico. Imagina irmãos e irmãs: a comunicação com eles, por ser entre pares, seria facilitada, enquanto em sua realidade atual está configurada apenas na linha vertical, que conecta a adolescente com o adulto. Assim, pariu aqueles dois quadrados (e não é pouca coisa). Depois apareceu o que vocês denominam *raiva*, e que eu chamo de *ódio*. O ódio é um sintoma excelente, perfeito, porque é sempre do ódio que se começa a trabalhar.

Começa a desenhar um personagem que grita "vou quebrar sua cara". O protesto está muito claro. Escreve uma história numa folha e depois a entrega ao analista, para que a leia, mas logo a arranca das mãos e a joga na cesta do lixo. Depois de vários impropérios, me diz que tenho que me virar, que ela não virá mais e que agora está bem, e insiste no fato de que a deixo esperar muito na entrada do prédio. Com muita raiva, continua repetindo que não virá mais. Digo-lhe que, segundo nosso contrato, ela não deve se sentir obrigada a vir, mas que eu a aguardarei, um dia por semana. Fica ainda mais furiosa e repete que não virá mais.

Sente-se expulsa. De fato, tecnicamente, a resposta do analista quer dizer: "Olha, está livre de fazer o que quiser", e a leitura do pré-adolescente é: "Então, você não gosta de mim". Não devem tocar nesse ponto, não o toquem, vão ver o significado do ódio e digam: "Eu estou aqui, à sua espera, uma vez por semana, como concordamos". Então o pré-adolescente não pode ficar com raiva, no máximo poderia se sentir vencedor, e triunfar dizendo: "Não, não vou mais; dá na mesma, não ligo". A comunicação do continuar a estarem presentes de vocês, diversamente, garante aos pré-adolescentes a aceitação.

A questão da obrigação configura-se útil se trabalharmos com um adolescente de 16, 17 anos. Naquele caso, sim, podemos propor uma conscientização e uma responsabilidade acerca da Relação Analítica (coisa que não pode ser feita com garotos de 11, 12 anos, sobretudo e especialmente com essa garotinha de hoje, que se sente sempre isolada e, portanto, muito sensível sobre esse assunto). Ao dizer: "Olha, não tenho a mínima intenção de obrigá-la, forçá-la, esperarei aqui porque desejo que você venha com prazer, eu estou aqui à sua disposição", o analista coloca a obrigatoriedade e a disponibilidade no mesmo contexto. Retorna aqui o problema da formulação com pré-adolescentes e adolescentes: a escolha das palavras. A linguagem histórica que nós utilizamos com os adultos deve ser adaptada ao adolescente. A palavra, para um adulto, é a forma com a qual comunicamos sem nuances. A palavra com a qual um garoto se comunica tem sempre alguma nuance emocional. Portanto, a diferença é essencial. Até quando não houver apropriação, metabolização do código linguístico, os garotos são sensibilíssimos ao uso das palavras, porque estas veiculam emoções. De fato, uma fala simples como "Não tem obrigação de vir aqui" atinge imediatamente, porque é emocionalmente colorida com as nuances de uma *rejeição* ou de uma *aceitação excessiva*.

Segunda parte

Uma garota de 11 anos parou de se alimentar, perdendo peso de forma preocupante. Odeia seu corpo e não o aceita porque não corresponde a seu ideal: de "menina bonita" tornou-se "um garotinho" e agora não aceita a menstruação, que chegou com fortes dores. Chega assim ao peso de 32 quilos, mas, mesmo com peso tão baixo, os valores de seus exames de laboratório permanecem normais.

Podemos supor que esses exames ainda normais indiquem uma capacidade de proteção e vital da função corporal, ativa no momento que a dimensão psíquica colapsa sob a pressão da angústia.

Recomeça a se alimentar com o mel, com a ideia de que queime sem deixar vestígios. Pensa ter uma composição em "camadas": a primeira camada é sua. Se aceitar algo dos pais, "a segunda camada", deve ter em seguida mais uma camada própria – a terceira – para poder negar o fato de ter tido uma troca com o mundo externo. Seu projeto é redesenhar seu corpo, eliminando a pertinência e as características familiares, negando assim qualquer troca com o mundo externo.

Quer se livrar do corpo que o pai e a mãe lhe deram, mas em termos físicos: nádegas, pernas. Parece, por outro lado, que quer manter a estrutura óssea, para depois recomeçar a dar nutrição, corpo para construir uma carne própria... Percebem? Aqui, o problema era a claustrofilia que a protegia, mantendo a defesa, e temos que ver qual era o objetivo. Se eu conseguir amorosamente aprisionar e, portanto, evitar o contato com o mundo externo, eu consigo manter intacta a relação que tenho comigo, não sou invadida, não sou ocupada. Então, o aspecto que, em geral, é claustrofóbico, aqui é claustrofílico e é funcional à defesa. Então, a pergunta é: a anorexia é o objetivo ou, pelo contrário, é a defesa? A claustrofobia é a angústia e a anorexia é a defesa, ou podemos inverter o binômio? Dependerá de cada caso, até porque pode acontecer que a anoréxica, em determinado momento, perca o objetivo anoréxico porque a angústia agorafóbica se torna o objetivo principal. No desdobramento do próprio viver, a experiência da anorexia deixa o lugar ao momento bulímico e à angústia agorafóbica. O núcleo a ser protegido é aquele que, antes, era a defesa, e aquele que antes era o núcleo torna-se a defesa.

É isso que complica muitíssimo o trabalho com pré-adolescentes e adolescentes, e é típico dessa idade: é inútil ir procurar na infância. Esse funcionamento nasce e assume a aparência que tem justamente na pré-adolescência, quando na fantasia ou na realidade todos os personagens apresentam-se ao sujeito e serão apenas e decididamente somente aqueles. Alguns podem estar ainda na fantasia, outros já viveram... mas, diversamente da infância, agora há a realidade, que é assinalada pela fisicidade.

Por que se ataca o próprio corpo? Este é o ponto crucial. Primeiro, é preciso lembrar que os ritmos da garota não têm muito, diria até mesmo nada, a ver com os ritmos do garoto. Assim, a maneira de perceber o tempo nas garotas tem pouco a ver com a maneira como os garotos o percebem. Eis que a agressão é feita no corpo, que, para as garotas, apresenta-se com certa prepotência. As mulheres têm órgãos que assumem funções que antes não possuíam: com 12, 13 anos, podem engravidar, ter a responsabilidade de uma mulher de 30 anos. Devem encarar um dado da realidade, o tempo é mais acelerado e, portanto, estão expostas a uma visão do mundo totalmente diferente. A fisicidade se manifesta de forma brutal! A anoréxica quer se salvar do quê? Ela manifesta-se contra sua feminilidade; não é que não a queira, mas gostaria que fosse como ela decidir, e não é verdade que tenha ressentimento pela mãe, mas a mãe assume a função de alvo somente porque representa a feminilidade enquanto mulher, como gênero. De fato, hoje, essa garotinha quer esculpir seu próprio corpo do seu jeito.

Pediu um teste do quadro hormonal e, quando o médico lhe disse que a menstruação podia voltar em três ou quatro meses, fez um escândalo e, desde então, recusa-se a fazer outros controles de saúde. O tempo de todas as coisas foi colocado em discussão: aquele da habilitação ("Por que com 18 anos?"); aquele da admissão na faculdade etc. Há uma pressão contra todas as etapas que a colocariam dentro da norma, da regularidade: "Se a menstruação voltar, eu me torno um ser normal, uma mulher".

Estamos diante de uma vontade com força incomum, que beira a vontade de suicídio, e poderia perceber a analista como uma aliada da normalidade, se não prestarmos atenção à modalidade e à formulação das proposições analíticas. O pré-adolescente, como o adolescente, é curioso, disponível, mas é preciso saber qual é sua chave de leitura, como apresentar o discurso.

Disse: "Eu *quero* o mapeamento hormonal!". Não desenvolve um quadro anoréxico a garota que não tiver uma forte e decidida escolha de vida, uma intensa e definida expectativa. As garotas que atravessarem sua adolescência sem uma forte preocupação com aquilo que há de ser provavelmente não chegarão à anorexia. Se, pelo contrário, desenvolverem uma "preconcepção", no sentido próprio de um pré-conceito, acerca de seu aspecto, nos mínimos detalhes – sobretudo forma do nariz, do rosto –, estão muito mais expostas. É como se dissessem: "Eu vejo no meu espelho que é uma catástrofe... a falência total, a destruição de todas as minhas expectativas". Propõe-se aqui o binômio onipotência/impotência, ilusão/decepção.

Essas situações começam a ter seu próprio espaço psíquico justamente na pré-adolescência: a criança não precisa de onipotência, não tem o problema da ilusão e da decepção. A criança não se decepciona porque não há uma realidade que lhe faça avaliar sua ilusão, a criança é maleável, dá a si mesma a forma que quiser. Quando não podemos mais tomar uma forma, quando o dado da realidade se manifesta, começa aí a ilusão, mas, se houver ilusão, deve-se enfrentar a decepção. O garoto e a garota devem lidar consigo mesmos. Eis então que há o problema do delírio, das imagens eidéticas, da cisão. A criança cinde-se, torna-se três pessoas, une-se: são modalidades funcionais. O adolescente não pode realizar a mesma operação. Se há uma cisão, é obrigado a mantê-la. Em conclusão, uma expectativa demasiadamente forte acerca de si mesmo representa, seguramente, uma ameaça.

Estamos diante de uma forte decisão a priori. Podemos também supor que sejam as ruínas ou os vestígios de um grande movimento narcisista percorrido pelos pais, por exemplo, daquelas meninas que são postas sob os holofotes, lisonjeadas, aplaudidas. Quando, por volta dos 9 anos, começa a movimentar-se a fisicidade da menina, começa também sua angústia: "Eu *tenho que* ser assim". Quando a imposição for excessivamente grande, não há mais espaço para o devir espontâneo dessa menina, que, então, acaba tendo um próprio mito: "Esta carne não é minha, quero fabricar uma para mim. Esta feminilidade não me cabe".

10. O adolescente em análise[1]

A adolescência é típica do homem, não a encontramos em nenhum outro animal. Nos mamíferos, temos a infância, que, por meio das atividades lúdicas, conduz à autonomia do adulto. No animal-homem é a adolescência a pedra angular da leitura de si mesmo. Nós, na verdade, trabalhamos somente com adolescentes, isto é, com homens e mulheres que não conseguiram passar pela adolescência: criaram um atalho entre infância e idade adulta, mas dentro de si não sofreram realmente a passagem, permaneceram vinculados à área catártica da vida do ser humano.

É muito difícil enquadrar a área da adolescência, que vai de 11 a 20 anos e mais. A referência temporal para o adolescente é bastante discutível. O que não é opinável, pelo contrário, é o que o analista espera, isto é, a imagem de adolescência que está na base de sua experiência. São estas as inevitáveis implicações emocionais que em cada um de nós se apresentam quando nos referimos às categorias criança, adolescente, adulto. Essas categorias arrastam consigo os limites de nossas capacidades. Portanto, é preciso propor uma abordagem que

1 Estes seminários aconteceram na primeira metade dos anos 1990.

transcenda as referências temporais e examine as efetivas capacidades potenciais. Todos nós sabemos que, na infância como na adolescência, a possibilidade de comportamentos individuais vai de áreas tendencialmente introvertidas e fechadas, quase autistas, a tentativas de fuga para a frente, com notáveis nuances maníacas. O que, porém, diferencia o mundo da criança daquele do adolescente é o propor-se, dramático, da relação entre uno e bino. Agora, é o bino que necessita do uno e não mais, como na infância, o uno do bino.

Essa perspectiva nasce de fundadas experiências e, portanto, configura-se como hipótese a partir de uma referência clínico-teórica que se revela muito funcional. Observamos que, na criança, está presente ao nascimento uma condição intensamente marasmática que tenderá, em seguida, a encontrar um ajuste específico na medida em que a relação entre a fisicidade e a psiquicidade for conquistando um equilíbrio em relação ao contexto de realidade, incluindo nisso, naturalmente, também o papel das figuras parentais.

Freud já intuíra, com o conceito de latência, que entre psiquicidade e fisicidade estabelece-se um acordo tácito de convivência, com um mínimo de conflitualidade, muito próximo, talvez, da calmaria que precede uma nova e dramática tempestade. Agora, na adolescência, será a psiquicidade que deverá enfrentar uma fisicidade desconhecida, nunca vista antes, mas imposta.

As modificações substanciais que acontecem simultaneamente nos planos físico e intelectivo não se manifestam necessariamente de forma harmônica. Aliás, na maioria dos casos, por ocorrerem em prazos curtos, produzem dificuldades e desequilíbrios comportamentais. Às vezes, trata-se do caminho normal rumo à idade adulta, mas podem apresentar-se também formas de bloqueio, quase involuções de tipo autista. Portanto, se o sonhar acordado, que é um acontecimento normal da primeira adolescência, entre 11 e 15 anos, apresenta-se também sucessivamente, pode indicar a presença de uma área significativa de transtorno até muito grave. Essas modalidades são mais evidentes e persistentes especialmente nos garotos. As garotas, de fato, têm tempos de percurso notavelmente reduzidos em relação aos garotos, porque os processos hormonais e endocrinológicos determinam nelas uma mudança mais repentina. Por isso, podemos também supor que a temporária suspensão do ciclo menstrual presente em alguns casos expressa uma rejeição completa das transformações físicas que são julgadas prematuras pela interessada, demasiadamente pesadas em relação aos próprios recursos pessoais. Isso significa arranjar mais tempo e mais espaço para efetuar as modificações necessárias, tendo em vista uma relação menos conflitual com o crescimento.

Para além do aspecto biológico, a experiência nos ensina que, nos adolescentes garotos, o aspecto muscular e a primazia do fazer tendem a emergir e a sobrepujar o aspecto reflexivo e as capacidades de pensamento. Também a Relação Analítica se desenvolve por segmentos, fragmentada e aos sobressaltos: de repente, apresentam-se aspectos que antes não eram sequer suspeitados. Na Relação Analítica com as garotas, diversamente, o processo desdobra-se de maneira mais homogênea, e é possível focar no ponto real de urgência, que vem à tona de imediato. Em geral, as garotas apresentam-se tendencialmente mias receptivas e disponíveis à relação intrapsíquica, e os garotos manifestam maior propensão para a atividade e aceitam melhor a relação com o mundo externo.

O analista deve levar em grande consideração o ambiente externo em que vive o adolescente, pois ele, em relação à criança, está muito mais exposto à dimensão cultural que o rodeia. Não podemos esquecer, ainda, que a estruturação da identidade em ambos os sexos implica um aumento da destrutividade e da agressividade. Basta lembrar da anorexia, entendida não como ataque à figura materna, mas como uma tentativa de destruição da própria figura feminina como funções e como destino.

Assim, esse cenário nos permite formular algumas hipóteses, como a de que a mente assume várias maneiras e formas nesses novos contextos. Sugiro, ainda, que não considerem a esfera da adolescência como seguramente ligada ao passado e, portanto, à infância, mas que dela seja feita uma leitura num contexto muito diferenciado da infância. Por exemplo, uma criança pode usar a realidade para alimentar sua capacidade fantástica; o adolescente, pelo contrário, tem muita dificuldade em manipular ou negar o princípio de realidade. A percepção do mundo, real ou quase, está presente no adolescente, inclusive os cenários ainda imaginários de sua vida futura. Agir na cena da vida é também projetar a própria feminilidade ou masculinidade em uma relação sexual. Tudo isso está, naturalmente, ausente na mente de uma criança.

A presença, na mente do adolescente, de cenários imaginários de sua vida futura gera uma série de conflitos não reconduzíveis necessariamente à primeira infância. Foram feitos muitos progressos no conhecimento dessa área, mas é preciso manter ainda aberto o campo de pesquisa e de observação. A observação clínica nos sugere identificar uma especificidade das denominadas "categorias patológicas" no adolescente. O desenvolvimento da adolescência implica, necessariamente, uma nuance psicótica que pode, em determinadas situações, apresentar-se como um autêntico momento psicótico. Assim, o analista não deve registrá-lo e analisá-lo como tal, mas considerá-lo no contexto mais amplo da experiência-conhecimento que o jovem está vivendo naquele momento. Daí a dor, a dificuldade de ser adolescente. Não apliquem a eles nenhum modelo, nem o dos adultos, nem o das crianças, porque perderam a infância e estão de mãos vazias. Seu fazer e seu conhecer são simultâneos e necessários para o fazer-se da experiência.

Melanie Klein nos diz que o mundo infantil é um mundo psicótico, e é verdade. Sinceramente, diria que é um mundo psicótico tendencialmente otimista quando confrontado com o mundo psicótico do adolescente. Não se deve, porém, interferir na psicose da adolescência, e sim contê-la, porque é necessária ao crescimento do adolescente. Algumas das suas ações tão concretas, a polaridade dos ideais (essa força disruptiva em relação ao mundo), seus ódios, suas paixões, são todas características em razão das quais pode necessitar de ajuda, mas não são necessariamente patológicas. É preciso modificar o vértice de observação desses episódios, focalizando a atenção na funcionalidade em termos de crescimento.

A fase mais fascinante e delicada é a passagem da infância à primeira adolescência, que Freud denominou latência. É um período de informação, tanto em nível consciente quanto inconsciente. É a informação que deveria preparar para a formação, isto é, o início da experiência--conhecimento. Eu acredito que seja este o momento mais perigoso. O impacto ainda confuso e impossível de agarrar da adolescência, o existir em uma maneira que o jovem ainda não conhece, mas existir... Se as informações são suficientemente funcionais e numerosas, a formação e a experiência não deverão encontrar muitos obstáculos, e por obstáculos entendemos os contrastes com o mundo externo quando se apresentarem tão ameaçadores e pesados a ponto de impedir a gestão do mundo das emoções. Então, o adolescente pode tratar de criar a si mesmo, e não deformar si mesmo. A deformação de si mesmo é a única resposta de que o jovem dispõe se não encontrar nenhuma forma de ajuda.

O fazer no período da adolescência não pode ser considerado um autêntico *acting out*, já que o fazer no adolescente é o único meio para conhecer. Todavia, é necessário que o adolescente esteja presente em seu fazer, para poder extrair disso conhecimento, para que possa, por meio da experiência, conhecer a si mesmo, seus próprios instrumentos, sua própria e específica maneira de ser. Trata-se de uma situação paradoxal, já que para fazer é preciso conhecer, mas, neste caso, para conhecer é preciso fazer. Todavia, dentro de qualquer relação do adolescente, e especialmente na Relação Analítica, é necessário diferenciar o significado específico do fazer do adolescente.

Analista e adolescente podem avaliar se o fazer reveste algum significado de proposta ou vice-versa: de uma contestação contra o analista; em todo caso, é necessário avaliar a utilidade, sobretudo onde faltar, no contexto familiar do garoto, a possibilidade de conhecer e

– justamente – fazer experiência. Assim, o fazer e o conhecer podem ter como consequência a reflexão sobre as próprias específicas emoções e sobre a experiência de si. Experiência que exerce uma grande atração no adolescente, já que, além de conter o fazer e o conhecer, confere também poder. O êxito das experiências, para o adolescente, é sempre incerto, em todo caso. Se a experiência não for positiva, ele será levado ao isolamento, que determina a imediata necessidade de ser parte de um grupo. Se essa necessidade não for atendida por questões relacionadas com a identidade, o resultado é um aumento exasperado do nível de autoestima, que, mesmo sendo necessário ao desenvolvimento, quando excessivo cria as condições de um desdenhoso isolamento, atribuído pelo adolescente às incompreensões com o mundo dos adultos. Nessa fase peculiar, o adolescente pode desenvolver aquilo que pessoalmente denomino proto-depressão.[2]

Esse isolamento pode ter diversas características e amiúde manifesta-se como simples recusa mental momentânea a ser relacionada com uma eventual excessiva sensibilidade narcisista; corresponde a uma inadequada análise dos próprios recursos em relação àquilo que se considera necessário para sobreviver ao desafio do ambiente e que é, portanto, rejeitado. Denomino essa configuração psíquica *proto-depressão* para diferenciá-la da depressão que se manifesta na idade adulta. De fato, apresenta muitas das formas e dos modos que

2 Ferrari considera a primeira manifestação de tendências de tipo depressivo no adolescente como uma antecipação daquilo que poderá se tornar, na idade adulta, depressão ou transtorno ciclotímico, e levanta a hipótese de que seja possível, pelo menos em alguns casos, ajudando o adolescente a enfrentar sua tendência depressiva à introversão e ao ensimesmamento, reduzir a margem de probabilidade de que, na idade adulta, se instale esta modalidade desarmônica. O tema da depressão e da depressão/mania constituiu uma área de atenção e pesquisa constante por toda a duração de sua intensa atividade de clínico e pesquisador, sem nunca chegar a um ponto final satisfatório, mas nunca deixando de convidar a manter aberta essa delicada área de pesquisa. Vide Ferrari, A. B. (1994). *Adolescência: o segundo desafio – considerações psicanalíticas*. Casa do Psicólogo, 1996. [N. O.]

encontraremos na depressão adulta. Se a resposta espontânea a essa abordagem depressiva será, no adolescente, de tipo maníaco, então poderíamos considerá-la um ponto de partida para uma síndrome maníaco-depressiva ou um transtorno ciclotímico.

Gostaria de definir como autista esta forma de isolar-se que tem a ver, no adolescente, com o conhecimento e a reorganização dos próprios recursos em relação às necessidades do mundo que o rodeia. Utilizo esse termo no seu significado de dobrar-se e concentrar-se sobre si mesmo, escutando sensações e emoções que se geram na relação consigo mesmo e com o ambiente. Essas configurações ganharão forma somente quando estiverem presentes na mente do adolescente todos os personagens necessários para viver a experiência da vida.

Na técnica do trabalho com os adolescentes, temos sempre que levar em conta esses vários momentos psico-comportamentais. Enquanto a proto-depressão da adolescência ainda tem funções de vida, a depressão propriamente dita, que se desenvolve na vida adulta, geralmente é um estado de morte. Indiquei como os aspectos maníaco-depressivos podem se originar na adolescência: sucessivamente, será dificílimo abordá-los técnica e clinicamente. Pessoalmente, sempre fiquei impotente, derrotado por esses casos. Acredito que temos que tentar reconhecer aquilo que estou denominando proto-depressão para podermos verificar se essa configuração existe e, por conseguinte, aproximarmo-nos do adolescente para ajudá-lo a superá-la e, assim, imunizar-se para o período adulto.

A adolescência contempla aspectos específicos e não sobreponíveis nem à infância, nem à pré-adolescência, nem mesmo à idade adulta. Isso por conta das peculiares condições que vêm se determinando no sistema por causa das repentinas e rápidas transformações que investem a dimensão corporal: tais transformações revestem, portanto, a área emocional de um significado peculiar, e com isso surgem percepções específicas como solidão, incomunicabilidade e, particularmente, a dimensão temporal. Por conta disso, a abordagem analítica deve configurar-se com modalidades específicas e não sobreponíveis ao modo de enfrentar outros períodos da vida.

Em primeiro lugar, o caráter de urgência que muitas vezes caracteriza a análise com o adolescente sugere o uso da relação vertical, que permite agir imediatamente nos níveis de angústia, porque dá um nome e uma função às emoções. Se o analista, sobretudo nas fases iniciais do tratamento, privilegiasse a relação horizontal em suas formulações analíticas, correria o risco de ser identificado pelo adolescente como um representante do mundo adulto, e disso derivariam enormes dificuldades de contato. Trabalhando com o adolescente, temos que levar em conta, sempre, a centralidade do tempo em relação ao desenvolvimento. A questão do tempo reflete-se também no problema da frequência dos encontros.

Na análise com adolescentes, é necessária uma disponibilidade peculiar, porque suas fantasias e seus medos, diversamente daqueles da criança, muitas vezes contêm elementos de realidade. A disponibilidade refere-se ao contrato analítico, à gradatividade da intervenção analítica. Na primeira adolescência, será aconselhável mirar, quando possível, em pelo menos três sessões por semana. Com os garotos maiores, nos quais o fazer-se da experiência pode gerar tendências a opor-se ou pode haver uma maior experiência analítica, pode-se aceitar trabalhar com uma sessão semanal, propondo, em seguida, eventualmente, aumentar de maneira gradativa os encontros, nesses casos também mediante um constante envolvimento do interessado no trabalho analítico.

Tecnicamente, o tipo de *setting* no trabalho com o adolescente não tem nada a ver com o *setting* da criança, nem com o do adulto. Deve ser definido com ele, não podemos impor; podemos pensar que necessite, por exemplo, de cinco sessões por semana, mas se ele decidir que o máximo de tempo que pode transcorrer com o analista é de um encontro por semana, ótimo assim... aceitamos para começar. De fato, como dizia, para conhecer, o adolescente tem que fazer, e para fazer deve conhecer. O analista deve elaborar o instrumento *ad hoc* para cada adolescente específico. Em geral, depois de dois ou três encontros, faz uma proposta e deixa-o livre para refletir. Aconselho não diluir no tempo as primeiras sessões, mas concentrá-las num lapso curto, focando nos aspectos mais macroscópicos e evidentes de suas angústias.

Com os adolescentes que demonstram uma maior estruturação, aqueles que se mostram, que não se escondem, independentemente da sua patologia, já depois de dois ou três encontros podem muito bem assinalar os aspectos de angústia, os transtornos que o impedem de crescer, deixando-os livres, em seguida, para escolher e decidir. A tendência será dizer que foram aos encontros para agradar aos pais, que eles não ligam para isso... Estes são os ataques. O adolescente não dirige a nós esses ataques, mas a si mesmo: e talvez não tenha condições de perceber isso.

Fazer o analista de adolescentes não é tarefa simples, nunca vou cansar de dizê-lo. Aliás, é a coisa mais difícil porque, entre todas as funções analíticas, talvez seja a menos definida. Não se consegue esboçar uma hipótese que seja uma hipótese geral, e isso porque há uma enorme variedade de material e, muitas vezes, dramático, e por conta de uma série de elementos que não podem ser facilmente reconduzíveis a notações científicas. Na pré-adolescência, estão presentes muitas vezes impulsos adultomorfos que se manifestam quando – por exemplo – os garotos contam de paixões pela poesia, pela literatura, pela música: conseguem agarrar certos significados, mas ao mesmo tempo são, amiúde, "criancinhas" às quais mamãe deve escrever num bilhete o que devem ou não fazer. As fugas rumo à infância alternam-se com fugas em direção a modalidades adultas. A coisa mais difícil é permanecer na área da adolescência: demasiadamente dolorida.

E, assim, o analista tem que lidar, a depender do momento, com uma criança ou com um adolescente que tem características adultomorfas; pode não ter nada, pode ter angústia, cúmulos de angústia.

É preciso, portanto, que o analista construa os instrumentos aptos à finalidade daquele determinado momento.

Trago uma garota de 17 anos que tende a apresentar-se madura, falando em poesia e literatura, mostrando compreender os significados. Entretanto, os resultados escolares são insatisfatórios e vomita frequentemente antes de ir à escola. Apresenta-se com atitude fechada e introvertida, sempre embrulhada em suas roupas, silenciosa, desajeitada, como se não estivesse à vontade em relação a seu corpo. Demonstra reticência a respeito da relação com os coetâneos e especialmente com os garotos. Começa um namoro com um coetâneo, durante o tratamento, oscilando entre modalidades infantis e adultomorfas. A mãe privilegia os aspectos racionais e intelectuais da filha, presta atenção somente à eficiência da área psíquica, ao conhecimento intelectual fundado no resultado escolar. A jovem projeta uma viagem com os amigos e com o namorado, falando sobretudo em cultura e nos lugares que visitará, e enrubescendo intensamente quando o analista lhe diz que talvez irá gostar de viajar com o namorado. A mãe opõe-se à viagem porque não sabe se pode confiar na filha. Inicialmente, a jovem diz estar disponível a encontros não muitos frequentes: um a cada vinte dias.

O analista de adolescentes deve construir o instrumento *ad hoc* para cada específica situação. Por exemplo: é óbvio que ao sair de férias é normal ir visitar uma cidade, mas, se uma garota viajar com um garoto, vai para ver também outras coisas, e essas coisas têm um nome. Se um nome for pronunciado, é acompanhado pela responsabilidade. Por isso, os garotos não podem ser deixados assim, na penumbra, mas devem ser ajudados a não fugir diante da realidade e a tolerar o impacto. Depois farão da realidade o uso que desejarão.

A complexidade do caso de hoje reside na presença de fugas em direção à infância que se alternam a fugas rumo a modalidades adultas. A área da adolescência propriamente dita é, de fato, demasiadamente dolorosa. Temos uma garota que quer ver o analista a cada vinte dias.

Cabe a nós colocar marcos, temos que abrir um espaço em nossa agenda para ela. Ela protestará, continuaremos discutindo juntos até chegar o momento de conhecer os recursos dentro dela. Sugiro evitar o uso de interpretações da transferência, mas a dimensão interna, que eu denomino vertical: isto é, é preciso revestir o adolescente das responsabilidades do adolescente. Por exemplo, o adolescente quer encontrar o analista a cada quinze dias? Eu perguntaria: "Não acha que encontrar-se consigo mesma a cada quinze dias seja um tanto espaçado demais? Não seria melhor que encontrasse a si mesma uma vez por semana?". Não devemos, nunca, utilizar a relação conosco, mas a relação do adolescente consigo.

Isso permite a introdução gradativa da consciência de ter em si mesmo algo com que dialogar, portanto, de não estar só. O adolescente está só apenas quando se livra de si mesmo, entregando-se aos adultos, à escola, aos amigos, aos pais, ao analista. Chega até nós para encontrar-se, mas é preciso que decida encontrar-se! Isso permite também a criação de uma microrresponsabilidade do adolescente, que contribuirá para estabelecer um *setting* e poderá também aceitar encontros mais frequentes. Este é o nosso objetivo, porque, se isso ocorrer, o adolescente já conquistará um grande espaço para si. Não esqueçamos a intelectualização de nossa garota de hoje, seu conhecimento dos poetas. É uma maneira para conhecer a vida sem entrar na vida; é para ler, para ver, mas não para viver. O trabalho do analista deverá ser conseguir conduzir essa garota a conhecer o fato de que tudo o que está no autor Luigi Pirandello, por exemplo, poderá encontrá-lo em si mesma. Dessa forma, poderá ajudar a garota a tomar consciência das possibilidades de lançar mão de seus recursos internos, sem precisar utilizar aqueles dos poetas.

No âmbito de uma família, o adolescente é obviamente o elo mais fraco: nele, os aspectos persecutórios e paranoicos emergem em nível de superfície. É necessário, portanto, que ele esteja presente todas as vezes que os pais falam com o analista, considerando que, em todo caso, é ele o direto interessado e deve sentir-se envolvido na questão! Diante do adolescente, os pais assumem compromissos, bem como o ônus econômico da análise, e publicamente aceitam o envolvimento nessa experiência ao assumir a responsabilidade. Pode acontecer que os dois não queiram estar presentes ao mesmo tempo, mas deveríamos fazer o possível (e o impossível) para que isso aconteça: afinal, de quem é este filho adolescente?

Se os pais não assumirem esse compromisso, e, portanto, se poderia dizer que o adolescente não é filho de ninguém, certamente não pode ser o analista que assuma essa responsabilidade. Não deve, porque seu envolvimento é enquanto analista desse adolescente, não genitor. Além disso, o pai e a mãe não podem subtrair-se ao encontro com o analista do filho. Eu desaconselho que aceitem o primeiro encontro com o adolescente se não for garantida a priori a presença dos pais. Certamente, estarei disposto a acordar horários e datas. Isso significa ter respeito pelo profissionalismo do analista e pela pessoa do adolescente.

Pode até acontecer que um adolescente de 14, 15 anos entre diretamente em contato e peça sigilo sobre tal contato. Nesse caso, eu o atendo e peço que informe os pais desse seu pedido, para que possam entrar em contato comigo, já que alguém deve assumir um compromisso e esse alguém há de ser os pais dele. Em alternativa, pode-se pedir a um colega para que atenda os pais, e aguardar o resultado desse encontro antes de começar com o adolescente. Essa metodologia serve também para o adolescente. Há casos de adolescentes que querem aliar-se ao terapeuta contra os pais e por isso não querem a presença, o envolvimento dos pais, mas isso não faz parte da terapia e pode ser uma coisa perigosa. Porém, se não trabalharmos para que os pais assumam suas responsabilidades, o que obteremos? De que forma podemos ajudar o adolescente, já que não somos nós seus pais?

Pelo contrário, é importante saber acolher o adolescente, compreendê-lo e fazer com que perceba a potencialidade de ajuda, para que possa pensar: "Este adulto é diferente do modelo que eu tenho dos adultos e, portanto, com ele poderei trocar experiências".

Seria possível pensar, em algumas situações mais complexas, em separar com clareza a observação da intervenção terapêutica. Seria interessante que um colega encontrasse o adolescente em observação e, depois de uma série de encontros, o encaminhasse ao analista que, sucessivamente, o acompanhará. Esta é uma proposta, um modelo de trabalho que, eventualmente, poderemos modificar. Seguramente, temos que manter o instrumento analítico limpo e funcionante em seu quadro referencial. É preciso, em todo caso, prestar atenção, porque, tratando-se de adolescentes, uma operação desse tipo – que sem dúvida preserva o instrumento analítico – poderia gerar transtorno neles.

O analista precisa trabalhar pelo menos em condições mínimas de garantia porque é ele que se expõe e sobre ele recai uma grande parte da responsabilidade. Cada um de nós tem seu próprio parâmetro de "condições mínimas com o analisando", e é fundamental que, a todo momento, se saiba decidir quais são tais condições e não se abra mão delas, para não colocar a risco o aparato de pensamento: deve-se ter um enorme respeito pela própria mente, pois é o único instrumento do qual dispomos e, sobretudo, porque é disponibilizado aos outros. A responsabilidade é dúplice: consigo mesmos e para com o outro que se serve de nosso instrumento mental.

A figura do especialista que, inicialmente, recebe toda a família resulta particularmente importante quando surgirem, sucessivamente, problemas de competição entre o genitor e o analista do garoto. Assim, se tem a possibilidade de intervir naquele momento, junto ao genitor, para acalmar suas angústias de tipo persecutório, as invejas, a competição. Esse tipo de trabalho é importante para manter limpo o campo da operação psíquica, porque se o campo da intervenção analítica não for bem defendido e protegido, a experiência acaba arrebatando o analista, confundindo e sobrepondo os problemas. Seria possível então pensar em avisar os pais de que o especialista encontrará o garoto duas ou três vezes por semana e depois os convidará a um encontro para propor-lhes o tratamento terapêutico. Diferenciando os dois momentos, facilitamos a operação de desmistificar a magia da qual somos portadores na concepção de quem nos procura e, ao mesmo tempo, salvaguardamos e protegemos o instrumento analítico também em relação à questão da frequência dos encontros.

Os aspectos técnicos, como o uso do *vis-à-vis*, devem ser avaliados caso a caso. Geralmente, com os adolescentes trabalha-se *vis-à-vis*, assim como com os adultos que não têm capacidade de controle de suas emoções. O analista não deve ser uma múmia, nem uma estátua de mármore, deve dar-lhes o sentido do viver. O analista deve saber resistir às provocações do adolescente, no sentido de não ficar surpreso pelas ameaças que este formula, pelas cerimônias que organiza sobre si mesmo e sobre os outros: diz coisas loucas sobre o não se proteger, sobre não ter escrúpulos, nem limites, nem pudor. Ele imagina dizer tudo isso ao próprio pai e à própria mãe para ver o que vai acontecer. Aqui, a força do analista está em não acompanhar os conteúdos, mas limitar-se a observar as modalidades com as quais expressa tudo isso. Os conteúdos são falaciosos. Se não nos deixamos incomodar pelos conteúdos e observamos modos e formas como o adolescente nos diz tudo isso, então podemos sugerir-lhe sua maneira de usar a mente, e isso lhe será de grande auxílio, em vez de dizer, por exemplo, "use camisinha para se proteger". A mente é a primeira camisinha, o primeiro preservativo!

Gostaria de falar de um garoto de 16 anos, que vem para a análise há aproximadamente três meses, duas vezes por semana. Falta muito, até porque, desde que começou, é acometido por uma leve febre, 37 °C, 37,5 °C. O pedido foi motivado por angústias pervasivas que limitam também seu desempenho escolar. Já duas vezes sofreu ataques de pânico tão violentos a ponto de ter que recorrer à urgência. Às vezes, passa toda a sessão a chorar. Diz ser homossexual, segredo não revelado a ninguém. A tentativa de falar com a mãe desaguou num litígio violento. A mãe tem graduação, desenvolve um importante trabalho intelectual e acredita ter condições de resolver sozinha qualquer problema. O filho sente o peso da instância normativa que a mãe colocou na terapia: isto é, ele deve absolutamente se tornar normal. O pai ignora tanto a presumida homossexualidade quanto o percurso analítico.

Agora, vejam, temos que dizer de imediato uma coisa: nós não podemos trabalhar entrando neste circuito da mentira. Quando chega um adolescente de 16 anos, é importante – como já disse – que haja um de nossos colegas que encontre os pais e que eles estejam ambos cientes da experiência que o filho está vivenciando. Se, de fato, permanecer este imperativo categórico: "Você há de se tornar normal", é claro que o adolescente não poderá continuar o trabalho; tenderá a ser coerente consigo mesmo! É como se dissesse à mãe: "Você paga a análise para que eu entre na normalidade? Eu não vou para a análise e guardo para mim um mínimo de liberdade". Ao vir para a análise é como se fosse moralmente obrigado a negar seus desejos, sua capacidade de pensar, sua identidade. Talvez até mesmo a identidade de gênero.

Mas é da identidade que quero falar. Por meio de certos protocolos, cheguei à conclusão de conceber a constelação edípica como algo que nos acompanha e que, continuamente, ajusta-se ao longo da vida. Não há uma solução edípica, não pode haver, uma hipótese desse tipo deve ser rejeitada. Temos um eu, uma mãe, um pai, tantas formas de nos apresentar ou de estar em relação conosco. É um jogo em contínuo dinamismo e, portanto, assume as mais variadas e impensáveis configurações possíveis em determinadas situações e em determinados momentos da vida do indivíduo. Porém, o que, a meu ver, é importante é que nosso equilíbrio psíquico seja dado pela organização da constelação edípica. Acredito que, quando o indivíduo se encontra na situação marasmática, o que acontece é que a constelação edípica não encontra uma solução de continuidade: há uma ruptura, abre-se numa direção qualquer e daquela abertura foge justamente a essência da identidade, isto é, o indivíduo perde suas características. Aqui, temos o exemplo evidente daquilo que estou acabando de dizer, porque esse paciente não consegue organizar o elo edípico, a constelação edípica. O que existe, pelo contrário, é um Édipo arcaico e é sobre isso que tudo é apostado.

É necessário certo grau de organização, até mesmo temporária, da situação edípica para poder crescer. Vejam bem, eu acho que a base para a diferenciação e a discriminação que acontecem na passagem de latência, antes que chegue a construção trabalhosa e dolorosa de uma identidade, se dê justamente com base em um Édipo que alcançou um determinado e definido grau de organização.

Voltemos ao nosso garoto de hoje, que está desesperado porque não tem o pai por perto e a mãe não quer ouvi-lo. Quem está na cena representando algo sobre o Édipo? Ninguém. Então, não pode haver identidade. E se havia, vai ser perdida, porque pela fratura, pela abertura do elo edípico, é justamente a identidade que se esvai. A pergunta: "Quem sou eu?" perde-se, porque não há "eu"! Assim, começa a operação da renúncia: "eu" não estou na análise, depois "eu" não estou aí enquanto eu, e ainda não há "eu" em nenhuma outra situação. Vamos esclarecer: a constelação edípica não leva em conta a identidade de gênero, joga o seu jogo até encontrar seu equilíbrio. Se, por fim, o equilíbrio for gay ou não for gay, paciência. Não é verdade que na minha vida de homem eu, se sou gay, permaneço gay e se não for gay continuarei não o sendo. A oscilação é contínua, está sempre presente e dependerá das circunstâncias internas e – por que não? – também das situações externas. A sexualidade tem a ver com a tentativa de comunicação com o mundo externo: é vida, desejo pelo outro que poderá definir-se como oposto a mim ou homólogo a mim! Para a constelação edípica, tudo isso é irrelevante, o que importa é que o jogo possa encerrar-se e que se possa encontrar um equilíbrio dinâmico momentâneo. Em seguida, o Édipo irá abrir-se novamente para permitir uma nova configuração e assim por diante.

É claro que tudo isso tem mais ressonância nas situações de pré-adolescência e adolescência, porque é nessas situações que nascem os contrastes e é nelas que se comprova – ou confuta – a validade de certas hipóteses infantis. Quando a constelação edípica estiver fortemente desequilibrada, há um eu fragmentado, ou até não há nenhum eu. Na criança não o detectamos, temos que aguardar a latência e aí começamos a vislumbrá-lo. Mesmo que o menino brinque de se vestir de mulher, isso não é um problema para o menino, porque aquela brincadeira pode ter muitas faces: ele veste-se como um homem para ser homem, ou veste-se como uma mulher para ter a personagem feminina que lhe falta!

Os analistas podem usar, nas proposições analíticas, material que tenha a ver com o Édipo em relação à identidade. Podem referi-lo à discriminação, à diferenciação, ao começo da busca de uma identidade. Basta não o chamar de Édipo! O que está acontecendo no teatro interno de nosso garoto de hoje? O assunto é escolher, observar como funciona a vida. Tecnicamente, é bastante fácil. Podemos dizer: "Giovanni, do que é constituído seu teatro? Seu teatro é feito de uma imagem que tem dentro de si, de uma imagem que tem de sua mãe, uma de seu pai e uma imagem que tem dos adultos no mundo". Perguntemos a ele como podemos mover seus personagens e por que ele se sente tão incapaz de... Qual é a ameaça? Vamos ver juntos.

Nosso adolescente poderia nos responder com outra pergunta: "Onde está a imagem de meu pai? Talvez, a imagem de minha mãe fagocitou a do meu pai, se tornou monstruosa! Eu não a reconheço, nem como pai, nem como mãe, é um ogro, uma espécie de assustadora assemblagem que diz – você não vai fazer isso! Você tem que ser normal!". Não é assim? Porque, na realidade, as angústias de base desse garoto indicam uma situação de pânico inicial, primitivo. É importantíssimo animar o teatro da vida diante de seus olhos, caso contrário, aterrorizado, irá se retirar, mais e mais.

A febre, vista a ausência de causas orgânicas, diria justamente do preço do conhecer. Ele está pagando esse preço. Certamente, o que se pode fazer é dar-lhe mais acolhimento, fazer com que perceba que estamos ao lado dele, dando-lhe suporte, e esta pode ser a base para o diálogo analítico. Fortaleçamo-lo! Eliminemos a aura de dramaticidade e de perigo e animemos o teatro de sua vida interna. Temos que desmistificar e aliviar o fardo de trevas que ele carrega; eis por que passa as sessões chorando, muitas vezes. Acredita que tudo esteja desmoronando, quando, na verdade, o mundo está todo aí, é só vê-lo com outros olhos! Não tenham medo, porque é uma modalidade típica dos adolescentes. Quando um adolescente construiu diante de si um muro, se assusta; é suficiente colocar um dedo contra este muro, arrancar o papel e poder ver que do outro lado há o sol, e não apenas a noite. Mas somos nós que temos que fazer isso, não podemos pretender que ele o faça. As normas que a mãe lhe impôs tolheram-lhe a possibilidade de observar-se e de observar o mundo. Esse processo não se interrompeu, temos que falar-lhe que é preciso dar-lhe continuidade, senão ele replicará o que a mãe fez com ele. Vamos dar nome aos monstros e, depois, os monstros não são mais tais!

A fase da adolescência oferece um processo especular em relação aos inícios da vida mental, quando era a mente que se propunha ao corpo: agora é o corpo que se propõe à mente. As transformações corporais, muitas vezes, provocam pânico. O adolescente não sabe quem será, lhe é apresentado um corpo que será seu companheiro por toda a vida. Devemos tocar nesses assuntos, trazer à tona a infância das pessoas, a adolescência, destacando sempre a importância do saber, saber e conhecer, e que as experiências estão dentro de nós e esta é nossa riqueza, nossa potencialidade.

Acredito que a sexualidade seja um jogo. Temos muitos tabus a respeito: a mulher, o marido, a traição... A sexualidade é típica da adolescência e deve ser vivida sempre como adolescentes. Certamente, não podemos não ser responsáveis, mas eu gostaria que na sexualidade houvesse também algo infantil, algo que tem a ver com as mãos, com os cheiros, com os sabores, com o paladar, com o morder. É importante na vida de cada um de nós que essas experiências possam ser feitas livremente, na ida e na volta, no eclipse do corpo e no eclipse da mente. E assim o analista não esvaziará a vida, mas oferecerá dela uma experiência muito mais rica, ao ponto que nada seja perdido.

11. Semelhanças na abordagem técnica com pacientes psicóticos e adolescentes[1]

Paradoxalmente, nós trabalhamos unicamente com adolescentes, porque se um adulto se tornou adulto, não precisa de nós. Se precisa de nós, é porque algo não conseguiu crescer. Já que considero fundamental justamente a passagem pela adolescência como pedra angular da estruturação do adulto, evidentemente nós trabalhamos, por assim dizer, somente com adolescentes. Pois é, essa é minha afirmação, é uma proposição em relação à adolescência bastante precisa, em outras palavras, eu sempre digo: quando trabalharem com os adolescentes, não deixem que as técnicas e as teorias aplicadas às crianças os confundam. Trata-se de outro campo, e só.

Deve-se partir para encontrar instrumentos aptos a trabalhar com os adolescentes e esses instrumentos em parte os conhecemos: são aqueles dos quais nos servimos no trabalho com os psicóticos. O adolescente tem, por definição, a necessidade de que se usem, com ele, todos os instrumentos de investigação que nós utilizamos com

---

1 Texto reencontrado já transcrito entre os documentos de Ferrari, relativo a seminários que aconteceram em 1994.

os psicóticos. Não é que o adolescente seja psicótico, simplesmente atravessa um período psicótico. Por sinal, Melanie Klein não falava em situações esquizoparanoides para as crianças? Portanto, não há nada de extraordinário se eu falar em uma situação esquizoparanoide para um adolescente.

Temos que acertar este ponto: é ou não é um segundo nascimento? Ou queremos continuar a considerar a adolescência como um prolongamento da infância? A meu ver, há uma *ruptura vertical*, quem tiver experiência com adolescentes acredito que já terá percebido. Eu proponho um método, uma abordagem que é particular para o adolescente, até porque afirmo que a área da adolescência deve nos permitir investigar o início de determinadas patologias ou de determinados desequilíbrios, que são específicos da área da adolescência. Creio que isso esteja claro.

Destaco mais uma vez que, apesar dessa nuance psicótica, e apesar de, às vezes, poder ser realmente identificado um momento psicótico na adolescência, o analista de adolescentes não deve observá-lo desse ponto de vista, mas em função do parâmetro do crescimento. Portanto, por exemplo, o *acting out* como ruptura do *setting* é um conceito que não faz sentido na adolescência. O fazer, para o adolescente, é um requisito para o conhecimento, e até não fazer, não conhece. Portanto, também o *acting out* do adolescente é uma tentativa de conhecimento. Mas este é um mecanismo complexo que o adolescente não pode ainda conhecer. Tanto é que a adolescência encerra a recusa da própria adolescência: por exemplo, naqueles jovens que preferem o aspecto psíquico em detrimento daquele fisiológico. Em vez de enfrentar a chegada da adolescência, racionalizam, intelectualizam como se fossem crianças crescidas, mas da vida da adolescência não enfrentam quase nada. Isto é, isolaram o adolescente e foram rumo ao ser adultos, saltando a adolescência. Dessa forma, porém, perdem completamente uma importante função psíquica. Ou seja, terão grandes problemas na aceitação de suas emoções, seus sentimentos, suas paixões, seus desejos, portanto, sua fisicidade, inclusive a dimensão sexual.

Quando eu falo em identidade do adolescente, não falo em identidade sexual, mas numa identidade que é bem mais importante e contém também a identidade sexual. A sexualidade é um discurso à parte, existem demasiados exageros, nunca acreditei que o sexo fosse fundante de uma personalidade, aliás, o contrário pode ser verdade! Uma personalidade determina uma sexualidade, portanto, o aspecto sexual, segundo minha humilde opinião, é secundário. Não estou subestimando, claro, é algo maravilhoso, como comer ou beber. Mas não lhe são aplicáveis critérios de normalidade e perversão, ou instrumentos e modelos dos quais possamos obter algo. Meu mestre Bion dizia: "O sexo é um fato!", e ele acreditava sobretudo no amor.

Peço perdão, mas se for verdadeiro, como o senhor disse, que o garoto que racionaliza evita enfrentar os aspectos corporais das alterações da adolescência, entre esses aspectos não seria central justamente o plano da sexualidade, da descoberta do corpo sexuado, da masturbação genital...?

Claro, em alguns momentos a sexualidade ganha um papel central, de primeiro plano, mas apenas em determinados momentos ao longo do desdobramento da adolescência, como durante a puberdade. Mas é um período, pode acontecer durante dois, três, quatro, cinco meses e, sucessivamente, se o garoto ou a garota puder fazer o passo sucessivo, eis que o primeiro passo é adquirido e então se vai à frente. O senhor tem razão, mas não vamos confundir a centralidade com o uso que o adolescente faz da sexualidade. Ele pode usar a sexualidade da forma que desejar e quiser. E o uso que fará da sexualidade estará relacionado à estrutura geral de sua personalidade. Se temos pessoas que são bem estruturadas psicologicamente, de forma muito intensa, em níveis muito refinados, podem ter também uma sexualidade apenas acenada que não chegou ao amadurecimento completo. Isso não modifica muito a essência da estrutura da personalidade.

Este discurso envolve uma enorme mudança na ideia psicanalítica do desenvolvimento sexual.

Mas claro que é uma enorme mudança! Por exemplo, com este discurso eu elimino todas as indicações acerca da perversão. Que sentido teria falar em perversão? A perversão é a perversão psíquica, mas se o comportamento do garoto respeitar o objeto e o sujeito, e se for um comportamento que a pessoa sente integrado... que façam o que quiserem, quem é que deve se meter nisso? A moral? O grande problema é que nós vivemos num contexto cultural em que é muito difícil, para nós, arrancarmos essa pele, uma pele que fede a incenso, à Igreja, a Islã, a religiões, fede sempre a alguma ideologia.

Olhem que não cheguei às minhas hipóteses lendo ou por meio da teoria, cheguei a elas graças à clínica, que, por sua vez, me permitiu modificar minha teoria. É muito importante manter sempre à mente que eu considero a adolescência *uma área com uma especificidade própria*, ou seja, não é o prolongamento da infância, não é a antecipação da idade adulta, é um período de passagem específico, que deve ser observado em suas peculiaridades e é no ser adolescente e na maneira como se estrutura essa adolescência que se vê como o sujeito funcionará quando crescer, na vida adulta.

Certamente, um problema muito delicado, como já disse, é o da *latência*. É um conceito que eu aceitara de Freud de forma acrítica, sucessivamente recusara com bastante ênfase, e, mais adiante, reavaliei graças a uma série de supervisões com crianças que vão de 9 a 12 anos, em que pude observar bem aquilo que Freud denomina latência. Mas não concordo com ele que tudo se resuma a isso, não. É verdade, a criança encontrou um arranjo suficientemente tranquilizador às perguntas "quem sou eu?", "aonde vou?" etc. Mas por quê? Encontrou-o mediante uma construção especulativa própria, até mesmo filosófica, por meio de uma visão própria do mundo, e, quando a completou, é como se tivesse encerrado sua teoria filosófica, sua visão do mundo; portanto, a criança tem, ou supõe ter, todas as respostas para os interrogativos mais urgentes que formulou a si mesma. Naquele momento, consegue tranquilizar-se, mas é um sossego breve, porque está a um passo de entrar na adolescência.

Então, eu vejo a latência como um período de informação que prepara a pré-adolescência. Mas, depois, o mundo fica de ponta-cabeça, todos os instrumentos que a criança tinha não lhe são mais úteis. Porém, diversamente do recém-nascido, a criança detém a máquina que pensou aqueles instrumentos. Ou seja, tem uma mente que foi capaz de pensá-los e isso é muito importante porque, no momento que a criança vem ao mundo, ainda não construiu a mente, deve fazê-lo *ad hoc* para suas necessidades de vida. Naquele momento precisa de uma fisicidade que necessita de um recipiente, isto é, de uma psiquicidade, que vai construindo aos poucos, da forma que descrevi em *O eclipse do corpo*.

De maneira diversa, o que ocorre com o surgir da adolescência? Ocorre que a criança tem uma psiquicidade da qual se serviu para construir hipóteses, teorias etc., para superar a maior parte dos problemas da infância, e chegou à latência. Em determinado momento, no final da latência, em dois ou três anos, lhe é apresentado um corpo e lhe é dito: "Este é seu corpo e vai ficar com ele até a morte", e naturalmente o pré-adolescente não conhece aquele corpo. Olha para si, olha a seu redor, entra em crise, entra em conflito, não gosta, ou gosta, podem acontecer mil coisas.

Vocês são suficientemente jovens para lembrar ainda algo a respeito de sua respectiva adolescência: algo há de nascer, mas o quê? Uma mente que deve conter um corpo que não é conhecido, mas que é o corpo de vocês. Porque é de vocês, não tem jeito ou saída, queira ou não a mente é este seu companheiro e não terá outro.

Esse é o momento da adolescência, é por isso que lhe dou tanta importância a ponto de defini-la uma área específica.

Poderia esclarecer melhor de que maneira a latência seria um momento de informação? Por que Freud a chama de *latência?* Chama-a assim no sentido de um momento de suspensão, de espera, e também, de certa forma, conclusivo da parábola da criança. Mas, para mim, constitui um período de coleta de informações, a criança constrói uma teoria sobre si mesma no mundo. Aprende a fazer isso, mas a que lhe serve? Serve-lhe em termos de *potencialidades*, isto é, para ter à disposição uma mente capaz de explicar a própria criança inserida no mundo. Mas qual é a utilidade de todos esses conhecimentos? Nenhuma (se não, como disse, em termos de potencialidades mentais), porque muito depende do choque que a puberdade determina na criança. Muito depende do choque, isto é, da componente biológica sobre a psíquica, sobre a capacidade de continência da psique. Portanto, qual é a utilidade de todas aquelas informações coletadas até então?

Poderíamos imaginar que sejam informações úteis justamente no âmbito da relação com o corpo, agora mesmo que o corpo irrompe, impõe-se?

Sim, mas nunca houve aquele corpo, o corpo não é objeto de interesse privilegiado da criança. Que tipo de informações pode fornecer se ainda não viveu aquele período? Trata-se de vivências ainda não vivenciadas, portanto, quais informações pode trazer? Pode oferecer informações muito amplas e não específicas se sua vida de criança foi suficientemente aberta, suficientemente crítica, suficientemente dinâmica, com pais que lhe permitiram uma constelação edípica suficientemente funcional, aberta, e então, sim, terá mais liberdade de se ouvir, escutar, olhar. Isso sim. Se, diversamente, sua infância foi fechada, cinzenta, com uma mãe opressora e angustiada, talvez tenha estruturado fobias, medos, angústias, e quando chega à adolescência e acontece aquela eclosão, então não contém mais nada, não há barreiras.

Mas nós sabemos muito bem que, na grande maioria dos adolescentes, sempre há alguma barreira.

Isto é, o fato de ter sido uma criança tem a função de permitir-lhe poder ser também, de certa forma, adolescente, mas esse "de certa forma" necessita de uma experiência que deve ser feita com as vivências do adolescente e não com outras coisas, nem futuras, nem passadas. Nesse sentido, há uma descontinuidade que é própria da entrada na adolescência e o ponto mais delicado é justamente a passagem da situação de latência à primeira adolescência. E a razão é muito simples. Na primeira adolescência qualquer situação de conflito provoca um retorno às metodologias infantis, onipotência, magia etc. Eis a razão pela qual o analista de adolescentes deve estar bem preparado, porque na mesma sessão pode acontecer que o pré-adolescente se comporte como uma criança três ou quatro vezes e então deve ser visto como uma criança, e não como um adolescente.

Se lhe mostrarmos que está utilizando instrumentos dos quais lançava mão quando tinha 7 ou 9 anos e, de repente, estava assustado pelos ninjas, ou por outros monstros que podiam arrebatá-lo, e ele devia se defender com cápsulas especiais (vejam bem, estou usando essas expressões porque na minha época não existiam esses personagens), então pode perceber que está usando aqueles mecanismos com os quais consegue recuperar fôlego, recuperar tempo, mas que não resolvem nada. E se consegue enxergar isso, então retorna a ser adolescente. Como podem ver, há essa passagem contínua e o analista deve acompanhá-la de forma a não exigir que um adolescente que esteja adotando mecanismos infantis use outros mecanismos, porque naquele momento só dispõe daqueles. Eis, portanto, que para o adolescente é muito importante a formulação da proposição analítica; ou seja, é necessário que a *proposição analítica contenha em si o modelo*.

Vou procurar ser claro porque este ponto é de fundamental importância. É importante dizer a um analisando: "Ao invés de se dar conta de que, ao proceder desta forma, gera grande sofrimento, é muito mais simples agir assim, ou dessa outra maneira...", em que o acento cai não tanto no "se dar conta de que", mas sobre como é muito mais simples enfrentar o problema dessa ou de outra maneira, porque desse jeito indicamos ao adolescente um modelo de como fazer, já que ele ainda não sabe, não pode saber.

E essa é uma técnica que tomamos emprestada do trabalho com os psicóticos. Se vocês tiverem em análise um psicótico e percebem que está mal, que está num beco sem saída, batendo inutilmente a cabeça contra uma parede, se formularem sua proposição evidenciando o que está acontecendo dentro dele, cuja função é essa e outra, não irão aliviar seu sofrimento. Se quiserem, explicarão sucessivamente o que tudo isso significa, mas antes devem evidenciar o fato de que "ao invés de se dar conta de que utilizando esses recursos dos quais dispõe já poderia ter resolvido sem muito sofrimento e sem demasiada dor...". Então, o que faz o psicótico? Compara seu comportamento com o modelo de um comportamento econômico e funcional e então se dá conta. E isso leva adiante a possibilidade de uma percepção e, assim, no psicótico gera-se uma experiência.

O mesmo acontece na adolescência. Se não oferecemos o modelo e nos limitamos apenas a mostrar sua função, é claro que ele diz: "Ok, e agora o que vou fazer com isso?". Quantas vezes os analisandos dizem: "Sim, e agora vou fazer o quê com isso?". Porque na proposição faltou o modelo, e o modelo é o universal do comportamento do sujeito. Fui claro?

Não. O que o senhor entende com o "universal"?

O modelo torna-se um universal, isto é, *a maneira e a forma* como o sujeito pode se mover mentalmente. Se vocês lerem novamente os demais escritos sobre a relação e a proposição analíticas, vão perceber que já esclareci esses aspectos, mas agora é preciso acrescentar outros, já que nossa pedra angular é sempre a proposição analítica, porque a proposição analítica é nossa transferência, nossa transferência em relação ao analisando. E isso deve conter e deve ser proposto de forma que possa ser metabolizado, deve conter aqueles afetos que o analisando não consegue metabolizar e estes devem ser indicados; deve conter aquele *quid* de calor emocional para que a percepção se transforme em experiência, caso contrário se torna simples percepção em nível racional.

Mas como podemos transformar uma compreensão racional em algo utilizável em nível de *experiência*? Justamente dando, nós, a contribuição da *emoção;* via de regra, o analisando está sempre bem disposto a "emocionar", porque o fato de nos trazer emoções é facílimo; mais difícil é retirá-lo das emoções para mostrar-lhe o que está fazendo. Porque se está completamente submergido pelas emoções não pode ouvir e, portanto, a dificuldade está em retirá-lo de lá, e isso mediante uma nossa operação mental que consiga mostrar-lhe de que forma está se servindo de sua mente e qual seria a possível função daquele comportamento. Então, ele sai de seu clima emocional para ouvir e para ver se reconhece-se no *modelo* que eu estou propondo.

Se ele se reconhecer e nos disser isso, ou associar algo com que nos mostre claramente que pôde acompanhar nosso discurso e teve uma nova percepção – prestem atenção na palavra *percepção* –, conseguiu seguir o que eu lhe disse e então chegou o momento de transformar essa percepção em uma experiência. Isso pode ocorrer mediante uma nuance emocional, porque é evidente que, se eu usar a vertical ele presta grande atenção, mas eu lhe retiro todo o páthos das emoções, porque estou dizendo "está se comportando em relação a si mesmo dessa e dessa maneira", "ah, não pensei nisso". Mas não é suficiente! Se ele se comporta assim, não pode não se comportar assim também comigo, ou com vocês, porque é a maneira que conhece de se comportar. Mas então, se eu atrelar a horizontal à vertical e lhe mostrar que trata da mesma forma a si mesmo e a mim, então vou devolver a sua nuance emocional que havia retirado porque não permitia o pensamento; mas a nuance emocional entre ele e eu agora permite o pensamento, porque permite a confrontação.

Então o sentir dele em relação a mim, quando derivar da clareza de um funcionamento dentro de si mesmo, é válido, ao passo que qualquer emoção que não emergir com base nessa clareza é obstáculo à percepção, portanto, à experiência.

Como podem ver, são vários os planos e múltiplos os sistemas. Se desejarem vê-lo do ponto de vista do eixo cartesiano, então poderão ter dois eixos cartesianos que se compenetram: um no ponto em que ocorre a percepção na vertical, constrói-se o modelo, mostra-se a função; e outro no ponto em que a intuição se transforma em experiência, mediante a emoção na horizontal.

Por outro lado, vocês sempre terão eixos cartesianos que se intersectam: emoções que impedem o pensamento, necessidade de diminuir a emoção do sujeito para que se dê conta e possa fazer emergir seu pensamento. Em seguida, depois que esse pensamento veio à tona, então ele pode novamente servir-se de sua emoção, mas dessa vez a emoção não tem mais a capacidade de impedir a percepção; aliás, torna-se por sua vez função de novas percepções. Não existe pensamento que não tenha emoção, até o pensamento mais abstrato, matemático, comporta emoções. Em virtude disso, então, nós temos que ser capazes de conter essa emoção quando for muito intensa, excluí-la quando sua qualidade for realmente invasiva e destrutiva, e voltar a propô-la sucessivamente em situações de calmaria, porque, como dissemos, sem emoção não há experiência.

Sim, mas a emoção existe sempre! Como poderia haver sensação ou percepção sem a emoção?

Não, não concordo. Há pessoas com funcionamentos ainda mais arcaicos, em que há a sensação e mais nada, só sensação, infelizmente.

Isso me faz pensar em uma paciente que teve uma série de percepções absolutamente isentas de emoções, depois de uma forte manifestação de raiva...

De qual raiva está falando, daquela equina ou canina?

Não, raiva no sentido de... ira.

Acham que a minha foi uma piadinha? É assim que a proponho aos pacientes, quando me falam em raiva. Sintam o impacto da palavra "ódio" e vejam a diferença que tem em relação à palavra "raiva". Não nos conformemos, nós também, à mistificação, senão é melhor desistirmos. A raiva não tem responsabilidade, é um querer se livrar de algo. "Eu estou com raiva" tem certa passividade, como se a raiva atingisse o sujeito. Mas "eu odeio" tem forma ativa. Que responsabilidade teria alguém que diz "fiquei com raiva" ou "deixaram-me com raiva"? "Eu odeio" tem conotação muito diferente, o sujeito é responsável. Está claro? Por isso, quando o paciente diz assim, eu pergunto se está falando de raiva canina, bovina, equina ou ovina.

Mas, e o paciente? Não fica ofendido?

Claro, mas que me odeie, quero ver, faço isso de propósito, no sentido de que quero provocar clareza dentro do analisando. Porque quem usa "raiva" não pode usar "amor". Deem-me o equivalente do amor como antônimo de "fiquei com raiva". Mas vocês usam a palavra "amor", não é? A palavra "amor" pode ser usada se utilizarmos a palavra "ódio", senão também o amor é mistificador. Não são coisas marginais, garanto: se vocês pensarem, observarem e aplicarem a seu analisando esta palavra, de hoje em diante, ao invés da outra, verão coisas interessantes. Façam-no, experimentem e depois vão me dizer, estou aqui para aprender com vocês. Eu compartilho minha experiência, mas estou interessado nas de vocês todos, senão por que estaria aqui, se não soubesse que vocês podem me transmitir e compartilhar algo?

Sei, a vocês parecem coisas mínimas, leves nuances, mas garanto que, na minha experiência, são tudo, menos irrelevantes. Por exemplo – e aqui vocês poderiam pensar "mas o professor está doido", e de fato, sim, poderia ser considerado um tanto doido –, outra coisa a que dou muita atenção é nunca apertar a mão.

Por quê?

Porque não se trata de uma relação comum, mas de uma relação analítica, e temos que sinalizar isso desde o primeiro gesto. As implicações num aperto de mão são inúmeras. Façamos um exemplo, extremo e simples ao mesmo tempo.

Sessão intensa, uso a palavra de vocês, "raiva" a perder de vista (imaginem se usasse a minha, "ódio"), e no fim... vamos trocar um aperto de mão? Eu respeito o paciente, o fato de não lhe apertar a mão significa ter respeito pelo analisando. Ouçam-me e depois pensem a respeito. E por quê? Porque eu lhe crio confusão, ele não sabe mais a quem referir-se, não sabe mais e não vive até o fundo seu ódio, assim como não vive até o fundo seu amor. Porque aquele, que aperto de mão é? É a ruptura de um processo muito importante internamente ao analisando, internamente às figuras que eu, com minhas palavras, com minha presença, coloquei em ação; portanto, há um cenário onde se aglomeram personagens, entre os quais também o analista; acontece uma batalha épica, instaura-se uma situação até dramática, que deve prosseguir, deve trabalhar até permitir que o sujeito faça um trabalho interno de percepção e experiência. Eu, com meu aperto de mão, quebro isso, e mais: às vezes posso até provocar no analisando um sentimento profundo de culpa, de vergonha, porque ele me odeia e eu, em contrapartida, estou ao seu dispor, até tendendo minha mão. Claro? E isso é perigoso, porque marca o início da idealização do analista, e lembrem: analista idealizado, análise terminada.

Tenho um paciente há um ano e meio, nunca apertou minha mão e praticamente travamos uma espécie de luta, cada um medindo o outro e ele se opondo em continuação. Na volta das últimas férias, chegou, entrou com certa ênfase e apertou minha mão. Falamos nesse gesto e daquele momento em diante ele começou a apertar minha mão ao sair, e depois também ao entrar. Acredito que, neste segundo caso, porém, tratou-se da possibilidade de devolução...

Sim, mas já que não se trata de um recém-nascido e sim de um adulto, pode fazer isso com as palavras e usar a mente, não delegando a expressão de seu estado de espírito ao contato físico, por sinal uma alegria para o analista, não é? Claro? Não, lamento, eu não a teria apertado!

Verbalizar, verbalizar e verbalizar. Essa é nossa técnica. Verbalizar. Somente a palavra é nossa possibilidade de contato, não existem outras. Podem acontecer vezes, em casos muito graves de psicóticos, em que é necessário que eles sintam fisicamente que estamos aí presentes. Mas então eu não preciso fazer isso fisicamente, posso dizer, então eu digo: "Eu, neste momento, o abraço, o senhor fez um esforço enorme e eu neste momento dou-lhe meu abraço". Não precisa fazer o gesto, é algo que sai assim, e então o analisando responde: "Nem mesmo minha mãe fez isso comigo", e então vamos ver de que mãe se trata, de qual mãe está falando, daquela histórica? De sua imagem de mãe?

Esses são *os modos* e *as formas* para abordar certos materiais que são muito difíceis, mas vocês acompanharam meu raciocínio? Vejam a implicação, olhem por um momento para o último exemplo e observem suas implicações. Ele recobria de um significado aquele aperto de mão, e de fato é assim. Não é verdade que seja um simples gesto de cordialidade, hábito comum das populações ocidentais. É um gesto que tem sua história, bem sabem disso: "Eu estou desarmado, não tenho armas comigo". Nas populações indígenas sul-americanas, a saudação não se dá pelo aperto de mão, mas com o abraço, tocando o corpo para ver se o outro está armado. São essas as formas iniciais que se tornaram hábito e ainda hoje se faz assim. Está claro? Os orientais têm outras modalidades, os esquimós tocam no nariz e assim por diante.

Portanto, depois que a porta abriu, o paciente entrou, nada está isento de significado. Um bom *setting* será facilitado pela escassez de ações por nossa parte e assim ajudamos a protegê-lo e fazer com que o analisando também o proteja. Certamente, quando saem, eu aperto a mão, mas somente quando vão embora ou no final da análise; acontece, por exemplo, antes das últimas férias, os pacientes tendem a mão e eu retribuo o gesto. Mas não tem, àquela altura, algum significado especial, a parte mais pesada do percurso já foi feita, é algo que ocorre sempre em um ano, um ano e meio, até dois, que é o período da descida no inferno. Depois, começamos a subir novamente.

Temos que estabelecer um acordo. Se vocês acharem que a análise é uma relação comum, façam como queiram, mas se acharem, como eu, que a experiência analítica é, talvez, a experiência que mais do que todas as outras se aproxima da verdade, então é preciso respeitá-la. Não é um teatro, portanto, não pode ser que primeiro se mate o analista e depois lhe estenda a mão antes de sair, ou vice-versa; o poder apertar a mão significa: "Eu matei o analista, mas estou tranquilo, ainda está vivo", claro?

Acredito que seja um problema de coerência, é preciso coerência, usem o vértice teórico que desejarem. Mas quero coerência, e se eu exigir coerência, devo ser coerente frente ao analisando. Se esta é uma experiência dentre as mais reais que posso fazer, mais próxima da verdade no sentido da realidade interna última, muito bem, então eu faço o possível para criar um *setting* de absoluto respeito, certo silêncio na sala e os únicos movimentos são aqueles em que vou receber o analisando e depois o acompanho novamente à porta da sala. Portanto, nada de aperto de mão, nada disso. Se ele cumprimentar, eu cumprimento. Se ele não cumprimentar, eu não cumprimento. E as saudações serão análogas. Se ele usar um "até logo", eu respondo com "até logo". Se ele disser "boa noite", eu respondo com "boa noite". Se ele usar expressões do tipo "como vai?", eu não vou responder. Quando o acompanho à porta da sala, não falo mais, a sessão acabou, na porta eu me calo. Há quem diga que são baboseiras, mas para mim são coisas muito importantes. Porque desde logo denotam a qualidade de nosso trabalho com o analisando.

Entretanto, com um paciente psicótico, acontece que eu continuo falando até à porta da sala...

Mas é claro! Para trabalhar com psicóticos é preciso *descer* na psicose e se o senhor faz isso é normal falar com seu analisando até a porta. Isto é, até quando estão próximos de mim, eu os vejo, os sinto, os ouço e lhes falo. Isso porque a dificuldade específica do trabalho com os psicóticos não é em relação à psicose, mas que para cada psicótico é preciso criar instrumentos *ad hoc* para poder ajudá-los. Ou seja, é preciso criar uma linguagem que construímos juntos, devo criar uma linguagem que parta dele, que sirva a ele, porque quando um psicótico diz algo, por exemplo: "Mãe, pai, irmão" ou "eu como", "estou com sede", não é nossa sede, não é nossa fome, nem mesmo a ideia de pai ou mãe é a mesma nossa. É dele, do psicótico. Portanto, temos que descobrir o valor desse significado e aderir aos seus significados.

Assim, quando eu usar sua linguagem, e ele sabe que a uso porque ele também a usa, podemos nos transmitir mensagens porque não há espaço para mal-entendidos, ou só há uma pequeníssima possibilidade de mal-entendido ou equívoco, e então eu posso desenvolver uma função em sua mente. Posso alcançar alguns aspectos de sua mente. Mas tudo isso tem que ser construído como num canteiro de obras, durante a sessão... e com o adolescente acontece a mesma coisa.

O adolescente, ademais, deve ser deixado livre, porque não se senta, se levanta, anda, encara? E o psicótico faz a mesma coisa: se levanta, encara, olho no olho... Como podemos fazer com que um paranoico se deite no divã? Concordam comigo que não faz sentido? Como podemos fazer com que um adolescente se deite no divã? Impossível, paradoxalmente é mais fácil fazer isso com uma criança. Já me aconteceu mil vezes, as crianças se deitam no divã, mas não para imitar aos adultos, e sim porque queriam mesmo, não estavam angustiados, contavam histórias, as representavam, ou faziam do divã um uso misto. Agora me deito, depois me levanto, depois caminho pela sala, depois me sento, olho para você. Um psicótico ou um adolescente não podemos prender, algemar. Temos que deixá-los livres, porque também aquele andar, se sentar, olhar tem um significado muito importante e muito preciso.

E então o que é que o provoca? Qual é a provocação? Ou é algo que não pode me dizer olhos nos olhos? No adolescente, isso é típico quando se toca a esfera da sexualidade ou de alguns desejos. Então viram o rosto e podem falar. Uma fala hesitante, quase gaguejando, mas devem ser respeitados.

Como podem ver, o *setting* seja talvez mais rígido do que o antigo *setting* que nossos progenitores analistas utilizavam, mas é muito mais dinâmico, porque é muito mais aderente ao caso. Porque cada caso é um caso, não existe uma psicanálise para todos, existe uma psicanálise para cada pessoa, vocês não irão se aproximar da mesma maneira de todos seus pacientes. Vocês têm uma linguagem para cada um de seus pacientes, e como nasceu essa linguagem? Talvez não tenham percebido, mas nasceu – e podemos tranquilamente teorizar a respeito – porque nós criamos uma pragmolinguagem, uma linguagem pragmática que se torna a linguagem comum da relação analítica, que vai se enchendo de termos, de significados, de emoções. Poderíamos dizer que, quando o vocabulário esgotar, a análise também chegou a seu fim. Isto é, quando tivermos condições de nos compreender, nossa função estará concluída.

12. Problemas de técnica psicanalítica[1]

Por que querem *compreender*? Ao compreender, uma preta lápide marmórea é pousada sobre qualquer problema clínico. Porque o compreender enterra a percepção, as intuições, a curiosidade. Se compreendemos, não estamos mais onde deveríamos, discurso encerrado: justamente, compreendemos. Estão me acompanhando? Compreender constitui o grande perigo da Relação Analítica, pouco importa se quem a compreender for o analista ou o analisando. Compreender não significa *perceber*, porque compreender pertence à mente, é um processo estritamente mental, não passa pelo corpo, não passa pela sensação, não se torna percepção e, assim, não pode ser transformado em experiência. Porque o compreender tem uma nuance e uma tensão emocionais muito baixas, senão não se pode compreender; para compreender é preciso que haja o eclipse, o eclipse do corpo. Mas se houver o eclipse, qual seria a nuance emocional que resta ao compreender? Quase nada, e, portanto, não pode se tornar experiência, não tem suficiente nuance emocional para se tornar experiência, coisa vivida, coisa metabolizada, coisa sentida. Permanece um simples compreender. Este é um ponto

1 Os assuntos deste capítulo foram tratados em vários seminários que aconteceram nos seguintes períodos: fevereiro de 1987, setembro de 1993 e julho de 1994.

fundamental: é muito importante que seja claro que o compreender e o sentir são, sob alguns aspectos, antinômicos, isto é, quanto mais compreendemos, menos podemos sentir. Tanto é que, quando um analisando me diz: "Não entendi", eu lhe digo que aquele verbo não serve durante a sessão. Porque, se não sentirmos, aquele compreender, aquele entender permanece um mero exercício mental, uma defesa, e a defesa não gera experiência. Mas isso não é um assunto simples, porque vocês precisam se dar conta da velocidade e da rapidez com que algo que lhes é dito, ou algo que vocês ouvirem, pode imediatamente resvalar para o compreender, porque pode ser extremamente perigoso para o sistema pensante do paciente, assim como para o nosso.

Se isso é relevante para o trabalho com todos os pacientes, imaginem para os psicóticos, que nos falam em uma linguagem que não tem nada a ver com a linguagem histórica. Servem-se de ruídos e de palavras que parecem dizer as *coisas* que vocês imaginam e que estão acostumados a compreender quando, em um diálogo – uma conversa ou uma relação comum –, encontram seus colegas, seus maridos, seus amigos. Mas são *coisas* que não têm nenhum sentido, e digo mais: que induzem a erro. Isto é, podem levar a posições ou áreas que não têm nada a ver com aquilo que, na realidade, diz o psicótico. Portanto, são aspectos extremamente delicados, exigindo instrumentos altamente refinados cuja invenção não se pode dar na hora; são o produto de uma severa disciplina, por exemplo, aprender a ouvir, não tentar compreender e permanecer curioso. O que significa esta atitude? Significa ficar imediatamente mergulhados na loucura de seu analisando, mergulhados em seu clima psíquico.

Se observarmos um fato psíquico, temos que estar disponíveis a esta observação. Se, diversamente, eu quero compreender um fato psíquico, eu tenho que criar um quadro teórico e devo providenciar instrumentos para transformar uma constelação completamente livre e dinâmica em algo significativo. A operação de compreender conduz ao desenho de uma constelação múltipla, com uma direção precisa, com classificações definidas. Essa é uma operação necessária, uma operação até muito relevante *quando feita depois*, mas quando estamos com o paciente é completamente destrutiva.

Alguma vez já experimentaram uma sensação de arrebatamento? Poxa! Só alguma vez? Eu sinto-me arrebatado há 37 anos! Sobrevivo, como podem ver é possível sobreviver. Sejam um pouco mais otimistas, vocês também! É possível sobreviver, eu cheguei até aqui, tudo bem, meio adoentado, mas estou aqui! Em alguns momentos, é possível aceitar o fato de sentir-se arrebatado. Aproximamo-nos com humildade de um mundo completamente desconhecido. Temos alguns instrumentos? Sim, se os metabolizamos, mas se estiverem demasiadamente definidos e precisos em nossa mente, então não, não servem, aliás, são um estorvo. Mas, sobretudo, o que importa – e é por isso que comecei dizendo que devem aprender a ouvir – é que nasça uma nova forma de escutar, porque o que o paciente nos diz é fonte do nosso conhecimento. Se vocês imaginarem que o analisando que têm à sua frente seja a *fonte* potencial de seu conhecimento, eis que sua atitude já muda. Não são vocês a oferecerem conhecimento ao analisando, mas é o analisando que o oferece a vocês. Este é um aspecto que convém levar em conta, justamente na tentativa de prover-se de ouvidos especiais, olhares especiais, atitudes especiais. Claro, isso acaba frustrando nossa onipotência! O que é importante é a maneira como nos colocamos, depois algo acontecerá! Se é possível ter continuidade, se é possível ter um critério preciso, um esquema de compreensão pontual, deveríamos nos sentir mais tranquilos, não é? Não! Não há continuidade, não há critérios se a fonte for o nosso analisando psicótico. A fonte de nosso conhecimento é ele. Vamos para aprender, certo? E eles nos ensinam e nos dizem o que temos que fazer: tudo depende de nossa capacidade de escutar.

Claro, bem sei que amiúde se usa a expressão *empatia*, mas não sei se podemos falar em empatia. É preciso ver do que é recheada, essa empatia. Porque se entrarem problemas que têm a ver com a memória e o desejo, a patuscada é grande. Introduzem-se variáveis que, no trabalho com o analisando, nos conduzem ao inferno. Diretamente ao inferno, não há mais diálogo. Querem saber qual poderia ser uma variável fora de controle? O desejo de curar um paciente. Uma verdadeira bomba atômica! Uma bomba atômica que nos leva a dizer: "Eu vou curar essa pessoa!". Daí, sou eu o psicótico, não ele.

Ao mesmo tempo, devo confessar-lhes uma coisa, mesmo que, para isso, vocês me vejam enrubescer: eu amo os psicóticos! Amo-os, mas sei que quando trabalho com eles tenho que manter uma distância. Considero fundamental estabelecer uma distância psíquica adequada do indivíduo que temos à nossa frente e essa distância varia a depender do analisando e a depender do analista. Por que falo em distância? Porque é algo que tem a ver com problemas de observação; se o objeto que temos que observar estiver demasiadamente próximo de nós, na melhor das hipóteses, só enxergaremos uma parte, alguns detalhes; mas a visão de conjunto será prejudicada. Se estivermos excessivamente distantes, por outro lado, não enxergaremos mais os detalhes que constituem o conjunto. Portanto, ajustar uma distância psíquica é um problema extremamente complexo e muito difícil, porém necessário. Não pensem em enfrentá-lo imediatamente. Às vezes, para nos ajustarmos à distância certa levamos dez, quinze, vinte sessões. Às vezes, até mais, a depender do caso. Portanto, procurem definir um ouvido especial, estabelecer a distância necessária para regular o foco corretamente, se preferirem essa expressão, uma distância psíquica adequada àquele tipo de paciente. São todas operações que podem e devem nos envolver de imediato. O que o paciente diz podem até não ouvir. Mas devem prestar ouvidos a *como* diz isso. Portanto, nada de significados, somente a modalidade. O modo como diz, e assim por diante. É evidente que, ao introduzir aspectos pessoais próprios, a relação é perturbada, a distância é imediatamente deformada. Se nos colocamos no plano da empatia, somos levados a nos aproximar bastante do ponto de vista psíquico do paciente, ao invés de preservar aquela distância que nos permita avaliar o modo e os comportamentos do analisando. Se escutamos o que ele diz, isto é, a história que narra, somos perturbados, porque imediatamente a traduzimos em termos nossos. Repito: *não temos que escutar o que diz, mas como o diz.* Isso poderá nos sugerir numerosas ideias que, aos poucos, poderemos propor ao analisando.

Acredito que já lhes disse que não é por excentricidade semântica que, pessoalmente, não uso o termo *interpretação.* A palavra *interpretação* funciona muito bem para os que se servem do modelo freudiano – então está certo falar em interpretação, porque o analista tem um modelo segundo o qual a mente e as vivências do homem desdobram-se no decorrer de um desenvolvimento, a partir de fases (oral, anal, fálica), com todas as suas complicações, até a entrada e a saída do complexo de Édipo etc., e portanto interpreta, isto é, pega o material que o analisando oferece e – através da lente da teoria freudiana – arruma-o e depois o repropõe traduzido em outra linguagem. Mas, se abandonarmos esse esquema e assumirmos a responsabilidade de nos aproximar do analisando como fonte de conhecimento, como *única* fonte de conhecimento, essa operação de interpretação será feita posteriormente, com os colegas: é aquele o momento da interpretação. Mas com o interessado, não! Com o interessado, visionaremos os modos e os comportamentos e *tentaremos junto com ele propor algo acerca do funcionamento de sua mente*, daquela mente. A questão não é: "isso é melhor, isso é pior". Aqui, é só questão de hipóteses, hipóteses teóricas e nada mais; e qualquer hipótese tem o analisando não apenas todo o direito, mas até mesmo o dever de contrapor.

Vocês me chamaram – não chamaram um livro ou uma teoria – e eu lhes ofereço minha maneira de trabalhar, minha abordagem, aquilo com que me aproximo dos pacientes. O paciente não se importa com minhas teorias, mas eu não posso ignorar as suas! O que importa – como técnica de abordagem – é *investigar*, não deixar absolutamente ao nosso paciente espaço demais para recitar sua história. Não lhe deixar espaço significa justamente: *break*! E perguntar o que significa o que está dizendo. Por exemplo: "Sinto-me entediado". Perguntar: "Que tipo de tédio?", de modo a fragmentar o seu dizer e, ao invés de deixá-lo no terreno dele, deslocá-lo e obrigá-lo a auto-observar-se. Fazer exatamente o oposto daquilo que ele está fazendo: ele está jogando coisas para fora, e nós temos que levá-lo a olhar para dentro dessas coisas, e a mantê-las dentro de si, para analisá-las conosco durante a hora que temos à disposição. Senão, seríamos submersos por essas narrações que acabam sendo banais, repetindo-se sempre, em geral estereótipos, porque é no estereótipo que a defesa procura se esconder. Se o analisando tiver a possibilidade, simplesmente, de aliviar-se, descarregar-se, poderá produzir uma quantidade enorme de material, material entediante porque será pavorosamente repetido e continuará nesta operação de pôr para fora. Diversamente, nós temos que chamar a atenção dele e barrar este vazamento informe de materiais para solicitá-lo, interessá-lo e despertar a curiosidade acerca da maneira como usa a sua mente.

É preciso chamar a atenção de vocês para a necessidade de escolher imediatamente, entre o material, o tema que parece mais absurdo, mais manifesto, o que quiserem, não importa. O que importa é que barrem o vazamento e obriguem o analisando a assumir a responsabilidade pelo menos daquilo que diz. Quando conseguirmos fazer com que ele assuma aquilo que está dizendo, daí poderemos mostrar como está dizendo essas coisas e quais são as funções que esse comportamento pode assumir. Pois, dessa forma, obtivemos material e propusemos algo ao analisando, colocando-o em condições de se dar conta de que essa agitação, essa balbúrdia, toda jogada para fora como está, tem justamente a função de mantê-lo longe da percepção das relações, dos sentimentos, das emoções – se não sei, não importa –, caso a caso há de se ver o que predomina no momento. O aspecto mais grosseiro, obviamente, é o que lhe mostramos primeiro.

Quem somos nós para o analisando? Se não conseguimos saber quem somos, é difícil encontrar nossa colocação, claro? Também por isso é importante observar de certa distância: ritmos, orelhas, mãos, outras coisas das quais não lhes falei, é importantíssimo saber de imediato quem somos para nosso analisando, e isso conseguimos pescar quase de imediato. Podemos ser, por exemplo, um objeto fóbico, podemos ser um objeto persecutório (através de uma crítica), podemos ser muitas coisas, podemos ser a cesta do lixo, mas temos que tentar ter uma ideia disso. A situação modifica-se, não somos sempre a mesma coisa para nosso analisando, mas é necessário que não esqueçamos de rever a questão, de vez em quando, para ter um elemento a mais.

Se houver uma rejeição clara por parte do analisando em relação à nossa proposição, podemos considerar essa recusa como um importante rastro psíquico a ser seguido; ou podemos avaliar que, naquele momento, o analisando não consegue enfrentar aquele tema específico e então deixamos cair a questão. Voltará a apresentar-se mais à frente, nada é perdido. Bem sabemos que nossas intervenções provocam angústia, que o analisando é portador de angústia. Certamente, nossa função, na medida do possível, é diminuir a tensão, não a aumentar! Portanto, devemos, sobretudo em terapias com frequência semanal, usar um pouco de bom senso. O que quero dizer com isso? Não deixem que o entusiasmo tome conta de vocês no findar da hora: considerem o tempo, porque é inútil levantar uma questão que não poderá ser minimamente elaborada com o analisando (por conta do tempo que está esgotando). O analisando nos traz problemas – não vem até nós para bater papo –, portanto, enfrentem-nos no começo, para ter mais espaço e mais tempo para trabalhar o tema com seu paciente.

Se eu tiver uma teoria na cabeça, estou saturado e só, não posso enxergar outra coisa. E mais: se por acaso me esforçar para compreender, pior ainda, será um prato cheio para o analisando! Ele deita e rola e nós não sabemos mais como prosseguir. Falta espaço na mente do analista. Antes, falávamos de espaço e eu entendia-o justamente no sentido de espaço físico e de relação, de colocação. Vocês aí, eu aqui; o analisando aí, o analista aqui: eis a distância, dependerá de minha miopia ou de outras coisas, considerem isso como metáfora, obviamente. Depois, há mais um espaço, que é aquele mais importante, interno à nossa mente. Estão vendo esta mesa? Se eu pedisse para fecharem os olhos e perguntasse: "Digam-me o que há em cima dessa mesa e a disposição desses objetos", tenho certeza de que não conseguiriam responder com segurança e exatidão. Mas, se eu limpasse a mesa, deixando-a vazia, apenas com meus óculos, vocês teriam dificuldades para saber que há um par de óculos aqui? A mesma coisa acontece com a mente de vocês: devem limpá-la de tudo. Uma boa atitude e uma boa técnica clínica frente a qualquer tipo de analisando consiste em esvaziar a mente. Limpem-na de tudo. Deixem somente a mesa, isto é, deixem somente a mente de vocês disponível.

Gostaria de ressaltar que, em geral, todos nós esperamos chegar à ideia de que o analisando nos tenha dito o suficiente. Temos que evitar chegar até esse ponto porque, naquele momento, já estamos saturados, estamos tão fartos que não respiramos mais. A cada instante, os analisandos nos estimulam, a cada instante nos oferecem uma via de acesso, por assim dizer, a possibilidade de propor algo, mas nós aguardamos. Não é verdade que aquelas coisas não estão dentro de nós. Estão dentro de nós, todas, e chegam em determinado momento enchendo a mesa, enchendo-a de objetos, e depois nós não somos mais capazes de observar com as devidas clareza e tempestividade qual é o ponto de urgência. Por que estou dizendo isso? Porque na economia de uma Relação Analítica é muito importante (e isso, vejam bem, se não está na primeira fala do analisando, estará na segunda ou na terceira) que venha à tona logo qual é o problema dominante daquele dia; isto é, aquilo que deveríamos discutir, aquilo que importa discutir e eles – os analisandos – propõem-no. É muito importante ler este *ponto de urgência*, porque é o ponto de angústia e, especialmente, daquela específica angústia daquele dia de seu analisando. É importante também para a economia do trabalho de vocês, da mente de vocês, da coleta do material com o qual, em seguida, elaborarão suas relações, trocarão experiências e opiniões, justamente por conta da economia do esforço de vocês – para que possam se esforçar menos, para se poupar mais, para que não cansem. Então, justamente por economia, esta é a palavra correta, tentem identificar desde logo, não se deixem encher porque, depois, aquelas coisas ficarão dentro de vocês – inconscientemente – e causarão saturação. Façam isso, na medida do possível, começando exatamente nas primeiras falas e depois levem adiante o discurso.

Se ficamos à escuta, aos poucos podemos traçar aquilo que fazem os policiais quando há um homicídio e existem alguns rastros, alguém viu algo de uma pessoa, então a polícia esboça um desenho, coloca bigodes, cabelo mais ou menos comprido, modifica o nariz e conseguem um retrato falado. O que nós temos que fazer é justamente esta operação, mas vamos nos ocupar dela quando sairmos da sessão; vamos juntar aquelas anotações espalhadas e eis que, de repente, aparece o perfil do paciente, do analisando daquele dia. E só. Vamos guardar isso para nós. Em seguida, todos os dias ou todas as vezes que encontrarmos nosso analisando, modificaremos esse perfil. O perfil nos sugere quais são os pontos de urgência, que, por sinal, são os pontos ainda não esclarecidos, obviamente. Então, vejam, mesmo que vocês tragam consigo essa ansiedade de saber (eu não tenho nada contra, aliás!), o momento e o lugar de dar vazão a esse desejo estão fora da sessão, nunca dentro dela. Senão, torna-se aquele compreender que impede a observação. A ansiedade de saber, essa angústia dentro de nós, é o preço que nós pagamos ao nos confrontar com a mente de outro. Esse é nosso preço, não pensem que vão escapar. Cada vez que entrarem em uma sala onde um analisando está à espera, este é o preço que vocês pagam: sua angústia, que – claro – com o *training* deveria diminuir, mas que está sempre presente, porque não é possível, não é humanamente possível um contato entre duas mentes que não implique algum mal-estar. Certamente, por nossa parte esse mal-estar deve ser contido, deve ser reconhecido e, a cada vez que o reconhecemos, podemos contê-lo, mas permanece como o pano de fundo de nosso operar. Depois, na medida em que somos capazes de manter a mente livre como já disse, como a mesa vazia, então podemos escutar daquela forma que já descrevi, e que repetirei até o tédio, para poder seguir os movimentos psíquicos do analisando e suas curiosas formulações psíquicas, mentais.

O que acontece a cada um de nós quando um determinado material, trazido por um determinado analisando, nos paralisa? É evidente, e não há dúvidas a respeito, que, no primeiro impacto, o analisando introduziu, isto é, projetou maciçamente as angústias de morte ou suas angústias *tout court* – veremos mais adiante se são angústias de morte ou não –, mas de forma tão maciça a ponto de paralisar o analista. Qual é o temor do analista? Que não sabe onde apoiar suas proposições. Mas, no momento que não sabe onde apoiá-las, o problema se torna perigoso, porque envolve o analista e o analisando. Em primeiro lugar, é evidente que o analista deva se dar conta dessa situação, mas isso não é suficiente. Então emergem ansiedade e confusão, paralisia da capacidade pensante do analista ou relativo temor de não colocar as proposições nas posições exatas. O analista já tem, inconsciente ou conscientemente, uma visão da fragilidade de um tecido que não contém, provavelmente, nem as proposições analíticas. Qualquer que seja a situação, temos que fornecer, em todo caso, proposições ao paciente, nossa tarefa é tentar diminuir o nível de angústia e dar um mínimo de estrutura ao sistema egoico.

A paralisia significa que o analista se deu conta do fato de que algo na sua mente não funciona, e isso é ótimo, ainda bem que percebeu. Melhor a paralisia do que operar sem as devidas clareza e calma, reconhecendo que algo nos perturbou profundamente: o eco da angústia do paciente que encontrou um excelente cavalo para cavalgar, a angústia dentro de nós. Acham que esta abordagem leve seja satisfatória ou desejam aprofundá-la mais? Há também o problema do aparato pensante do analista. Precisamos levá-lo em conta, porque quem nos garante que hoje à noite não haverá algo que nos perturbe, ou que amanhã de manhã, adentrando a sala de nosso trabalho, não vamos perceber que nosso aparato pensante está descalibrado? É inútil; esta profissão, de vez em quando, deve ser feita coletivamente, porque sozinhos não iremos conseguir, porque estamos demasiadamente perto do material, sobretudo quando um paciente nos interessa muito ou desperta excessivamente nosso interesse, porque inconscientemente nos atinge, sem que nós possamos saber muito a respeito. Mas quando estamos no meio de colegas e podemos trocar nossas opiniões, eis que, de imediato, a coisa adquire um fôlego mais amplo, abre-se uma distância psíquica do fato, do acontecimento, da emoção, e então é possível avançar mais um pouco.

Às vezes, acertamos bem o alvo, mas depois não queremos mais prosseguir, porque achamos que entendemos mal, ou que erramos. Porém, a intuição estava correta, precisávamos ir mais a fundo, precisávamos ter mais respeito pelas próprias percepções! Isto posto, se nós queremos transmiti-las ao analisando, assim seja, senão as guardamos para nós, para que possamos reexaminá-las com calma depois. O material nos ofereceu uma informação, vamos segui-la! O material é o pretexto para provocar algo dentro de nós, não podemos permanecer fiéis ao material! Senão, não vamos levar adiante a nossa pesquisa, entendem? Lamento ver quando alguém é capaz de movimentar a si mesmo, mas, em determinado momento, reprime-se, inibe-se, em poucas palavras, cai fora.

Com certeza, o grupo de supervisão não pode substituir o analista, mas tampouco o analista pode substituiro seu analisando. Pensemos numa *pessoa em análise que diga se sentir sozinha e travada, sem saída*. Como trataríamos este material? Eu reconduziria o analisando *na vertical*, ao fato de que se sente sozinho porque não consegue estabelecer um contato consigo mesmo. Proporia isso de forma delicada, muito delicada e respeitosa. Falaria da privação em que viveu. E de lá veria o que pode vir à tona, porque quando o paciente chega e diz: "Não tenho mais opção, estou sem saída", é inútil que nos movamos por ele, sugerindo o que fazer; isso de nada serve. Serve, provavelmente, só para aumentar a sua angústia; pode, por exemplo, cair numa situação de depressão muito perigosa, porque enxerga sua absoluta incapacidade.

Qualquer movimento nosso que queira ser tal acaba por substituir-se à aquisição de percepção do analisando e, portanto, pode ser perigoso para o pouco de configuração egoica que resta do paciente, razão pela qual a única possibilidade é reconduzi-lo na vertical e propor-lhe que está com muita dificuldade em entrar em contato consigo.

"Aonde vou?". Esta é uma pergunta que não tem resposta, porque nós não podemos conduzi-lo se ele, o paciente, não excogitar e encontrar algo dentro de si. Não importa se, por acaso, tropeçar e bater contra algum obstáculo, é ele que deve fazer isso, porque nós podemos, na melhor das hipóteses, limitar-lhe o espaço. O espaço não será mais infinito, porque há também o analista, e isso é algo que podemos dizer ao analisando: "Somos dois aqui, portanto não estamos no infinito, eu também estou aqui, não está sozinho". Mas, quando eu lhe mostrar na vertical a sua solidão, mostro-a como dificuldade de entrar em contato consigo mesmo.

O que significa entrar em contato consigo mesmo? Bem, eu diria que significa, por um instante, mesmo se for uma visão que pode ser deslumbrante, ofuscante (como aquela que teve Édipo segundo a interpretação bioniana), ter a percepção do próprio núcleo constituinte, mesmo que isso possa representar uma Górgona, que pode devorar ou petrificar. Mas é um processo que o analisando pode enfrentar porque deve ter algum recurso, já que bateu à porta do analista. E, tecnicamente, a única maneira é esta: de fato, o analisando sente-se sozinho justamente porque tem dificuldade de entrar em contato consigo mesmo.

Chegando a esse ponto, *não empurramos mais*: agora temos que ser inerciais até quando o analisando encontrar uma maneira qualquer de lidar novamente consigo mesmo. Podemos somente estar ao seu lado e deixar que se mova inercialmente, não podemos mais pisar no acelerador, porque não sabemos aonde vamos, deve ser ele a decidir qual direção quer escolher. Interessantíssima oportunidade ao chegar até aqui: o vazio que aparece e que agora deverá ser lentamente preenchido – foi tocado o fundo do poço –, é disso que precisa e nada mais; com nossa técnica devem chegar no fundo do poço em cerca de dois anos. Depois, retornam à superfície e mais ninguém pode empurrá-los, senão poderiam sofrer uma embolia – na descida somos nós que os carregamos nos ombros, mas devem voltar a subir sozinhos.

Eu tento propor uma hipótese segundo a qual não há emoção que não procure o pensamento para ser contida, e remeto à hipótese do objeto originário concreto, aquela segundo a qual a situação de marasmo não é tolerável, e portanto a emoção tende a encontrar um pensamento, isto é, tende a ser acolhida por um pensamento, por algo que reveste as funções de pensamento; pode ser uma espécie de pseudopensamento, mas que, em todo caso, recolha essa emoção e a mantenha unida, senão se tornaria explosiva. O mandar embora, o empacotar, o manter distantes as emoções é justamente o sinal da angústia: da angústia que deriva da impossibilidade do fluir da emoção em direção a um pensamento.

Temos que, necessariamente, agarrá-los pelas vísceras, dar-lhes modelos concretos e viscerais. E não haveria outra maneira, porque se sozinhos não conseguem é inútil apelar-se a uma mente que não está lá. Às vezes a rede de contato explodiu, há uma tela, há uma barreira. O que fazer com uma barreira? Não há ouvidos para ouvir uma linguagem dirigida ao pensamento. Mas se, diversamente, toca-se na emoção, então chega a explosão, porque são atingidos os escombros que sobraram. A única coisa a ser dita, para amenizar a violência da explosão, é que no máximo poderá acontecer de o analisando cair do divã da sala de análise, devem ser 20 ou 40 centímetros do chão, não pode acontecer nada pior, nunca vi ninguém morrer, ainda mais considerando que tudo o que tinha que acontecer já aconteceu, é preciso ter isso bem claro na mente. Tudo aquilo que tinha que acontecer já aconteceu, o que está acontecendo agora é a repetição obsessiva, entediante, justamente daquela cena de cobrir-se, de não ver. Temos que fazer com que o analisando perca o terror das emoções. É preciso que as enfrente, que as pegue entre as mãos, que as observe, que se aproprie delas, é assim, não tem outra saída.

Poderia ter um moto de ódio para si mesmo, dizer: "Não vou viver nem mais um dia". Uma declaração desse teor pode até comportar um grande perigo para o analisando, perigo exatamente no sentido de desespero, e a impossibilidade e o desespero podem levar a gestos perigosos, portanto é necessário intervir, inclusive com força, sacudi-lo nesse sentido. As emoções não podem fazer-lhe mais daquilo que já lhe fizeram, é preciso que o analisando perceba que o passado foi, morreu, e que de vivo só tem ele e o que é capaz de fazer. É preciso atacá-lo profundamente no plano das emoções, chega de descrições! Que o analisando as vivencie, e até logo, afinal, não vai acontecer nada. O pensamento, muitas vezes, não é pensamento, é preciso que comece a perceber isso para que aprenda a *pensar*. O que significa isso? Significa ter uma emoção, contê-la, ser capaz de descrevê-la e enfrentá-la.

Fechar uma relação de análise, este é o problema! Depois que o inauguramos, no primeiro encontro, caso se revele, esse problema se revela em termos de curiosidade ou até mesmo de angústia por parte do analisando, que nos formula a pergunta clássica: "Mas o que o senhor acha, quanto tempo vai levar?". E a resposta é, clássica: "Dependerá do senhor, de sua capacidade, de sua coragem, de sua honestidade em relação a si mesmo". E é só isso, não há mais nada. Portanto, a Relação Analítica desdobra-se realmente, em certo sentido, neste clima fora do tempo e do espaço, porque é verdade que há um ritmo semanal, mas seu efeito é simplesmente o de um ritmo. Aquele ritmo semanal não leva a nada até que haja uma precisa e declarada vontade por parte dos dois de dar um fim à análise, aquele *algo* que flutua rumo ao infinito.

Eu acredito que o anúncio do fim da análise – peço desculpas, são coisas que vocês já sabem, mas gosto de repeti-las – seja um ponto realmente fundamental, tanto por como é feita a escolha quanto pelo momento em que acontece, e até pela forma como é proposto. Repito, *realmente fundamental*, porque a partir daquele momento não estaremos mais na realidade psíquica, mas na realidade histórica. Há uma data, há um mês, há um ano, alcançados os quais nossa relação termina. O que isso quer dizer? A meu ver, trata-se de uma questão importantíssima, já que, na minha hipótese, a dimensão histórica tem grande importância, diversamente de como pensam muitos grupos analíticos, que afirmam que, já que nós trabalhamos com o inconsciente, não há tempo, não há espaço, como se o inconsciente fosse algo fixo. Mas que é isso??? Eu penso diversamente, é muito importante a dimensão histórica, a flecha do tempo, o limite temporal da experiência. Com efeito, no mesmo momento que indicamos o fim da análise, geralmente – na absoluta maioria dos casos – ocorre também um retorno de tudo aquilo que representava a desarmonia inicial. Voltam os antigos medos, reapresentam-se as antigas angústias, o paciente pode se comportar como um cavalo desgovernado, mas isso é lógico, e muito me estranham aqueles colegas que se espantam com isso! Agora, porém, os movimentos são muito mais rápidos. O analisando refere um perigo, uma ameaça que o obriga a rever seus passos, mas os aspectos desarmônicos, que antes permaneciam por meses, agora manifestam-se e em um dia, dois ou três, resolvem-se. Em algumas ocasiões, duas ou três vezes na mesma sessão aparecem aspectos já enfrentados, e são enfrentados mais uma vez.

Portanto, por mais que possa parecer paradoxal, eu diria que *quando nós anunciamos o fim, começa a análise*. Tentem pensar em uma floresta, uma floresta virgem em que se entra. São duas, as pessoas: uma é o analisando, é aquele que *trouxe a floresta a ser explorada*, e a outra é o analista, aquele que *ajuda na exploração*. Entra-se na floresta sem saber nada dela. Avança-se, movendo-se, abrindo passagens e conhecendo as coisas como podem ser conhecidas. E quando anunciamos que *podemos terminar* começa realmente o processo analítico. Foi assim no meu caso e é assim na minha experiência clínica; não sei como foi, como é com vocês, cada um de vocês veja em seu próprio trabalho e depois me traga sua contribuição a respeito. Por mim, repito, é muito importante a enunciação do fim da análise.

O dado de realidade é fundamental: fundamental é trazer de volta o analisando para o dado de realidade. Isso quer dizer trazê-lo para a sua responsabilidade, ou seja, manter abertos e vivos dois níveis, de forma que se tornem bem dinâmicos: o aspecto inconsciente, e, portanto, a busca dentro de si, e também a experiência do mundo, trasladada no tecido em que nós realmente vivemos, que é um tecido de realidade, há pouco a fazer a respeito. Até porque a função da busca sobre o inconsciente tem e deve ter, a meu ver, uma função no real, senão que utilidade teria? Limitamo-nos a brincar com o inconsciente, a dizer: "Que inconsciente bonito temos"? Não. Temos que transpor o trabalho nos termos de realidade, de modo que a angústia não esteja mais presente ou, pelo menos, se saiba como dominá-la, até quando conhecermos as razões mais profundas. A angústia tem um aspecto concreto, até mesmo respiratório, e, portanto, físico, físico mesmo, que depois, por sua vez, tem um retorno na psiquicidade, porque, justamente, há uma intensa troca. O anúncio do final da experiência analítica é o primeiro anúncio real, sim, há os horários e os dias dos encontros semanais, os honorários, mas são realidades já esperadas, não são novidades. Novidade é dizer: "Eu peço que considere a possibilidade de terminar nossa experiência até tal data. Pense no assunto e se tiver uma contraproposta, estou aqui disponível para ouvir". Deve ser um acordo fechado com a participação total do analisando, isso é líquido e certo. A palavra *fim* é justamente aquela que amedronta a maioria das pessoas do mundo inteiro, sem compreender que, para que possamos viver, temos que findar a cada instante.

A análise mostrou, abriu os olhos, revelou todo o problema, mas limita-se a isso. Eu esclareceria que o analista é isso e não pode ser outra coisa. No material há percepção, abundantemente há percepção, eis então que é impossível, até mesmo utópico de nossa parte, perseguir modelos estatísticos que mostrem que o sujeito está avançado em todas as suas potencialidades. Não, temos picos positivos e ainda temos coisas negativas, e nós podemos mesmo assim, honestamente, afirmar que a análise terminou, porque quando tivermos indicadas essas coisas negativas, esses aspectos negativos, não podemos fazer mais nada. O analisando poderá elaborá-los, se quiser ir adiante será uma escolha dele, nós temos nossos limites. São os que são e os conhecemos muito bem. Portanto, às vezes, é suficiente um pico bom para ver que todo o sistema do analisando poderia orientar-se nos aspectos conquistados: e nesse momento, é preciso a coragem da pessoa e que, aos poucos, os leve adiante, e se não fizer isso conosco, na análise – se o sistema é, em todo caso, dinâmico e capaz de movimento –, fará depois, fora. O importante é mover, para que emerjam eventuais aspectos de ódio paralisantes, obviamente, que mantêm o sistema estático. Prestar atenção para não escorregar demasiadamente de um lado ou de outro, porque senão corre-se o risco de obter um efeito contrário àquele dinâmico do qual falávamos, porque se escorregamos, pode vir à tona qualquer coisa.

Eu não acredito no final natural. Por que a criança nasce? Porque se tornou *indesejada* pelo corpo da mãe, não é que a criança saia porque quer sair, a mãe quer que saia. Criam-se condições de expulsão, o parto é uma espécie de rejeição, claro? Então é a mesma coisa em análise. Eu provoco e ponho o sistema todo em fibrilação, e então começa-se a trabalhar, e o analisando depois aspira a libertar-se, e isso é muito importante. O analisando deve ir embora desejando ir, preocupado, angustiado, mas com o desejo de ir embora. Em primeiro lugar, teremos feito com que reconheça sua responsabilidade inteira, mas sobretudo o uso da liberdade: aprendeu-o durante a análise, por que não experimentar sua liberdade realmente vivendo como pessoa livre e assumindo todos os ônus que a liberdade implica para qualquer ser livre? Ir comprar leite, pão, pagar os impostos, trabalhar, o que é comum a todos os homens.

No fim, não é como no começo, quando devíamos carregá-los nos ombros e levá-los para o fundo do poço pouco a pouco; agora têm pernas, têm a mente, têm os braços, podem seguir sozinhos, nós indicamos e eles elaboram; é um bom teste para averiguar o grau de *insight*, porque quando dizemos algo, vemos aquilo que, no final da análise, conseguem elaborar, porque têm os instrumentos para elaborar, têm os instrumentos para trabalhar, então que trabalhem... Não cabe mais a nós trabalhar, quando chegamos no final da análise. É um delicioso momento de descanso, de atenção sobretudo por parte do analista, que deve verificar se suas intervenções, seu trabalho estão dando os frutos que justamente ele espera que deem.

Nossa colega hoje está trazendo o caso de uma pessoa muito perturbada no final da análise. Cabe-me dizer que a senhora aqui pode trazer o que desejar, pode levantar os problemas que quiser, teóricos, clínicos, técnicos, qualquer coisa pela qual tenha interesse. A senhora deve sentir-se livre, aqui todo mundo sente-se livre de trazer o material que quiser e tratá-lo como quiser, apresentá-lo como achar melhor, não há restrições ou formalidades.

A razão desses grupos de supervisão é preparar e tornar autônomo cada um de vocês por meio do uso de algumas hipóteses. Obviamente, se vocês estão aqui e decidiram vir aqui, aceitam que minhas hipóteses sejam as que têm mais espaço, até porque minhas hipóteses derivam não apenas de certas posições freudianas ainda muito válidas, de algumas posições kleinianas em relação às quais, porém, eu sou polêmico, mas também, fundamentalmente, da posição bioniana. Foi exatamente a posição bioniana que constituiu, para mim, um estímulo para ampliar o discurso: a novidade e a força das minhas hipóteses residem em ter devolvido ao corpo a posição central na análise.

O corpo havia sido banido da análise, era a mente que ia para a análise e com Bion, acredito, chegou-se a um ponto exasperado da pesquisa sobre o funcionamento mental e sobre o transtorno mental, portanto, o transtorno do pensamento. Não é que Bion não soubesse que existiam os elementos beta, mas esses beta eram simplesmente indicados como o ponto de origem do alfa. Eu também os considero o ponto de origem do alfa – até porque, como Bion, acredito que os elementos beta sejam anteriores à função alfa, isto é, há primeiro a fisicidade e depois a psiquicidade. Um antes e um depois que podem ser vistos em sentido temporal, mas que não têm o sentido grosseiro de ontem e amanhã, indicando que existe um momento em que prevalece, por assim dizer, uma fisicidade que deve ser contida, à qual, sucessivamente, responderá uma psiquicidade que vai aos poucos ganhando o poder, até governar o sistema corpo-mente.

Dizia, então, que recolocar o corpo em análise é um gesto temerário relativamente às ideias clássicas da psicanálise, mas eu acho que seja a única possibilidade de levar adiante um discurso psicanalítico que, de outro modo, eu consideraria parado em Bion. Depois de Bion, não acredito que possa aparecer outra pessoa genial que nos diga mais alguma coisa a respeito do funcionamento da mente, além de quanto Bion foi capaz de nos dizer.

Eu penso que, se retomarmos o discurso, reintroduzindo a dimensão física, isto é, introduzindo o corpo no contexto do diálogo, na vertical, da pessoa com ela mesma, e na horizontal, relativamente à situação analista-analisando, abrimos uma grande janela sobre as experiências que, especialmente nos casos muito graves, não poderíamos gerir ou aproximar. Se minha hipótese tiver um aspecto digno de consideração, é justamente sua simplicidade, sua funcionalidade como aplicação direta e concreta no trabalho clínico.

A doutora trazia esse caso muito grave de fim de análise, em que o sujeito está, ao que parece, se defendendo de modo ferrenho da percepção do fim, e então eu estava justamente intervindo e estava dizendo à doutora que aqui não é questão do fim da análise, mas da aceitação de que haja algo finito, e isso comporta demonizar o conceito de imortalidade, destruir o conceito de imortalidade, mas ao destruir o conceito de imortalidade o que ganha o primeiro plano é justamente a mortalidade.

Então, é possível que esse senhor tenha grandes problemas inconscientes relativos ao fato de que é um ser humano e terá que morrer.

Em análise, esses problemas se manifestam às vezes de forma muito concreta, porque, ao chegar ao ponto crucial, emerge o fato de que o paciente possa pensar que todos os outros podem até morrer, mas para ele há de estar previsto outro destino. Pois bem, este é o ponto em que muitos caem, muitos mais do que vocês podem imaginar e, diria mais, até dentro de vocês há essa resistência, está também dentro de vocês, porque estão apavorados pela ideia de não mais existir.

E encerrar a análise significa encerrar uma experiência. "Acabou", algo começou, algo terminou. Como estrutura, o ser humano não deseja acabar nada, nada mesmo, e o fato de que ele tente desesperadamente deixar uma memória de si não significa, para os artistas, uma forma de superação do limite da morte? E a maternidade e a paternidade não são formas, também, das quais lança mão a mente – não que seja só por isso, claro – justamente na tentativa desesperada de deter algo que inexoravelmente irá acontecer a todos nós?

Se quiserem comentar algo ou se não estiver claro, por favor, me interrompam. O assunto parece-me por demais importante, é um dos poucos temas de nosso trabalho analítico, quer se trate de "micromortes", quer se trate de enfrentar a ideia de que somos mortais e, portanto, a ideia do limite, independentemente do nível e dos contextos. E, vejam bem, é uma ação muito sorrateira a da defesa feita pelo homem, porque pode até mesmo criar aspectos idealizados fora do sujeito, portanto, ideais, por assim dizer, ou ideologia, por detrás dos quais aninha-se a maneira para vencer o limite, apenas para em seguida criar uma situação conflitiva, porque a meta prefixada está totalmente fora do alcance. Mas, muitas vezes, a meta que um homem fixa para si contém justamente a tentativa desesperada de driblar a morte, de confundir seu próprio limite.

E o homem confunde o limite com a morte, pois, se não o confundisse, seria um sábio, porque sabe que hoje é um dia, amanhã será outro, e isso aproxima-o da morte. Todos sabem disso, aparentemente, mas o fato de saber ainda não está compartilhado com o sentir: da sensação ao sentimento ao pensamento e depois ao contrário, do pensamento ao sentimento à sensação, e é nesse percurso de mão dupla que se concentra todo o discurso da vida do homem, por meio de seus sentidos e daquilo que esses sentidos alimentam em sua mente, e da maneira como a mente registra, como se serve dos fluxos sensoriais que recebe.

Assim, certamente, tudo pode ser reconduzido à sensação do corpo, porque é aquele o limite, já que existe uma distonia entre o funcionamento mental e a curva do desenvolvimento físico, que é uma curva normal – parte do zero no momento do nascimento, tem um acme e depois uma lenta queda que a reconduz ao zero, e esta é a curva da vida de cada um de nós: poderá ser constelada de acidentes de percurso, mas o andamento é mais ou menos este. Não é este o andamento do funcionamento mental, que tem um diagrama, digamos assim, muito intenso e muito irregular de movimentos muito rápidos para baixo e para cima, com uma tendência a resvalar para o infinito. A mente tende ao infinito, a fisicidade não pode. Esses dois aspectos, por si só, não sendo sobreponíveis, representam uma das razões do conflito do homem, porque o corpo é o limite fenomênico da mente, isso é certo.

Vou contar-lhes um episódio. Certa noite, estava eu internado no hospital e não conseguia dormir, porque havia um pobre homem, um homem mais novo que eu acometido por uma série de enfermidades: doença de Parkinson, insuficiência cardíaca, tinha de tudo um pouco! Mas, sobretudo, estava apavorado pela madrugada porque – afirmava – durante a madrugada faltava-lhe o fôlego. Não era verdade, a madrugada lhe provocava tamanho pavor porque, de madrugada, a esposa não estava lá, ia para casa, e ele ficava sozinho nas trevas da noite, mesmo se houvesse sempre luzes ligadas e algum ruído (nos hospitais há sempre ruídos). Estava realmente apavorado e eu o vi, vi que estava ficando cianótico. Disse: "Não, espere, tente se acalmar, depois eu vou passar o oxigênio para o senhor". Ele não conseguia se mexer. Eu: "O senhor tente se acalmar, agora eu vou lhe passar o oxigênio, mas o senhor tente pensar em aprender a respirar". Então ensinei-lhe a respirar, deixar o ar entrar pelo nariz e sair pela boca, com calma, aplicando força no plexo solar, de forma a abri-lo bem e fechá-lo, e a pensar em seus órgãos internos. Dizia: "As dores, sinto dores". Passadas as dores, dormia, depois sonhava e acordava novamente angustiado, e tudo começava de novo.

Vejam, para nós, analistas, o problema delicado é ter a capacidade, com essa abordagem técnica, de conhecer e trabalhar no contexto do inconsciente e em relação a um problema do inconsciente assim como trabalhamos geralmente, sem nunca deixar de conectar esse inconsciente à situação de realidade correspondente, porque *estamos em uma situação de realidade.*

Gostaria de falar-lhe do caso de Pino, o estudante de arquitetura. Durante a sessão, conta da reação da mãe, que o repreendeu por conta de uma prova na faculdade que ele devia fazer em setembro. A parte escrita já fora superada e decidiu não estudar durante o mês de agosto, recomeçar a estudar em setembro, terminar os assuntos e prestar a prova oral. Eis que, indo à faculdade, soube que a professora iria viajar e, consequentemente, a prova teria sido adiada. A mãe fez um escândalo e ele se defendia: "Não é mais como no colégio, quando os professores ficavam atrás da gente". Então a mãe perguntou: "Mas você, o que você sente por mim? Você me odeia quando eu digo essas coisas?". E ele responde: "Sim, quando você me diz essas coisas, eu a odeio".

Depois narra que, pela prima vez, convidaram alguns parentes, ele no começo sentia-se constrangido por conta disso, mas depois ficou muito contente porque – afirma – "a vida de minha mãe e de meu pai sempre foi caracterizada por nunca sair, meu pai nunca levou minha mãe para almoçar ou jantar fora". Do pai, afirma: "Sempre me envergonhei por ele, justamente por conta dessa mentalidade tão antiga, quando me dava bronca na frente dos colegas, na rua, dizendo para eles que não deviam mais me procurar, ficava com medo. Ainda hoje não sei como me comportar, até evito falar com ele". O pai, na verdade, é surdo, e sua surdez não pode ser corrigida.

Aqui seria preciso esclarecer de qual pai estava falando. O assunto é sempre o mesmo, estamos diante das necessidades do analisando. Das suas necessidades de uma figura que possa expressar algo ou que lhe permita expressar algo nesse ambiente árido. Não se sente filho, gostaria de ser filho, mas está isolado, o pai tão fechado, tão isolado, na verdade é ele mesmo. Acredito que essa temática seja crucial para o analisando, porque, se ele não consegue ser filho, não vai poder se tornar adulto. O "ser adulto" desse rapaz está relacionado, *para ele*, estritamente vinculado à sua possibilidade de ser filho, e se não consegue ser filho, ou ter uma ideia de ser filho, não pode se tornar adulto. O que fazer? Ah, sei, não é fácil, *mas é preciso mostrar-lhe que ele relacionou duas coisas (o ser e sentir-se filho e o tornar-se adulto)*, e justamente por conta disso não pode crescer, percebem? A possibilidade de *sentir-se filho* quer dizer, para ele, justamente *sentir-se*.

Afirma: "Não me sinto homem, não sei se deveria...". Pobre rapaz, está dizendo a verdade! *No sentido de que não se sente homem porque não pode sentir emoções e sentimentos em sua veracidade e intensidade*, eis por que eu afirmo que ele *precisa* sentir-se filho! Ele está implementando uma mímica para *sentir-se* filho, para *ser* filho. Mas a mímica não é ser filho, e assim todas as emoções e os sentimentos, o que pode explodir, está tudo debaixo das cinzas, e por isso tudo é mímica, talvez não falso, talvez vocês estejam certos, mímica mais do que falso. Não há falsificação, se houvesse seria outra coisa, mas não há... Pura e simples mímica, é uma adesão. Portanto, o problema é que não pode ser filho, eu falaria isso abertamente. Diria: "O senhor quer ser filho e não consegue ser filho, portanto se comporta como um bom filho, faz o filho assim como reza a cartilha, bom, atencioso, obediente, faz tudo". Tanto é que a mãe, até agora que ele está na faculdade, trata-o como uma criança de 6, 7 anos. "Já fez os deveres? Olha que página suja. Refaça tudo de novo". Ou coisas desse tipo, essa é a minha impressão. Claro, se os pais são ausentes, a responsabilidade não é dos filhos, eles se defendem como podem, mas a defesa cria justamente personalidades evanescentes...

Sonha que ele e o pai devem sair de casa, cada um por sua conta, devem preparar as coisas e dizem um ao outro o que precisam preparar. A mãe não está presente e ele diz ao analista que via o pai comovido. Pensa, no sonho, que o pai estivesse comovido porque ao ir embora teria ficado sozinho e pensa que este é um castigo, este ter que ir embora sozinho, por como ele é, por como se comportou, e sente novamente compaixão, compaixão por esse pai comovido que deve ir embora sozinho.

Pensam que o sonho do pai que vai embora de casa deva ser lido na horizontal ou na vertical? Na horizontal não, leiam na vertical, não existe uma leitura de material onírico na horizontal, pode-se chegar a determinadas conclusões na horizontal, mas a comunicação é interna, sua. *O pai vai embora, mas ele também vai, cada um pelo seu caminho, e ele sente compaixão porque vê o pai comovido por ser destinado a ficar sozinho.* Mas talvez nosso jovem não sinta toda essa compaixão, o fato é que não sabe, ignora, e ignorando não tem condições de avaliar aquilo que é só ele mesmo. Se cada um, no sonho, arruma suas coisas, não há contato, e a compaixão que sente pelo pai é a compaixão que sente por ele mesmo, só isso... Ele é um filho perfeito, ele *interpreta* um filho, diria que todos interpretam algo, menos o pai que, visivelmente atingido pela surdez, está isolado e deprimido. A mãe que quer preencher o papel de pai não consegue, e não faz nem uma coisa, nem a outra, nem o papel de mãe, nem aquele de pai, acredito que a mãe esteja realmente confusa... Assim, o rapaz não tem referenciais, é preciso que a análise lhe proporcione uns pontos de referência.

Este é o dado da realidade. O que representa o fato de ir embora? A aspiração, o desejo. Com nada, nada se faz. Por que não lembrar aqui a constelação edípica? Onde foi parar a masculinidade desse rapaz? No absurdo. Está com 22 anos. É muito jovem. O que ele fez da feminilidade de base? Não há preconcepções aparentes, provavelmente nosso jovem se autogerenciou e se autogerencia, de forma desajeitada, muito insuficiente, de alguma forma até desesperadamente, mas não dá sinais de dor excessiva. Tudo está abafado, as coisas não podem ter significado, se tivessem haveria um pai e uma mãe e haveria ele, filho, que poderia até mandá-los catarem coquinhos, perdoem a expressão...

Sonhava ter uma criança nos braços, de protegê-la.

Estar na atitude da criança que embala e protege a sim mesma. Claro, não há mãe nem pai. Como manusear esse menino? Como navegar, tecnicamente? Por que quer ser filho? Ainda não entendeu que não pode ser filho, porque para ser filho deve haver um pai e uma mãe, ele acha que tem pai e mãe? Formulem a pergunta diretamente a ele, para que possa dizer *sim* ou *não*. Se ele disser *sim*, o assunto é outro, vamos examiná-lo. Dizer: "Por que o senhor deve fingir? Fazer de conta? Se perceber que tem um pai e uma mãe, então se expresse, ou diga não, e então vamos ver o porquê desse não". Por que exige ter pais? Dirá: "Porque preciso deles, preciso desesperadamente". Responderemos então: "Sim, concordo, mas essa é a realidade. E não podemos fazer nada com isso".

Nele, há sempre este problema: rebelar-se ou não se rebelar diante daquelas que podem ser as faltas de atenção para com ele. Trouxe o exemplo de um colega de faculdade que tinha combinado com ele para dar-lhe uma carona até sua casa, mas não se apresentou no local e na hora marcados e disse que esquecera. Embora ofendido, meu paciente disse: "E o que podia fazer? Ficar zangado?".

Claro, aqui também tende a fingir ser adulto, mas este episódio *é um bom gancho para começar a falar sobre o viver de suas emoções,* independentemente de quais sejam. Mas queria dizer também outra coisa a respeito desse caso. Vejam, tenho a impressão de que poderíamos ajudar esse paciente na medida em que se consiga fazer com que *perceba que o pensamento dele não é livre. Ele não pensa, ele aplica pensamentos*, que é algo diferente. Vocês disseram que ele enumerava suas qualidades, isto é, elencava as condições ideais para ser filho, por categorias. No sonho sobre a saída de casa também havia uma lista, a lista das coisas que pai e filho tinham que levar embora... Pensa-se na aplicação de pensamento como listas, elencos. Portanto, temos que pensar que ele não usa realmente o pensamento, e isso pode acontecer pelo medo de que, se usá-lo, o pensamento o culpabilizará. A situação familiar, que é a que é, lhe impediu o uso do pensamento, não se trata somente das emoções, mas também do pensamento. É preciso que lhe mostremos isso, comecemos a mostrar-lhe isso, para que aprenda a pensar. O que significa pensar? Significa ter uma emoção, contê-la, ser capaz de descrevê-la e enfrentá-la.

Ada é uma mulher de 45 anos que tem fobia de viajar. Por quinze anos não teve filhos, não se sabe por qual razão exatamente, mas parece que a causa estava no marido, e depois de quinze anos nasceu uma menina que agora está com 5 anos. Praticamente, ela veio à análise porque é professora e tinha que ir à França para um curso de capacitação, mas, na hora de subir no trem, faltou-lhe coragem, o pânico tomou conta dela, de forma tão grande e intensa que a obrigou a descer e voltar para casa... Fala de seus medos dos túneis, das galerias e dos acidentes de trânsito, nesta viagem especialmente esses medos eram referidos à cidade de [nome da cidade omitido para garantir a privacidade da paciente], que lembrou à paciente o processo contra os nazifascistas. Seja como for, com isso vem à tona toda uma série de outros medos: medo de tomar decisões, grande ansiedade quando se afasta dos seus familiares, sobretudo da filha, e ainda um estranho medo relativo ao marido, que poderia ter interesses morbosos pela filha, a ponto de dizer: "Se eu morresse, deixaria a menina aos cuidados de minha irmã... Sei que racionalmente isso não faz sentido, mas eu não consigo mesmo tirar essa ideia da cabeça". Depois refere como ela, quando pequena, foi objeto de carícias por demais íntimas que um amigo da família lhe dispensava todas as vezes que ia visitá-los.

Muitos elementos, possivelmente até enganadores: os túneis, a claustrofobia, talvez um aceno de anorexia no passado e bulimia hoje, mas o que esperava por ela na França? Algum desafio? O que tinha que fazer? Um curso de aperfeiçoamento em francês, sua disciplina. E esse é um desafio, mesmo se, como a paciente o apresenta, esse elemento não vem à tona. Podemos nos perguntar com que está competindo. Com o marido, talvez?

Do marido, sabemos que era um executivo, que perdeu o emprego e que agora trabalha como profissional liberal, identificou outro ramo de atividade e tem sucesso. Para ele, o golpe foi duro, mas conseguiu se recuperar. Parece também que seja uma pessoa vital, alegre, e que a relação entre os dois seja boa. Diz do marido que é capaz de ter uma visão positiva da vida. E de si afirma: "eu também tenho uma visão positiva da vida!".

Aqui está: não é verdade que ela tenha uma visão positiva da vida, onde está essa visão positiva da vida? No meio das fobias dos túneis? É a visão que ela queria, mas não lhe pertence, é do marido. Ela pode nos dizer o que quiser. Dizer que considera a morte como algo natural e que não tem medo, mas então por que todas aquelas defesas de tipo obsessivo e fóbico? Por que aquela extrema necessidade de estaticidade e controle? Por que esse estado de ansiedade contínua? "*Se morresse...*" Quando não está presente junto da filha ou do marido, há sempre o medo de que possa acontecer algo. Sim, também com os pais é o mesmo: se estiver distante, enquanto isso, nasce um irmão ou uma irmã... Por trás das situações fóbicas há sempre algo à espreita. A fobia é a defesa extrema, não percebem o quanto é dura a defesa fóbica? É dura porque gostaria de proteger a mente da situação marasmática. Controle fóbico-obsessivo. Nada deve escapar, senão...

o sistema corre o risco de explodir! Para evitar isso, o que a paciente deve fazer? Tornar-se estática, travar, não pode deixar que o sistema se torne dinâmico. Eis o medo das viagens, o oposto de seu desejo de estar em casa e controlar tudo, seu desejo de não se afastar da situação para não perder nada, para não perder o controle.

Nós não podemos tocar as defesas, temos que procurar a angústia... Portanto, contornar a posição, trabalhando na vertical. Isso não é muito difícil: podemos mostrar o que está acontecendo. Imaginemos que eu esteja cindido, que eu tenha expelido algo, consideremos que eu precise controlar o aspecto que expeli. Naquele caso, eu não posso abandonar-me, tenho que estar sempre ali, presente e vigilante. Claro? Porque se eu não estiver ali, os aspectos expelidos imediatamente se juntam... Se nós falamos em termos de ego, ou melhor, de configuração egoica, então podemos afirmar que há uma configuração egoica e que, provavelmente, esta deve controlar tudo, um controle de tipo onipotente, para que nada possa escapar...

13. Da cisão à responsabilidade[1]

Um ponto fundamental da Relação Analítica é a assunção de responsabilidade por parte do analisando. Freud entendera isso, mas foi contraditório, aliás, inaugurou uma autêntica diatribe consigo mesmo. Por um lado, dizia que "o sonhador é responsável por seu sonho", mas em seguida afirmava também que "o sonhador não é responsável pelo seu sonho".[2] Lembram? Não? Não faz mal, vou lembrar eu mesmo. Em síntese, era esta a posição de Freud: por um lado, o sonhador é responsável pelo seu sonho e isso é lógico, porque é ele que o produz. Mas, depois, diz mais: "Não, o sonhador não é responsável pelo seu sonho porque o sonho é inconsciente, o sonhador é arrebatado por ele". Pessoalmente, considero convenientes ambas as perspectivas, tudo vai depender da situação clínica. Há momentos em que se diria que o sonhador é responsável, e outras vezes o sonho é tão apavorante, tão

---

1 Este capítulo reúne várias intervenções de Ferrari sobre a temática da cisão e da responsabilidade, em vários seminários de supervisão que aconteceram nos seguintes períodos: abril, setembro e outubro de 1993; janeiro e fevereiro de 1994; janeiro e dezembro de 1995.

2 Cf. especialmente Freud, S. (1900). *A interpretação dos sonhos* [Cap. 1, par. F: "O sentido moral nos sonhos"], e Freud, S. (1925). Alguns complementos à interpretação dos sonhos [par. B. "A responsabilidade moral pelo conteúdo dos sonhos"]. [N. O.]

imprevisto e inesperado que o sonhador não consegue assumi-lo como próprio, e então, se não consegue, eu vou assumi-lo por ele, depois veremos o que fazer. Assim, afinal, as duas coisas são verdadeiras. Freud, porém, colocava razões morais para sustentar isso, porque dizia: "Sonho porcarias, *ergo*: não, não sou eu". Não é bem assim, naquele caso sou eu sim! Se eliminar o aspecto moral, se consigo deixá-lo de lado, se guardar o sonho, assumo-o como meu, mas se não conseguir, não posso assumi-lo. Sem contar que posso esquecê-lo, aliás, os sonhos que nós lembramos são a milésima parte dos sonhos que fazemos, portanto, do que estamos falando? Seria melhor, na verdade, nos perguntar: "Por que será que aquele sonho não foi parar no lixo?".

Porém, se eu avaliar que o paciente seja capaz de assumir, então de toda essa história que Freud diz para aliviar a responsabilidade moral a mim não importa mais nada. Assim, em linha geral, ressalvando as exceções, para mim vale sobretudo a primeira versão, isto é, que nós somos responsáveis por aquilo que sonhamos – pude verificar isso ao longo de minha inteira experiência como analista – e essa ideia é a base de grande parte de minha teoria acerca da responsabilidade do analisando na Relação Analítica. E então, se o paciente pode assumir, é responsável por seus sonhos. É ele que os sonha. Quantas vezes, em análise, estamos obrigados a dizer: "Mas, veja bem, este sonho foi o senhor que sonhou!".

Porque, diversamente, chegamos às teorias – que, por sinal, são também atuadas clinicamente – ligadas ao conceito da regressão, que explicam e justificam tudo. E há algo que é ainda pior que a regressão: *a regressão provocada*. Isto é, o analista induz, provoca no paciente uma regressão para poder obter o máximo da dependência, e acredito que isso seja realmente o ápice da loucura analítica. Eu, diversamente, entendo dialogar com o aspecto mais responsável e mais avançado do sujeito que está na minha frente, e me dirijo a isso, e sobre isso apoio minhas proposições analíticas; não as refiro aos aspectos menos responsáveis, porque aí não tem possibilidade de contato ou de corresponsabilidade.

Eu sou inteiramente responsável pelo meu funcionamento, daquilo de que tenho ciência e de quanto não tenho. Isto é, *eu sou responsável também pelo meu inconsciente*. Porque eu produzo inconsciente e, ao mesmo tempo, o uso: enquanto produzo, uso. O inconsciente não é um depósito com uma porta que abrimos e eis que estamos diante do inconsciente. A cada momento produzimos e consumimos inconsciente: infinitos são os estímulos que se apresentam à nossa mente durante a vigília. Neste momento [falando a uma participante], a senhora está acordada, não tenho a menor dúvida, mas não está usando tudo aquilo que, neste momento, a estimula. Nesse momento, a senhora está me ouvindo falar, portanto tem um campo de interesse peculiar, um ponto sobre o qual concentrar-se. Todo o resto que, neste momento, povoa sua mente não é levado em consideração, mas pode ter uma carga muito forte e pode, repentinamente, atravessar sua mente como um meteoro e, por exemplo, fazer com que a senhora observe que meu nariz é comprido e que devo ser um analista muito tolo se afirmo o que acabei de dizer. E a senhora gostaria de não ser responsável por isso? A senhora é responsável por esse pensamento, porque foi a senhora que o produziu, a senhora está tão imbuída por esse pensamento (ou pelo desejo de morte, ou por um desejo erótico, não importa), que, de repente, por um instante sente-se confusa, mas depois se recupera. E todo este material, que fim levou? Está aí, à disposição da senhora, não há o que discutir. Poderá reemergir, ou perder-se. Isso justamente porque nós *a cada instante produzimos inconsciente e a cada instante o utilizamos*. Claro?

Como podem ver, o sistema que eu proponho é fortemente dinâmico, não tem paz, não tem sossego nem mesmo durante o sono, tanto é que eu considero o sonho – e, nisso, concordo com Freud – uma expressão de desejo, sim, mas sobretudo do desejo de uma *nova configuração psíquica*, que pode ser incipiente ou que pode ser desejada para o futuro. Esta é a função do sonho, esta e nenhuma outra, o sonho serve-se disso para dizer mil coisas da experiência passada, mas é evidente que o sonho precede a percepção da vigília. Portanto, tem uma função de premonição, de abertura para o futuro. Infelizmente, em determinado momento, os analistas com suas teorias, ao invés de olhar para a frente e abrir espaço, olharam para trás e o encerraram. E o sonho se tornou uma chave para ler o passado e não para reorganizar o presente e antecipar o futuro. E acabou. Agora estamos em um período obscurantista – esta é minha opinião pessoal –, espero que em breve exploda algo que permita que se recomece a pensar. Acontece sempre assim. Minha modesta contribuição é ter trazido o corpo em análise, o corpo também, e não apenas a mente. Passemos ao material.

Trata-se de uma nova paciente que vem há cerca de duas semanas, é uma jovem de 21 anos. E proponho este material porque gostaria de discutir sobre como se possa fazer uma avaliação inicial, como se possa intervir nos primeiros encontros, quando podemos somente ter uma intuição da situação clínica, uma intuição ainda não suportada por provas, isto é, quando temos que nos conformar com uma clareza somente intuitiva do problema clínico.

Essa pergunta coloca tecnicamente, além de teoricamente, o problema do início, porque teoricamente – vamos esclarecer isso desde já, assim vamos limpar o campo de quaisquer dúvidas – se nós definimos o início de um trabalho analítico de maneira *freudiana*, então precisamos de silêncio, de escuta por parte do analista e de muito silêncio. A uma observação em perspectiva *kleiniana* manifesta-se de imediato aquele vício maldito de levar tudo na horizontal, na relação com o analista, na transferência, mas, afinal, esse também é um método. Pessoalmente, prefiro a primeira abordagem, freudiana, a esta *pós-kleiniana*, por assim dizer. E há ainda uma abordagem *bioniana*, que trabalha na vertical e trabalha de imediato, não concede espaço nem tempo, e toda a sua funcionalidade está em colocar imediatamente o analisando na condição de se dar conta de que se trata de um diálogo. De um diálogo que não obedece às regras do diálogo histórico ou do diálogo comum, mas a regras específicas que são parte do contexto da Relação Analítica.

É possível até esclarecer isso com o analisando, assim, como eu estou dizendo isso a todos vocês, porque todos os diálogos necessitam de dois interlocutores: um não é suficiente. Geralmente, o analisando chega e diz: "O senhor, aí atrás, deve saber, deve conhecer. O que quer que eu lhe diga? O que tenho que fazer? Diga-me!". É evidente, se não tem conhecimento é assim que se comporta: "Faça-me umas perguntas". Claro, porque vai ao médico e o médico diz: "O senhor dorme bem? Alimenta-se bem? Suas funções intestinais estão normais? Faça esses exames, veja isso, veja aquele outro", e assim tem uma atitude diretiva.

A ação freudiana não é diretiva, é de escuta, à espera de desenhar um perfil psíquico para o qual começar a operação propriamente e estritamente analítica. As operações kleiniana e pós-kleiniana colocam-se de imediato na presença de outro, brutalmente na presença de outro, e o paciente deve se dar conta, logo, de que há outro na sala.

A abordagem bioniana e minha é colocar de imediato o sujeito em contato com seu mundo interno, portanto, não operar na horizontal – a não ser que o analisando demonstre considerar o analista como parte integrante de seu diálogo (naquele caso, eu o respeito, porque há pessoas que não conseguem operar na vertical e, ao mesmo tempo, na horizontal: quando conseguem, está tudo resolvido, não temos dificuldades). Mas já que sei que quase nunca é assim, então é necessário trabalhar na vertical, mostrando de imediato a existência de um conflito internamente ao sistema que a pessoa nos traz, socorrendo os aspectos construtivos e perceptivos do sujeito. Portanto, isso se faz dirigindo-se àquelas que, anteriormente, eram definidas, entre aspas, como as *partes sadias* – e que eu, pelo contrário, definiria como *aspectos responsáveis* ou menos desarmônicos – do sujeito, para dar imediatamente o sentido de uma troca e de uma confrontação de experiências, em que cada um dos dois deve fazer a sua parte.

Isso podemos evidenciar desde as primeiras falas. Quando eu proponho algo e o analisando fica calado, então eu digo: "Estou aguardando sua intervenção, sua contribuição. Qual é sua contribuição?".

"Ah, mas eu não tenho nada para contribuir!" "Mas o senhor *tem* que ter alguma ideia!", insisto.

Há duas ou três coisas que, quando não direta, pelo menos indiretamente tento esclarecer na primeira sessão – repito, tento, com muita delicadeza e com grande respeito: que se trata de um diálogo e que, qualquer coisa a pessoa me diga, supõe-se que saiba o que está dizendo e por que está dizendo. Assim, dá-se ao dizer do paciente, desde logo, aquele sentido de responsabilidade pelo qual, como bem sabem, eu sou deveras obcecado e, portanto, a estabelecer as corretas posições que permitem que um diálogo analítico possa nascer, possa ter um início.

E, portanto, se for o caso, posso dizer: "Mas por que me fala disso? Há uma razão especial? Isso lhe traz angústia, incomoda, perturba?". Porque, certamente, os pacientes podem trazer descrições articuladas até bem elaboradas, oferecer sugestões infinitas, mas vocês compreendem que nós não podemos correr atrás de ratos e cachorrinhos. Nós temos que procurar ficar sentados em nossa poltrona e fazer com que o analisando fique na dele, ou deitado no divã, ou, se desejar, de pé, olhando para nós, mas que, em todo caso, assuma a responsabilidade do estar lá dele.

Tudo isso deve acontecer de forma muito coloquial, para que se possa criar um clima de seriedade, de lealdade, de clareza, de honestidade, de franqueza, e então inserir o sujeito imediatamente dentro de si mesmo, no seu próprio *humus*. Porque é muito importante que na relação analítica passem mensagens de uma relação democrática, não autoritária nem totalitária, nem mesmo por razões de proteção do sujeito, como faziam os analistas do passado, que proibiam a leitura dos textos: "Não leia isso, não leia aquele outro, não faça isso, não faça aquele outro", "não tome nenhuma decisão até quando...", eram diretivos, quando não autoritários. Mas não. Até mesmo quando estivermos diante de estados de grande confusão, se deixarmos passar mensagens de respeito democrático, isto é, de autonomia e de que, portanto, cada um é, tanto quanto possível, e deve ser responsável em relação a si mesmo e ao outro, eu acredito que as vantagens possam ser muitas.

Eis por que sou contrário ao conceito de regressão. Antes, nossos mestres nos convidavam a favorecer a regressão. Diversamente, eu favoreço *o contrário da regressão*, dirijo-me sempre àquele aspecto mais maduro da configuração egoica do sujeito e sobre tal aspecto baseio minhas proposições analíticas. Claro, não necessariamente serão acolhidas, mas este é outro assunto. Mas sempre insisto em dialogar, e dialogar não significa fazer regredir, para embalar ou dar colo ao analisando. Certamente, essas eram hipóteses que, na falta de conhecimentos mais profundos e de técnicas mais refinadas, ofereciam uma chave de leitura, afinal, esse também era um método, mas, sejamos sinceros, era uma forma larval de *maternagem*. Não é assim que se cresce. Diminuía a angústia, é verdade, o paciente sentia-se acalentado, protegido, mas, para ele, o analista se tornava o Padre Eterno e restava assim por todo o sempre, amém. Dessa forma, o analista faz tudo – que sentido faz? Está errada essa atitude: *nós não podemos nos substituir, nunca, a nossos analisandos*.

Dar liberdade significa, diversamente, estabelecer de imediato as bases reais para uma relação analítica, em que cada um, tanto quanto possível, assume o que pode de si. Eu acredito – e é uma convicção profunda, pessoal e, por favor, usem-na como tal, como quiserem – que o fato de responsabilizar seja a operação inicial e fundamental para que se instaure uma relação analítica em que os dois participantes contribuirão com aquilo de que dispõem: se o analisando tem pouco, trará o seu pouco, o que pode, até mesmo um *aroma de responsabilidade*.

Mas a responsabilidade comporta uma atenção ao material que traz, portanto, uma participação muito mais ativa que aquela normalmente pedida de um analisando, quando se abandona nas mãos do analista. Quantas vezes surpreendi alguns de meus analisandos e depois fiz com que dissessem em voz alta: "Mas, afinal, por trás tem o senhor, o senhor vai cuidar disso". "Ah, pois! Nem pensar, não vou cuidar disso." Entendem? É uma atitude muito comum, "o senhor vai cuidar disso", "por trás tem o senhor", "veja o senhor". Não, senhor. O que é que eu sei dele? Só sei o que ele vai querer dizer ou dar, quando quiser dizer ou dar, portanto, minha onipotência é claramente um embuste.

Eis por que, com essa técnica, as perguntas são fundamentais, isto é, perguntar ao analisando o que quer dizer, por que o disse, qual hipótese tem, e assim por diante. Simplificar e obrigá-lo a usar seus recursos, porque na sala de análise somos dois, e o único que sabe de si é ele, eu não sei nada. Ou melhor, sei o que ele quer que eu saiba. Portanto, a pergunta é importantíssima, com todos: psicóticos, adolescentes etc. Não tenham medo de perguntar: "Qual é a hipótese por trás de tudo isso?". "Pois eu nunca pensei a respeito." "Experimente, pense nisso." "Pense o senhor por mim!". É, não, não é assim. Eu penso tanto quanto posso. Como são felizes os analisandos quando nos tornam onipotentes! Temos que os desmentir a cada instante. Talvez, dessa vez perdemos a ocasião, mas da próxima vez, quando eu lhe formular a mesma pergunta, algo virá à tona. Isto é, o analisando não pode vir e dizer: "Eu estou aqui, o senhor é o analista, agora é com o senhor!". "Não, *eu* estou aqui, mas *o senhor* está onde?"

Até o mais perturbado dos analisandos, se veio até mim, é porque tem um espaço pensante, mas tão pensante que o conduziu a mim. Aquele pedacinho é a sua responsabilidade, não é minha. Deve usar sua responsabilidade. Se utilizar aquele pedacinho, ótimo, senão eu vou fazer com que o use. Queira ou não, até aborrecê-lo. Não quer? Pois então, a porta está aberta, pode ir, mas se ficar não pode não assumir seu pedacinho de responsabilidade. Porque a relação analítica é feita por duas pessoas que têm graus distintos de responsabilidade, e cada uma deve assumir a que lhe cabe. Não há um responsável e outro não responsável. O próprio ir à análise é uma responsabilidade, uma responsabilidade que tem um preço em termos de tempo e dinheiro.

Quanto maior a responsabilidade, maior a liberdade. Nenhuma responsabilidade, e a liberdade se torna caos.

Pois bem, mostrei-lhes as três maneiras (freudiana, kleiniana e bioniana), que vocês conhecem muito bem, porque provavelmente as experimentaram pessoalmente. Agora as enquadramos em um esquema e, embora sejam, como todas as indicações sumárias e resumidas, certamente grosseiras, os pontos salientes são mais ou menos esses. Mas prestem atenção: é muito importante o tipo de hipótese teórica que escolhemos no começo, contudo, temos que lembrar que é sempre e só uma hipótese, depois temos que ver o material clínico e então deveremos corrigir qualquer hipótese, seja a de Freud, a dos pós-kleinianos ou a minha. Isso porque, no fim, o que importa não são essas palavras que eu estou dizendo – e que representam para vocês apenas um referencial para começar, quando ainda não sabem nada do paciente –, mas como o sujeito se coloca na situação analítica, pois, em última análise, é ele que deverá nos indicar qual é, para ele, o melhor caminho. E ele não sabe disso conscientemente, mas nós o sabemos. O paciente, inconscientemente, move-se de forma a nos indicar do que necessita, como pode tolerar nossa presença, e nós não podemos deixar de respeitar isso, claro? Ademais, nós temos uma arma a nosso favor: a dor psíquica. A pessoa pode ser louca quanto quiser, mas no final das contas a dor é dela, não é nossa, e isso quer dizer que nós temos uma forte aliada. A dor psíquica, por si só, desmantela as defesas porque é um dado de realidade que irrompe, que faz emergir algo. Se o que queria dizer está claro, podemos continuar.

Esta jovem é pequenina, graciosa, cabelos morenos com grandes olhos sonhadores, mas que são atentos também. Chega afobada, "Saí tarde", diz, "o trânsito... preciso recuperar o fôlego".

É muito importante esse início, o que indica esse início? Que a jovem está percebendo que a dimensão que está encontrando é diferente de qualquer outra. Isto é, não é que não se dê conta, ela está *percebendo de forma muito vaga* que existe um mundo fora e algo aqui dentro, que ainda não sabe o que é. Assim, temos que prestar atenção e aqui temos que treinar nosso ouvido, também sobre estas palavras: "Não, porque o trânsito etc., preciso recuperar o fôlego". Se formos atrás dos significados dos conteúdos, vamos enlouquecer; mas se deixarmos os conteúdos de lado e olharmos para a forma, veremos imediatamente que a pessoa intuiu – não sei se em nível consciente ou não – a dificuldade da passagem do mundo dos ruídos, do mundo das expectativas, do mundo das fórmulas que podem ser previstas, a seu mundo interior, ao encontro consigo na Relação Analítica. Porque o mundo do cotidiano, em sua estrutura mestra, é previsível. Dificilmente, se eu estender a mão, a senhora [dirigindo-se a uma participante] me dará um tapa. Geralmente, a reação é de estender também a mão para um aperto. Às vezes isso não acontece e o pior pode ser, justamente, que a senhora não devolva o gesto, mas tudo isso acontece mediante uma série de códigos que nos permitem fazer previsões. Na análise, tudo isso não acontece, e mesmo que o analisando trouxer esses códigos, cabe a nós mostrar-lhe a inutilidade de uma tentativa de transformar uma relação analítica, que ainda não começou, em uma relação comum, como se fosse uma ocasião social, uma festa, um coquetel, ou, e isso às vezes é ainda mais difícil e perigoso, justamente um encontro com um especialista que sabe, enquanto ele, o analisando, não sabe. É o que dizíamos antes, em forma abstrata, mas que aqui se configura claramente como problema clínico.

"Eu venho aqui ver o senhor porque o senhor é um analista. O que isso significa? Nada mesmo. O senhor vem me ver porque pensa que necessita esclarecer algo dentro de si; se eu sou analista ou não, é algo que veremos no decorrer do trabalho. Porque se eles vêm e eu já sou aquele que sabe, que conhece, então não há mais nada a ser conhecido, e eles simplesmente lavam as mãos. Não há mais responsabilidade: "Veja o senhor, o que achar melhor, diga o senhor o que acha". Eles vêm, como dizia antes, como se fossem encontrar um feiticeiro ou um médico, porque o médico faz o diagnóstico, receita os remédios, faz tudo e eles ficam tranquilos. Geralmente, a medicina força a passividade do paciente, não pede nenhuma colaboração, somente quando se trata de médicos que têm certa sensibilidade e certa abertura mental e que sabem que precisamos de nossos pacientes para sermos analistas, mas o médico não sabe que para ser médico precisa de seus pacientes. Voltemos à sua paciente.

Segue apresentação do caso e os sintomas da paciente vão se tornando mais graves: a jovem relata perdas dos sentidos, desejos de isolamento, vertigens, tonturas e vômito, sintomas claustrofóbicos.

A senhora está me dizendo que não perguntou à sua paciente que hipótese havia feito acerca dos transtornos que apresentava. Este é um ponto delicado, porque é evidente que a paciente deve ter uma hipótese própria e é muito importante, desde logo, já no começo do trabalho analítico, quando os analisandos referem os transtornos de que sofrem, insistir para que nos digam suas hipóteses a respeito, o que pensam sobre isso, que associações fazem: em suma, abrir o campo para que a pessoa nos diga algo. O que diz dela, a paciente?

Não lembra nada da infância até os 12, 13 anos. Só tem uma lembrança de brincar com o pai e se lembra também do funeral dele, quando ela estava com 6 anos. O pai é como se nunca tivesse tido, não pode olhar suas fotos de criança com o pai e, quando passa no quarto da mãe e há fotos do pai, baixa o olhar para não experimentar uma sensação de alheamento. Tem inveja da irmã, mais velha 11 anos, porque teve o pai e, por ser mais velha, teve muito mais coisas do que ela. Frequentemente, se surpreende a viver a sensação de não existir e de olhar para si de fora, de não ter o sentimento de viver o que está vivendo. Quando fala de si mesma, começa a chorar e sente-se por isso tola na frente dos outros. Quando o pai morreu, de manhã ela foi ao quarto e o viu, ela se deu conta, a mãe não lhe disse nada e então pediram a alguns amigos para que a levassem embora. Ela não entendeu nada, não entendia o que estava acontecendo. Em seguida me traz logo um sonho: sonhou uma música clássica muito bonita, havia um violino e uma mansão no meio de um jardim, com uma aleia, havia uma luz de penumbra, um carro muito grande e bonito e dentro do carro alguém querido que ia embora; ela estava triste com essa perda, acordou porque quis acordar, acordou e chorava. E a coisa que mais chamou a atenção dela foi que ela acenava para si mesma dentro do carro, portanto, era ela dentro do carro que ia se afastando, uma parte dela que se afastava.

Não é uma parte. É a paciente que se afasta de si mesma. Esta é a descrição onírica do processo de cisão. A senhora disse que entrando teve intuições muito claras. Por favor, fale disso agora. Essas intuições se apoiam no material que acabou de ler? O que foi que chamou a sua atenção?

Sobretudo, o que me chamou a atenção foi essa ideia de ser a menor, a mais nova, a última a chegar na família e a sensação de ser mantida fora de uma relação que sempre ocupou o âmago de sua atenção – a relação entre a mãe e a irmã. A mãe e a irmã falam, existe uma relação entre elas, a irmã fora informada da morte do pai e ela sente-se como expropriada de tudo aquilo que aconteceu antes. Ela diz que odeia o passado, não quer que os outros lhe falem do passado, como se a dimensão dentro da qual gostaria de manter-se fosse uma eternidade que exclui todas as coordenadas temporais e espaciais: protesta e odeia e raivosamente grita que não quer esse ônus. Diz que não gosta da responsabilidade.

O ponto de urgência, neste caso, está justamente em relação ao que veio fazer. Quais são as expectativas dela? Quais são as fantasias que ela alimenta em relação à análise? Essas são perguntas que nós podemos formular diretamente ao analisando. "O que espera? A senhora veio, bateu à porta, pediu para ser ajudada, e o que espera?", porque todas essas palavras que a analisanda lhe disse pressupõem uma hipótese que as anime, que as justifique, que lhes dê um sentido.

Ela pede a ajuda de alguém que possa lhe dar apoio na busca das razões de seu mal-estar. Ela sente, intui que este mal-estar que recita, que dramatiza de forma explosiva, tenha motivos, mas para ela é difícil tecer hipóteses sobre uma razão interna. Em uma das últimas sessões, disse-me que é muito superficial, conta a todos qualquer coisa que lhe diga respeito, sem barreiras, portanto, continuamente expropria-se de si. Teve um aborto e diz que contou para o atual namorado de forma tão superficial que ele chamou a atenção dela sobre tal modalidade. "Contei assim, com grande tranquilidade, como se estivesse falando de outra pessoa."

Vejam o que entendia quando dizia que a paciente se afasta de si mesma? Faz isso para não ter que considerar tudo isso como pertencente a ela, ao mundo dela, e assim passa tudo a outros. Aqui, de imediato, surge um autêntico ponto de alarme: o analista. "Pense você em assumir a responsabilidade, eu digo e você faz, até porque eu só posso dizer coisas superficiais.". É o ponto de alarme porque o analisando já começa a assinalar o que exige. Se nós não intervirmos de maneira precisa, formulando a questão justamente nesses termos, estamos aceitando isso, com obviedade.

Claramente, vocês estão certos, aqui estamos diante de uma nítida cisão entre a paciente magoada e a paciente que, daquela mágoa, quer se alienar. Está muito claro também no sonho. É uma cisão muito forte, sem dúvida, mas, como vocês sabem, a nós *não interessam os aspectos cindidos, mas a forma da cisão*. Porque os aspectos cindidos, como já disse várias vezes, não acontecem hoje, neste momento, por razões hoje necessárias. A cisão aconteceu *em outro momento*, mas, já que aconteceu, é preciso que continuem a manter-se cindidos e, para fazer isso, é preciso travar o sistema pensante.

Experimentem pensar na questão nesses termos: se eu travar o sistema, não poderei mais acompanhar os acontecimentos externos ou internos de forma coerente, atenta, funcional, porque todas as coisas que fizer ou disser ultrapassarão a mim mesmo e eu vou me sentir sempre mais angustiado. As razões, as motivações que me compeliram a cindir respondiam à hipótese segundo a qual eu não teria conseguido suportar determinado conflito, porque não tinha as capacidades, ou porque o considerava demasiadamente ameaçador para a minha existência, coisa que, em determinado momento, me permitiu colocar para fora, expelir, projetar, afastar o conflito. Mas se isso era verdade então, não é mais verdade 24 horas depois, 6 meses depois, sobretudo não é mais verdade hoje; porém, a coisa estranha é que a cisão se mantém mesmo quando as razões que a geraram faltam. E qual é o preço? Primeiramente, abandonamos o viver, uma pessoa cindida não vive, não vive plenamente; em segundo lugar, e esta é a coisa pior, a cisão enfraquece o seu autor porque, ao jogar fora ou afastar os aspectos ameaçadores criados com a cisão, o sujeito afastou seus aspectos funcionais e pensantes, isto é, suas potencialidades. Juntou joio e trigo – aqui está o aspecto dramático da cisão – e isso cria a dificuldade do retorno, ou melhor, *a cisão não tem um retorno*, senão na medida em que o trabalho analítico conduz o sujeito a compreender, ou talvez – seria mais correto dizer – a perceber a fraqueza intrínseca da operação de cisão.

Na dificuldade ou na imaginária incapacidade que tenho de manter sob controle aspectos tão perigosos, eu os projeto e me livro deles, e para fazer isso opero uma cisão. A coisa dramática é que a cisão, ao enfraquecer a pessoa que a atua, repropõe a cada instante uma nova cisão, mesmo se não houver outras, e, no final, há uma cisão que fica, aquela maior, da própria pessoa. Na verdade, existe uma série de microcisões que enfraquecem a capacidade de pensamento e de abstração do sujeito, e, assim, a intensidade dos aspectos persecutórios produzidos pela cisão aumenta e a capacidade de pensamento diminui geometricamente.

O drama é que a cisão empobrece quem a opera. Portanto, eu opero uma cisão e daqui a dois ou três anos, se ainda conseguir mantê-la, perdi completamente a noção de mim mesmo, porque todas as vezes que me deparava com a temática do conhecer, ou a temática do gerir, ou do conter, eu simplesmente cindia e jogava fora. Claro? Mas por quê? Porque na sua fantasia o analisando teme que, se não operar dessa forma, será sufocado pelos escombros que criou por meio da cisão.

Certamente, é uma forma completamente nova de ver a cisão. Bion teve esta intuição, clinicamente verdadeira, de que as coisas cindidas não são mais reconhecíveis por aquele que opera a cisão, tanto é que as chamava *objetos bizarros*, isto é, para o psicótico aquelas coisas não eram mais reconhecíveis e não são reconhecíveis porque não há mais uma mente capaz de pensar. Não é por acaso que as jogam para fora, é lógico. Não há mais uma mente porque foi posta para fora junto com as coisas que foram expelidas, como se diz, perdeu-se o bom por causa do ruim. Dessa forma, a personalidade daquele que cinde enfraquece-se. Essa operação acontece em determinado momento, isso é certo, mas depois deve ser mantida, senão o que foi cindido volta: portanto, se é verdade que a cisão é um *primum movens*, depois deve ser repetida a cada momento. A cisão deriva justamente daquele aspecto já emergente na criança, até muito pequena, para a qual dá-se algo ou diz-se algo e ele joga fora ou responde "não"; quando se começa a dizer algo, a primeira coisa que diz é "não". *Não* porque não sabe, *não* porque está com medo, *não* porque não conhece, *não* porque acha que não tem recursos para poder dizer *sim*. *Sim* significa algo mais do que *não*, *não* é muito fácil, o *não* empobrece, mas tem a função de deter algo que eu imagino que esteja tentando entrar em mim com força. Estão me acompanhando?

Portanto, para poder manter o sistema em funcionamento, eu tenho que travá-lo. Mas não é possível travar o sistema porque ao meu redor tudo é fluxo e movimento e eu estou lá, parado, cada vez mais depauperado, cada vez mais assustado com a ameaça de que as coisas que eu expeli me agridam. E "agridem-me" justamente porque não há mais recursos ou diminuíram fortemente na operação de cisão e na sua manutenção. Afirmamos: o paciente come e em determinado momento rejeita aquele alimento porque acha que possa estar envenenado, e assim o joga fora; tenta travar o sistema e não consegue travá-lo, mas certamente o detém. Não é que não se alimente, mas continua enfraquecendo e começa a funcionar em baixo regime, reduz sua necessidade de oxigênio, portanto, o metabolismo chega quase ao zero, continua sua função, sim, mas totalmente depauperado. E, então, com o que o alimenta? Essa é uma pergunta muito importante. E esta é a maneira para ajudar os que operam a cisão: com que se alimentam? Depois veremos como eles realmente se assustam ao ver como não se estão alimentando, que estão, pelo contrário, empobrecendo continuamente.

Até porque o que eu fiz hoje, daqui a uma semana será outra coisa, daqui a um mês, seis meses, sete meses o panorama estará ulteriormente mudado; para quem cindiu, diversamente, o cenário permanece o mesmo. Este é o aspecto da loucura. Porque o cenário não é mais aquele, não será mais aquele em que eu operei a cisão. Por isso, se a cisão for uma resposta imediata a uma ameaça ou a algo que se considera como tal, sua função se esgota no mesmo instante em que acontece.

Disse-lhes que usamos a cisão a cada momento, nós também, obviamente, mas imediatamente recuperamos, isto é, nossa resposta quando alguém nos oferece, nos pede, nos diz, nos obriga ou nos força a algo – e vejam que esse alguém podemos ser nós mesmos – é a de nos distanciar de imediato, de não querer essa coisa, mas um instante depois somos capazes de avaliar se essa determinada coisa é realmente perigosa, se é gerível ou não por nós. Estão me acompanhando?

Portanto, este é o aspecto mais importante: avaliar o que está acontecendo de forma a recuperar não as coisas cindidas, mas a capacidade e as potencialidades que colocamos fora de nós, que negamos a nós mesmos, temos que libertá-las dos efeitos da cisão. É isso que temos que fazer em nosso trabalho, para fazer com que as modalidades de cisão parem de operar com tamanha violência e, assim, o sujeito não tenha receios excessivos e possa servir-se de seus recursos.

Em vez de cindir, o analisando poderia, por exemplo, delirar. O fato é que no delírio não há destruição de pensamento, há hipertrofia do pensamento, mas está sempre ligado à situação pensante, tanto é que a fronteira entre delírio e capacidade de pensamento é extremamente tênue, assim como entre a alucinação e o pensamento, *porque o pensamento é uma forma de alucinação*, só que a alucinação evidencia algo que não obedece a determinadas normas comuns. Nós usamos ainda as categorias aristotélicas em relação ao pensar, como o princípio de não contradição, mas no delírio esses conceitos, mesmo sendo abalroados, ainda permanecem contíguos ao pensamento.

Vice-versa, a cisão consiste justamente no libertar-se das coisas que nos obrigam a pensar, mas, juntamente com as coisas que nos obrigam a pensar, vai-se também o pensar. Então, vejam como tudo isso não tem nada de patológico, são apenas nossos instrumentos de seres humanos: a desarmonia ou a harmonia, neste caso a normalidade ou a patologia, é dada pela intensidade da operação de cisão ou pela permanência, sobretudo pela permanência.

Se a cisão permanece, estamos em uma situação desarmônica, é preciso ajudar o analisando para que a modalidade seja reconhecida como tal, seja compreendida a disfuncionalidade, e aprenda a usar outras modalidades para elaborar os conflitos próprios da experiência do viver. Pensem em uma criança muito pequena: como opera a cisão? Um episódio de diarreia, ou o vômito, aquela é a sua cisão, não pode fazer outa coisa. Mas o que acontece se isso perseverar? A vida da criança estará em risco. Primeiro a vida física, depois a psíquica.

O delírio é a defesa, assim como a cisão é uma defesa maciça; depois, para mantê-la, é claro que devo ter um pensamento delirante, isto é, devo atribuir às coisas expelidas uma série de características que somente um aspecto deformante, delirante pode atribuir: que são venenosas, que são perigosas, que ameaçam minha integridade, que "não consigo, está além de minhas forças", ou que o mundo está me perseguindo, que agora todo mundo acertou para me perseguir, até a televisão diz isso, o rádio transmite isso. Mas tudo isso é dado pelo fato de que não há mais capacidade de pensamento porque a joguei fora, insisto muito nisso. Alguém tem outro caso que nos permita prosseguir?

Gostaria de falar de um paciente que sofre de psoríase. Trabalha em uma comunidade para adolescentes e manifestou um momento de crise após uma briga violenta que ocorreu entre dois de seus assistidos, que, sucessivamente, precisaram de internação hospitalar. Ele sofreu uma explosão de psoríase forte e, portanto, trabalhamos sobre como ele tratava esses aspectos conflituais externos à sua pessoa, como se colocasse distância entre ele e essas coisas. A tentativa era a de colocar para fora, para poder controlar, mas a impossibilidade do controle fora, em seguida, produzia um sentimento de impacto violentíssimo e de ruptura. Nessas duas últimas sessões, enfrentei o problema da psoríase como exemplificação no corpo deste mecanismo de cisão e me senti amiúde muito irritada porque chegamos a uma espécie de embate frontal, entre ele e eu. Em certo momento, entendi que esse embate não levava a nada, e então tive que me retirar. Mudei de atitude, fiquei menos angustiada, portanto, mais silenciosa, mais à escuta, para tentar entender o que estava acontecendo.

Aqui está o erro, todo aqui. Quando vocês têm analisandos que operam claramente um *splitting* – uma cisão –, se não encontramos um acordo com o analisando, o problema se torna um círculo vicioso de *quid pro quo*, uma série de equívocos.

Nós sabemos que quando a angústia é muito forte e a situação interna, muito caótica, a mente do homem tende a separar e a colocar para fora. Mas o que coloca para fora? Os aspectos que considera não serem geríveis. Se a operação está ocorrendo há muito tempo, o sujeito tem mesmo a sensação física de que essas coisas não geríveis pertençam a outra pessoa.

É evidente que, quando nos procuram, geralmente há sempre ou quase sempre *o outro*, então é nossa intenção nos mover junto com o analisando nas formas e nos modos pelos quais fazer o analisando aceitar *as reais características* do outro. Tecnicamente, podemos fazer isso se formos capazes de assinalar o grau de angústia e de sofrimento do qual o sujeito é portador. Angústia e sofrimento que não derivam de um conflito não gerível que construiu o outro, que foi a matéria-prima com a qual se construiu o outro, mas *angústia e sofrimento por não ser ele mesmo*. Isto é, a percepção de que lhe falta uma grande parte de sua personalidade.

Aqui está outro equívoco. O analisando imagina que seja o outro a causa dessa dor e desse sofrimento, e não o fato de que ele mesmo se separou de si, assim como o primeiro equívoco era o de ter concebido concretamente a existência de um outro, construído com as partes não geríveis dos próprios problemas. Pois, como podem ver, aqui temos duas situações, e me limito a essas para não confundir vocês. São situações urgentíssimas, que representam o meio, mas ao mesmo tempo o obstáculo para o analista se aproximar do verdadeiro núcleo psicótico do analisando. Dá-se a contraposição e não poderia ser de outra forma, é natural que se dê, se não levarmos em conta este fato.

Assim a senhora, doutora, mudou de atitude – consciente ou inconscientemente, isso por enquanto não importa – porque entendeu que aquele não era o caminho, e fez muito bem. Porque a senhora se contrapunha a seu paciente – vamos dar-lhe um nome, Marcos –, se contrapunha a Marcos 1, enquanto Marcos 1 falava em Marcos 2. E então, como fazer? Se a senhora falar para Marcos 1 e Marcos 1 falar com a senhora de Marcos 2, não há entendimento, é óbvio, porque de repente vocês são três na conversa. Em termos muito intensos ou muitos leves, este é um processo que vocês observaram também em outros pacientes, não são necessários fortes *splittings*, é suficiente que a angústia aumente um pouco, cresça um pouco e todos sentem a necessidade de aliviar-se daquilo que pode ser um problema de culpa, daquilo que pode ser um problema de responsabilidade e, portanto, negam, separam.

Não raramente, não chegamos à construção de um terceiro como no caso de Marcos 2, mas certamente temos fantasmas que operam da mesma forma, no sentido de conterem aspectos não geríveis na estrutura vertical. Eu estou falando da verticalidade. Se o conflito não fosse muito forte, então eu poderia dizer, como a senhora já disse, "esses aspectos conflituais de Marcos".

Não são mais aspectos, isto é, a senhora concebeu que na vertical houvesse bem ou mal, um diálogo entre Marcos e Marcos, mas, por conta da intensidade das emoções, dos sentimentos e da periculosidade desses aspectos não geríveis, Marcos construiu outro Marcos, do qual se distancia, do qual não quer saber nada. A senhora retoma esses aspectos e os reapresenta a Marcos, porque considera que se trate de aspectos dele, e, de fato, tem razão; mas aqui o problema não é quem está ou não está do lado da razão, aqui a questão é *como fazer para ajudar Marcos*: este é nosso assunto, não há outros. E se o *splitting* foi tão profundo que obrigou Marcos a construir um *alter ego* em contraposição, não podemos nos aproximar de forma tão direta, senão intensificamos o conflito, e mais: alargamos o conflito também ao círculo da horizontalidade, na relação de transferência entre analisando e analista.

Temos que informar o paciente desse mecanismo, dessa situação, mostrando-lhe como está compelido a criar e a manter essa distância por conta do medo de sofrer, por causa do terror do sofrimento e da angústia, em vez de perceber que angústia e sofrimento ocorrem justamente porque se recusa a envolver a si mesmo, inteiramente, no processo analítico de conhecimento.

Se um analisando – acompanhem-me bem porque, vejam, é muito mais importante do que pode parecer à primeira vista –, *se um analisando afastou de si mesmo uma grande parte de si, nós estamos analisando quem?* Aquele analisando que deve manter o *splitting* sempre ativo para manter o outro do lado de fora? Percebem que isso não é possível? Na cisão, trata-se da eliminação de aspectos de si – *aspectos* e não *partes*, como afirma a psicanálise kleiniana, porque se alguém se libertar da parte, acabou; o aspecto é sempre meu, eu sou feito de muitos aspectos, multiforme, mas as partes não, se eu me separar daquela parte, então não é minha, não a reconheço, é desresponsabilizadora e convida justamente àquela operação de *splitting* que nós temos que evitar cuidadosamente, porque depois ficamos em dificuldade e vocês demonstram isso com pacientes que adotaram essa técnica de defesa. Porque o *splitting é uma defesa, eis a razão pela qual nunca deve ser interpretado*, deve ser interpretada a angústia que esse *splitting* provoca, o sentido de isolamento do "não consigo". Não consegue, por quê? Mas é óbvio. Metade de seus recursos está do lado de fora. Estão me acompanhando? Entenderam como formular isso?

E até mesmo a depender do grau de capacidade do sujeito, eu chamaria de Marcos 1 e Marcos 2 junto com o paciente, isto é, lhe daria mesmo um nome. Sim, Marcos 1 confinou Marcos 2. O que é Marcos 2? Nem mesmo Marcos 1 sabe, nós podemos dizer o que é. São aqueles aspectos que Marcos 1 não considera geríveis e que não quer absolutamente assumir como próprios, por isso criou um Marcos em antagonismo, em situação conflitual consigo mesmo, e aí, vamos fazer o quê?

Portanto, angústia e dor são dados não tanto pelas coisas não geríveis posicionadas em Marcos 2, mas pelo fato de que Marcos não pode ser Marcos, porque cindiu-se, quebrou-se, dividiu-se. E, portanto, é fundamental que Marcos rearrume as coisas, ou tente, como pode, reconhecer em Marcos 2 aspectos que lhe dizem respeito e dos quais, aos poucos, possa reapropriar-se, para tornar a ser íntegro e capaz. Senão, essas coisas são até subtraídas da ação analítica. Criando o outro, subtrai-o, *subtrai-se*, como faz quando joga para fora; ele não cria outra versão de si, serve-se concretamente de outro a quem dá as características de seu mundo interno.

Isso nos reconduz ao discurso inicial: minha técnica clínica, minha abordagem clínica comporta uma clara divisão de responsabilidade. Ou seja: eu suponho que posso me dirigir ao aspecto construtivo do analisando, independentemente do grau de comprometimento do sujeito. Há sempre um pequeno instante, e é o que o conduziu à análise, senão não teria vindo. Mesmo que sua chegada seja pilotada por outro alguém, ele vem à análise e este é o ponto que temos que assumir como base, é o ponto sobre o qual nos dirigirmos, mesmo que, por baixo, haja a mais violenta turbulência imaginável, nós temos que nos dirigir lá.

E, para fazer isso, vocês bem sabem, há uma maneira correta de convidar o analisando, até em plena crise de ódio, de agressão, de angústia, para que observe o que está acontecendo e, logo, distinga se o que está nos dizendo é um pensamento ou um pseudopensamento, isto é, uma emoção chamada pensamento, e aqui a diferença é substancial e fundamental. E não existe psicótico, por mais grave que possa ser, que imediatamente não fique de orelhas em pé escutando o que eu proponho: "O senhor não está usando pensamentos, está usando emoções".

Então fica aí e diz: "Mas, como?". Capturada a atenção do analisando, pode-se construir um modelo qualquer: pode ser astronômico, culinário, estético, geográfico, químico, botânico, tanto faz, com o qual mostrar *modo e forma* dos quais o sujeito está lançando mão naquele momento para usar sua mente – *modo e forma, não conteúdo* –, o uso que faz de sua própria mente. E não existe psicótico que não escute isso, porque afinal não se trata dele, mas de um modelo.

Claramente, no início do trabalho analítico nossa responsabilidade é maior e o peso maior cabe aos nossos ombros. É possível que haja alguns aspectos de certas personalidades que tenham pontos de ruptura – talvez até esporádicos e momentâneos – dos quais nós temos que nos encarregar, sempre, porque cabe a nós, na fase inicial da análise, encarregarmo-nos de nosso paciente, e é justo que seja assim. Por dois anos, dois anos e meio é preciso carregar o paciente para o fundo do poço, porque a descida é nossa, mas a subida não, a subida é dele. A descida, nós a fazemos, nós abrimos o caminho, nós o carregamos nos ombros, vamos até o fundo do mar, *o núcleo psicótico*. A subida, esta cabe a ele, por conta dele, porque é a experiência dele, isto é, a capacidade de aplicar as percepções, vivê-las para fora, para dentro, avaliá-las, enfrentá-las. Reconhecê-las como próprias, obviamente. Quanto mais medo tiver, mais se movimentará lentamente. Este é o ponto de partida, depois haverá toda a elaboração. Eis por que eu digo que a técnica analítica, se aplicada com atenção – independentemente da hipótese aplicada –, permite em dois, três anos no máximo chegar no fundo do poço; depois, muito depende da técnica, de sermos capazes de manter sempre solicitado o interessado e mostrar-lhe que nós estamos aqui, que há uma parte que cabe a nós, mas outra que cabe a ele, é inútil que ele espere que alguém o lave, lhe passe um talco e uma colônia! Se ele perceber isso e compreender que, a partir do momento que se tocou o fundo do poço há um começo de percepção, então levará um, dois, seis meses para chegar à percepção propriamente dita. A partir daquele momento *a responsabilidade do tempo passa ao analisando*, não é mais do analista. É preciso que compreenda que agora o tempo é dele e pode fazer desse tempo o que desejar: melhor vivê-lo do que empregá-lo na análise. Claro? É muito importante manter isso em mente, tecnicamente.

25 de janeiro de 1994

Comecemos. Tragam-me algum material. Material clínico, não relatos de pacientes.

Então, começo diretamente com o sonho de uma paciente: "É o último dia do ano, estou indo para seu consultório, que era um apartamento enorme, grande, com tetos tipo século XIX, os móveis também eram da mesma época, mas o psicólogo não era o senhor e sim uma mulher. Eu entrava nessa sala e havia outras pessoas, me deitava no divã e do outro lado da sala havia umas pessoas que falavam entre si. A psicóloga me diz que não me acompanharia mais pessoalmente, mas que tinha que falar na frente das outras pessoas, como em uma psicoterapia de grupo. Digo que não iria conseguir. Ela me diz "é assim, ou nada". Depois se levanta e vai embora. Eu sigo-a, aos prantos. Então penso que estou perdendo essa relação e penso que meu ex-namorado tinha muita inveja dessa relação".

Eu conduzo a atenção da paciente sobre nossa relação analítica, mostrando-lhe como se pensa dependente e como, não vindo mais, não conseguiria resolver as coisas sozinha. Mas lhe mostro também como, ao mesmo tempo, ela tem receio da dependência. Ela me responde: "Talvez seja porque é como se, ao vir aqui, minhas ideias ficassem mais claras. Meu medo é que, não vindo mais, não conseguiria mais esclarecer minhas ideias sozinha, como se aqui eu usasse óculos e, não vindo mais, não usasse mais os óculos e então veria menos".

Vejam aqui a pergunta que deveríamos nos fazer: a paciente tem medo da dependência, como o colega sugere, ou a deseja? Para mim, é evidente que ela a deseja.

Entre aquilo que declara abertamente – isto é, aquilo que podemos considerar material comum – e um material onírico, minha opinião é que, mesmo com o mesmo nível de escuta, seja interessante dar certa preponderância ou preferência ao material onírico, sobretudo quando for oferecido de forma tão direta. Aqui, é claro que a paciente deseja a dependência, isto é, ela quer ser garantida, ser protegida pela situação analítica, o fato é este.

Mas, fora isso, é certo que o problema da dependência em análise é um problema muito importante, portanto devemos evitá-la. Isto é, se uma análise procede com um mínimo de funcionalidade, são justamente os aspectos de idealização, da dependência, da sedução etc., que devem ser evidenciados em primeira instância, que têm prioridade. Porque o paciente vem até nós com o declarado, manifesto desejo de se tornar autônomo. Está claro? Mesmo que, intimamente, desejasse encontrar um apoio que o justifique, que o proteja, que o garanta e assim por diante. Mesmo que seja isso o que ele deseja inconscientemente, a realidade é que ele deseja se tornar autônomo. Nós pensamos que um sujeito que bate à nossa porta pretende sempre se tornar adulto e não o contrário, e, portanto, esses aspectos de dependência, de idealização etc. devem merecer nossa atenção imediata, porque, caso contrário, colocam-se como autênticos obstáculos para a construção de uma relação analítica. Isso diz respeito ao analista e ao objetivo da relação analítica, que não pode senão marcar a trilha da dependência à independência.

Mas o problema é muito mais complexo à medida que o analisando, mesmo alardeando o desejo de independência, age e se comporta de forma tal a fortalecer suas exigências de dependência. E pode fazer isso por várias razões. Pode, primeiramente, porque considera que o analista possa ser o melhor exemplo a ser imitado. E ao tornar-se o melhor exemplo a ser imitado – aquele que superou os problemas ou que os resolveu – na fantasia do paciente, é claro que o problema dependência-independência se tornará um problema agudo, que não se pode resolver tecnicamente apenas evidenciando os aspectos ligados à dependência, mas mostrando ao paciente todo o sistema, as várias hipóteses de sua visão do mundo, tanto as mais conhecidas quanto as mais ocultas.

Os casos mais interessantes coincidem com os adolescentes. O adolescente, na verdade, necessita realmente da relação com o analista, porque o analista é aquele que lhe esclarece as problemáticas mais intensas e mais urgentes, mas é ao mesmo tempo, ou torna-se, por razões óbvias, o representante adulto mais admirado ou mais desprezado, isto é, substitui a figura paterna, ou a figura materna, porém com características próprias que nada têm a ver com o pai ou a mãe, sendo alguém externo. Por que falo nos adolescentes? Porque, por um determinado período, é necessário que o adolescente se alimente dessa garantia e tenha esta como uma das condições principais de proteção de seu percurso de crescimento. Então, por exemplo, deveríamos nos perguntar se a dependência dessa paciente deve ser tratada como a dependência de um adolescente. Qual é a idade dela? *36 anos.*

Então não, porque aqui se torna uma desarmonia, enquanto no adolescente a dependência é parte de sua capacidade de encontrar equilíbrio e harmonia. Está me acompanhando? Portanto, não é possível que o senhor tire do adolescente sua ideia – que, por sinal, não está errada – de que o analista seja também um pedagogo. Essa é uma ideia antiga contra a qual ainda hoje combatem os analistas, mas negar a existência de um plano pedagógico na análise, dizer "não, isso nunca, não é análise", é uma hipocrisia. Porque quando eu proponho um modelo e o proponho ao analisando, e mostro-lhe algo, é evidente que o que eu lhe mostro serve a ele, para avaliar dentro de si se minha proposição é funcional às suas necessidades e àquilo que ele está sentindo naquele momento ou não.

E, tão logo comparamos algo com o que sentimos, isso adquire um aspecto pedagógico: isso vale também para nós, o analisando é pedagogo em relação a mim e eu sou pedagogo em relação ao analisando. Se, ainda, abandonarmos os adultos e passarmos para o campo dos adolescentes, a questão se torna até mesmo evidente, tanto é que o modo como eu formulo minhas proposições analíticas é justamente dizer ao adolescente que "em vez de comportar-se desta forma, com a qual não poderá obter outros resultados senão esses, por que não tenta ver as coisas dessa outra maneira?". O que é isso? Não é mostrar-lhe como ele observa as coisas e oferecer-lhe outro ponto de observação? Mas o adolescente não sabe disso, ignora-o, porque está começando a conhecer o viver justamente enquanto está vivendo. Não se trata de oferecer conselhos ou, pior ainda, imposições, claro que não, trata-se somente de evidenciar seu modelo, indicando outros possíveis modelos alternativos. Ele, possivelmente, tenderá a atacar, porque é tímido e está com vergonha, então eu lhe mostro o que ele faz e lhe mostro que "em vez de se dar conta de que... poderia levar em consideração que as suas necessidades são o equivalente das necessidades dos outros, e o seu resultado ou a sua relação com os amigos ou com sua amiga, ou com os garotos do grupo, se tornariam menos conflituais se...". E é só isso, simples.

Em relação a este problema da dependência, pensava na modalidade de um paciente meu, do qual já falei no último encontro, de me manter em condições de dependência, projetando toda sua mente sobre mim, com o objetivo de fazer-me depender de suas necessidades, no meu trabalho.

Todos os analisandos tendem a fazer esta operação, alguns de forma mais sutil, outros mais grosseira, e outros ainda, como seu paciente, de forma até mesmo exasperada. Esse paciente chegou a subverter as operações, portanto, subverteu também a relação analista-analisando.

E há analisandos que têm realmente a necessidade de sentir que é assim, que é assim mesmo, isto é, que o analista está à disposição deles. O que é verdadeiro em parte, mas somente em parte porque aqui estar à disposição pode significar que toda a responsabilidade passe unicamente ao analista. E isso, obviamente, não permite uma relação analítica. Mas temos que levar em conta que há tempos, há um primeiro momento, há um segundo momento, há um terceiro momento final. É óbvio que no começo há todos esses aspectos de dependência e de independência e de medo – chamado "estou com medo de depender", mas é, na verdade, um desejo muito forte de depender e, portanto, de ser garantido e protegido pelo analista –, então é claro que todas essas coisas são, sucessivamente, objeto de trabalho. Se enfrentadas, vão desaparecendo aos poucos e supõe-se que, no fim da análise, se chegue a uma solução para todos esses problemas e que, sobretudo, tenha surgido uma área de independência na qual o analisando tenha consciência de possuir recursos para poder ir embora. Senão, como pode ir embora? Está claro?

Eu estava pensando na conexão que o senhor fez do analista com o pedagogo e de minha dificuldade em aceitá-la. Eu me defendi sempre em relação a isso, até porque lecionei também em uma escola e tinha dificuldade de me enxergar em um papel diferente. Veio-me à cabeça, enquanto o senhor falava, que uma garota, certa vez, disse-me que aprendera muito comigo e eu pensei, e talvez tenha até dito: "Mas eu não sou uma professora". Talvez porque tinha uma ideia errada do pedagogo, do professor, como alguém que pensa por conta do outro, que decide por conta do outro, em vez de... em vez de pensá-lo como uma troca livre. Isso por conta de uma absurda ideia de que a docência seja um substituir-se ao outro, fazer por conta do outro. Sem contar que o analisando nos observa pelo menos tanto quanto nós o observamos. E também nosso exemplo é uma forma de ensinamento. Basta pensar no fato de que nós estamos sempre lá, no horário acordado, e nunca faltamos aos encontros. Isso já é um modo, mesmo que não quiséssemos, mesmo que cortássemos todas as possíveis nuances pedagógicas, resta o fato de que eu não falto ao meu compromisso, sou preciso e estou sempre lá. Este não é um exemplo? Quantas pessoas chegam com uma desordem temporal, não porque querem assim, mas porque há pessoas confusas em sua gestão do tempo, e em seguida, depois de um ano e meio, dois, entram em um ritmo e por todo o resto de sua existência não deixarão mais ninguém esperando por elas. Disse-lhe algo? Não, só mostrava que estávamos, quem sabe, jogando fora o tempo, um tempo que tinha um custo financeiro para ele e de tempo para os dois, mas que ele estava jogando fora aquele tempo, ou seja, mostrava isso como um desperdício. Mas é evidente que não se tratava somente de tempo, que devia haver outro tipo de desperdício dentro da mente daquele analisando. Em seguida, até esse aspecto visível e grosseiro encontrou uma arrumação, entendem? Portanto, mesmo que eliminem todas as nuances que quiserem, permanece o fato de que a relação, por si só, é um ensinamento, uma indicação, não tem nada a fazer a respeito. Mas, como toda forma de ensinamento, não pode não passar pela relação vertical. Eu posso aprender de mim mesmo, o analista me mostra, me indica os pontos e eu, depois, aprendo de mim mesmo. Até o fato de conhecer a si mesmos não é uma forma de transmissão de conhecimento? De mim a mim, mas se não tenho a capacidade de fazer isso, posso usar o analista – ou seus comportamentos – como um catalisador. Mas vamos adiante com o material clínico.

A paciente diz: "Tenho a impressão de que a dependência afetiva me enfraquece".

O que ela disse? "Tenho a impressão de que me enfraqueça"? Paremos por aqui. É muito interessante, por favor, leia novamente a frase.

"Tenho a impressão de que a dependência afetiva me enfraquece".

"Tenho a impressão de que a dependência afetiva me enfraquece". Não é possível viver sem depender afetivamente de alguém ou de algo, portanto, qual seria o fundamento dessa teoria? Não quero dizer que a hipótese seja necessariamente errada, mas o que significa essa frase? Que a dependência afetiva pode ser usada de forma destrutiva. Ou pode ser utilizada de forma construtiva, e nesse caso a paciente se sentiria muito forte. E amada, ou em condições de amar. Compreende? Não é preciso ir além do material que nos dá o analisando, é só reler duas vezes para ver de imediato onde está a cilada. Não digo que a jovem analisanda esteja de má-fé, claro que não, mas tem teorias, tem hipóteses fortes. Não é possível pensar com teorias, e mesmo que não se possa pensar sem hipóteses, não se pode pensar *somente* com hipóteses. É preciso que a analisanda veja efetivamente o que está acontecendo, deve verificar suas hipóteses, senão continuará nesta posição até os 90 anos. Por quê? Porque a experiência nunca será corretiva, sua teoria será sempre preponderante.

E, de fato, ela continua dizendo: "Não posso ser amada assim como sou, porque me parece que não mereço, porque mereceria somente se fizesse grandes coisas".

Vejam só quantas coisas ela junta: a cada vez que se expressa, não fala de uma experiência própria, mas emite um julgamento sobre como deveriam ser as coisas.

Sim, sim. De fato, agora está vivendo uma situação diferente, atou uma relação com um rapaz mais novo do que ela 8 anos, e isso, para ela, constitui um grande problema. Diz: "Talvez resolvi começar esse namoro porque tenho medo de enfrentar pessoas mais maduras". Em todo caso, é amada por esse rapaz. "O problema é que ele me ama, até quando eu estou agitada ou nervosa. Pergunto-me por quê. Eu não fiz nada. Nos outros relacionamentos vividos, sempre tentei merecer o amor, fazer de tudo pela outra pessoa, ser disponível. Não pensava que, até sem fazer nada, eu pudesse ser amada, mesmo assim. O fato de ser amada me faz ativar o 'ter que ser'." Eu aqui tomei a palavra dizendo: "Claro, para realizar o impossível, isto é, ser da forma que o outro a ame para sempre", porque o problema de fundo dessa pessoa é o medo de ficar sozinha, até de enlouquecer, ficar só e abandonada. Sua teoria é que tem que encontrar a pessoa certa, não errar, e não sabe o que fazer. Já que faliu com o primeiro casamento, então o terror dela é este mesmo. "Tenho que conseguir ser a melhor de todos, para que não possa ser abandonada; mas já que, com meu namorado, não sou a melhor de todas, aliás, ele conhece todos os meus problemas, por isso me espanto mais ainda. E também a respeito de meu namorado, tive um sonho, havia uma montanha a ser escalada, era o próprio Reinhold Messner que devia fazer isso com certos apetrechos...".

Raciocina em grande escala, sua analisanda. Messner é o maior alpinista ao mundo!

No sentido de que, para escalar essa montanha – uma parede vertical –, devem ser dispostos uns colchonetes, sobre os quais havia ganchos para se segurar. Messner e seu namorado começam a subir e ela, que antes pensava aterrorizada que não conseguiria, às escondidas, vai atrás deles e chega a finalizar a escalada. Em seguida, quando retornam, dizem: "Foi difícil, não é?". E ela diz: "Sinceramente, não me pareceu tão difícil". Comenta o sonho dizendo: "Em um primeiro momento, tenho medo de fazer algo, depois o enfrento e o supero, e percebo que consegui. Mas antes não pensava que podia ser possível".

Vejam, passa de uma situação de impotência a uma de onipotência de tipo maníaco, claramente maníaco. Vai atrás de Messner assim, escalando a montanha, mas o fato de ter conseguido não modifica a ideia que ela tem de si, porque um segundo depois ela propõe-se novamente o desafio. Compreendem o que quer dizer? Isto é, quando consegue, menospreza seu êxito ("não me pareceu tão difícil") e novamente recria as condições para ter que superar outros desafios, e isso não acaba nunca.

Eu, diversamente, tinha lido este sonho como um esforço dela, tinha visto esta montanha como o exercício analítico posto em prática, onde a analisanda, com a guia do mestre, treina para fazer essa escalada. Diz: "Eu acredito que não vou conseguir, mas se olhar...".

Sim, é possível ver dessa maneira, doutor, é claro que "vejo o que o senhor faz, e se seguir o senhor, talvez eu consiga, sim, posso conseguir". Mas isso vale no sonho, estou conseguindo me explicar? Isto é, em outras palavras, o senhor é o analista dessa paciente, portanto, é a pessoa mais adequada para entender o que está acontecendo, só o senhor sabe, nós não sabemos. Esse sonho pode ser lido em nível mental, isto é, vertical, e em nível horizontal. O senhor faz uma leitura na horizontal, eu o li na vertical. Qual dos dois níveis é aquele que merece prioridade só o senhor pode avaliar, se levar em conta o ponto de urgência...

Porém, eu pensava tê-lo lido na vertical, ou seja, identificado sua capacidade, superando o medo, de fazer a experiência.

Certamente, mas o senhor, o analista, deve ser comparado a Messner, e a jovem se esconde, não deixa que Messner e seu namorado a vejam. Ela afirma que olhou porque, se não tivesse olhado, não ia conseguir, e ainda diz: "afinal, não foi tão difícil". Então, como quer enxergar isso? Como algo construtivo? Pode ser, se o senhor achar, veja-o assim, mas atenção porque nesse caso o senhor o vê com nuance horizontal, não vertical. Porque a nuance vertical, nós sabemos qual é, quando diz "tenho que ser a melhor para poder garantir a fidelidade e, portanto, formar um par eterno com o homem, mas eu sei que não sou assim". É aqui que entra em conflito. No sonho, a paciente supera o obstáculo, mas, acredito eu, o sonho descreve a passagem da impotência à onipotência com uma nuance maníaca bastante precisa, na vertical. Na horizontal, o senhor pode achar que, nesse caso, a mensagem da analisanda possa ser: "olhe, eu tenho a intenção de acompanhá-lo, seguir seus passos, e no sonho, seguindo seus passos, consegui".

Mas então valeria a pena dizer... qual é o nome da analisanda? Tanto faz, vamos fazer de conta que se chame Ana: "Muito bem, dona Ana, a senhora teve uma comprovação clara de suas capacidades e seus recursos". Porque o problema fundamental aqui, pelo menos para essa paciente, é que ela não acredita em si mesma, portanto, deve sempre fazer coisas excepcionais para manter o objeto perto de si. Veja, aqui uso o modelo kleiniano. Se eu não fizer coisas excepcionais, o objeto irá me abandonar, e eu não posso viver sem o objeto. Este é o modelo kleiniano. Vamos aplicar o meu. De qual objeto está falando? Eu ponho fora de mim, no analista, todos os meus recursos, ou aqueles que eu considero serem meus recursos, e por que faço isso? Porque eu quero que ele fique perto de mim, e então lhe ofereço o melhor que tenho, porque dessa forma obrigo-o, imponho-lhe – amorosamente, é claro, mas é uma chantagem belíssima –, e então ele não irá me deixar, porque eu tenho muitas coisas que posso oferecer e ele precisará dessas coisas para todo o sempre etc.

Mas o problema, a meu ver, é outro. Eu tenho a ideia de não possuir capacidades para reter o objeto. Se eu tiver esta teoria (ou esta hipótese) segundo a qual não tenho assim tanto valor, qual é aquele objeto que pode se interessar por mim? Nenhum objeto irá se interessar por mim. Na proposição kleiniana, tudo ocorre na horizontal, enquanto, na minha, tudo ocorre na vertical, de que a horizontal é a evidência, a prova daquilo que acontece na verticalidade. Isto é, eu não tenho respeito por mim, só tenho menosprezo, não me considero à altura.

Mas à altura do quê? De um modelo que eu tenho de mim, que é ideal, poderoso, a mulher mais bonita, a melhor das mulheres. Mas quem aguenta um modelo assim? A verticalidade é destruída, o resultado disso é: eu não valho nada. Discurso encerrado.

Vamos abrir o discurso da horizontal. É evidente que, se eu não valho nada ("Mas eu acreditava que, para se fazer amar, é preciso dar", não é ela que diz assim? "Nunca pensei que alguém pudesse me querer bem somente por querer-me bem"), então ninguém me quer. Entendeu? Então, se vocês observarem do ponto de vista da horizontal, sem conhecer nada da vertical, da horizontal podem chegar à vertical, podem chegar a dizer "Pois, se essa mulher imagina que tem que me dar algo para que eu fique perto dela, então deve ser muito pobre por dentro". Este *dar-me algo* na horizontal é o equivalente, na vertical, de *ter que ser aquela grande mulher, senão não existo*. Portanto, da horizontal passo para a vertical, assim como da vertical passo para a horizontal. Está claro? Só que, já que a nós interessa a princípio a construção da dimensão vertical, isto é, a estrutura egoica, só em um segundo momento virá a relação com o objeto, se falarmos em termos kleinianos, ou com o outro se falarmos em termos comum. Isso está claro?

Assim, esse sonho pode ser lido na vertical, podemos ler na horizontal, e isso depende do senhor, ou seja, do analista que está lá naquele momento e avalia se, naquele momento, é importante dar mais ênfase à relação com o outro ou se, diversamente, é o caso de resgatar um palmo ou um metro do terreno da autoestima dentro de si. Isso só vocês podem decidir, depende do momento, porque às vezes é mais útil mostrar ao analisando que o outro está lá. Aqui, por exemplo, "o outro" na fantasia da analisanda parece mover-se somente se ela estiver coberta de ouro, e não se move se ela for simplesmente o que é, portanto, acredito que seja muito útil mostrar-lhe como "o outro", neste caso, é uma fantasia dela. Ou seja, ela propõe um "outro" que tem as mesmas exigências que ela própria tem em relação a si mesma, não há reconhecimento ou registro, e assim nada vai mudar, mas nada mesmo.

Quanto mais vocês prestarem atenção à dinâmica da vertical e da horizontal, tanto mais verão como a leitura do material se torna fácil, porque – e não há como negar isso, de jeito nenhum – o tratamento que eu dispenso a mim também dispenso aos outros. Não posso fazer de outra forma. Não existem modos ou maneiras diferentes de tratar-me ou tratar os outros. Afirmar que haja é falso. Quando uma pessoa está completamente devotada ao outro e só se interessa pelo outro, cria tamanha pobreza dentro de si que realmente surge o medo de que possa cometer suicídio, se observar-se naquela desolação, então, dedica-se totalmente ao outro e vive de forma osmótica, ou parasitária.

De fato, quando eu destaco as capacidades dela, os recursos dela, ela me diz: "Mas eu só tenho isso porque o senhor me ajuda!".

Muito bem. E, segundo vocês, o que isso significa?

Que a paciente não quer assumir sua independência.

Não, não, mais a fundo, doutora. Sim, o que a senhora afirma é verdade sob o ponto de vista da relação entre dependência e independência.

É uma chantagem?

Claro que é uma chantagem, é claro, como faz a mãe com o filho homem: "Ah, quer sair de casa? Volte antes das 23, senão vai partir meu coração". Mas aqui há muito mais do que isso. Quando a paciente faz essa afirmação, o que está dizendo? Está dizendo que ela não quer a responsabilidade desses recursos. Então, a pergunta é: "Cara dona Ana, o que está fazendo? Joga fora seus recursos? São o quê, merda? São pequenos demais? Não satisfazem a imagem ideal que a senhora tem de si?".

Esse é o aspecto principal, depois, num segundo momento, podemos observar outros aspectos, mas o primeiro é esse. Se o analista mostrar os aspectos positivos, então são seus, deve assumir esse ônus, deve cultivar sua pequena horta, deve regar, deve manter limpa e deve até tentar aumentá-la, por que não? Isto é, tem que trabalhar? Isso mesmo. Deve se responsabilizar? Isso mesmo. Então se torna independente. Viram que voltamos à dependência-independência? Agora o modelo está mais claro?

Eu acredito que esse caso esteja encentrado nessa dinâmica, não creio que se possa dizer algo mais por enquanto, veremos depois se fará movimentos e modificará sua visão de mundo. Aí, talvez, teremos mais a dizer. Mas se ela insistir dizendo "Ah, estou com medo de ser dependente, pelo amor de Deus o senhor não vá embora porque se o senhor for embora eu não existo mais" e "Não, eu gostaria de ser a primeira etc., senão o outro vai me deixar sozinha", então a chantagem é: "Não pode me deixar sozinha porque estou com medo de enlouquecer se me deixarem sozinha". E então eu lhe diria: "Cara dona Ana, a senhora já está louca. Se quer sair de sua loucura, o caminho é este e não aquele que a senhora propõe, mas este que eu estou mostrando. Isto é, assumir seus recursos e cuidar deles!". Vamos em frente.

Aí, ela dizia que quando enfrenta a experiência e a supera, depois, somente depois, percebe ter conseguido, enquanto antes nem pensava nisso.

Stop! Pois, mas o que ela faz com isso? Céus, ela deve ter feito esta operação pelo menos 50 vezes em sua vida. E daí? Onde está a experiência? Não fez nenhum registro? Então do que está falando? Quem foi, outra mulher ou outra Ana a dizer aquilo que ela está dizendo agora, ou é a mesma que um instante antes falava comigo? Estou falando com o senhor, doutor, não com a analisanda, estou falando com todos vocês. Porque se eu tirar conclusões daquilo que ela diz: "Depois vi que consegui", então espero registro e experiência. Senão, não aprende com o viver.

É necessário sinalizar-lhe logo, de imediato, que está se recusando a registrar e assim a transformar seu conhecimento em uma experiência que lhe possa ser útil da próxima vez. Não, ela todas as vezes se apresenta cândida e desarmada, como Penélope: na sessão com o analista faz, mas quando sai desfaz. Porque manter o que foi feito significa modificar seu próprio viver, como dizíamos antes. Ou seja, faço experiência aqui em análise, depois saio daqui e a uso. É evidente que isso não acontece totalmente, acontecerá tanto quanto possível, mas algo, uma parte pequenina, depois de meses e meses de análise deve começar a ser vista. Senão não registra e já que não registra, de fato, não faz experiência. Porque se há experiência, há conhecimento, se há conhecimento há responsabilidade. Isso é fato do qual não se pode fugir.

14. Inveja e fobia[1]

Hoje gostaria de falar da relação entre inveja e fobia. Em outras palavras, gostaria de falar de algo que tem a ver com o receio. Mas, antes de tudo, comecemos definindo e concordando sobre o conceito de inveja. Vocês sabem que eu tenho uma hipótese pessoal sobre a inveja: considero-a um coordenador psíquico. Sua função dependerá de sua intensidade, assim como acontece na identificação e em tantos outros mecanismos, e, portanto, do uso que dela se faz. Eu não consigo aceitar, como propõe Melanie Klein, a existência de uma inveja primária (como manifestação da destrutividade primária) em relação ao seio, ao passo que concordo com Freud quando afirma que o seio é parte de mim e que, no momento de onipotência, o seio me pertence e é meu. É meu porque está na minha boca e me alimenta, depois desaparecerá e o marasmo assinala tudo isso. E esse é um aspecto. Mas o que me interessa do conceito de inveja não é tanto a inveja direcionada ao objeto, e sim aquilo que acontece se nós observarmos o fenômeno da inveja na vertical, isto é, na relação entre mente e corpo. Acontece que o sujeito pode invejar seus próprios recursos e suas próprias capacidades. Lembram o velho

---

1 Trata-se de material relativo a três seminários que aconteceram entre setembro e outubro de 1994.

e genial Freud quando falava do "pânico do sucesso"? Se nós pegarmos esta intuição genial e procurarmos enxergá-la cem anos depois com outros vértices analíticos e outra experiência, então nós veremos de que forma a necessidade de se proteger das possibilidades de responsabilizar-se pelos próprios recursos conduz o sujeito ou a negá-los ou odiá-los – quando se manifestam – ou a invejá-los, porque a operação de afastamento foi tão importante que, agora, considera tais recursos como pertencentes a outro sujeito. Isto é, não é mais capaz de reconhecê-los como pertencentes às suas próprias potencialidades. E isso, eu acredito, é o aspecto mais destrutivo da denominada inveja, ou seja, uma agressão às próprias possibilidades e qualidades.

Mas por que lhes falei em fobia? Porque é aqui que reside o problema, porque um recurso ou uma qualidade desse tipo acaba por se tornar fóbica. E o medo é fundado, porque se a incluirmos em nosso sistema, temos que nos propor como sujeitos – proprietários – dessa capacidade. Agora vou tentar ser mais claro. O que é que conduz o homem ao aspecto fóbico? Para que haja um aspecto fóbico, deve haver um aspecto "fílico" (a "filia" deveria preceder a fobia?). Nós afirmamos que o espaço psíquico de cada um de nós tem uma característica, ou seja: quanto menor o espaço, mais o controle se faz possível. A resistência a crescer e a resistência a pensar são diretamente proporcionais a esse temor. Portanto, há um aspecto fóbico, que produz uma resposta "fílica", que, por sua vez, restringe o horizonte das possibilidades das próprias capacidades psíquicas. Se deixarmos que continue, chegaria a apagar-se por si só. Porque, se para controlar o território eu o limitar, serei tendencialmente levado a limitá-lo cada vez mais. Por quê? Porque a cada vez serei mais solicitado pelo mundo externo, não sou plástico e não tenho respostas disponíveis para tornar eficaz ou ineficaz a solicitação externa, e por isso acabo por fechar-me. O pensamento produz medo, e é esse o sentido final da hipótese bioniana. O pensar traz dor. Nós nos defendemos da dor, e eis que, paradoxalmente, nos tornamos portadores de fobia e a esta respondemos com uma atitude "fílica", de fechamento. Se nós respondermos com uma atitude de fechamento, nossa morte estará decidida, porque será impossível preencher a distância entre nós e o dado de realidade, interno e externo. Não esqueçam que nossos sistemas psíquicos são sistemas em movimento, portanto, é inconcebível o momento de estase, porque o momento de estase é como o efeito *Doppler*, multiplica a velocidade. Vocês sabem que no efeito *Doppler* temos a velocidade do objeto e a velocidade do sujeito. Se o objeto vem e ao mesmo tempo o sujeito foge, a velocidade é espantosa, é duplicada. Cem quilômetros se tornam duzentos, os pontos se afastam e isso é muito importante, deve ser mantido à mente, justamente por conta das razões que estou ilustrando.

O que disse até agora só tinha a função de introduzi-los ao conceito de inveja e agora, para retomar a discussão sobre a relação entre aspecto fóbico e inveja, convido vocês a levarem em conta como há dentro de nós uma constante que rejeita a abertura, porque a abertura obriga a uma assunção de responsabilidade. Em todos nós, inclusive em mim, há uma falsa imagem, ou seja, nós acreditamos que, ampliando nossa área de observação, ampliamos também nossa área de vulnerabilidade. Mas o que acontece é exatamente o contrário, porque quanto maior for a abertura observável, menor será a vulnerabilidade do sujeito que observa, mas todos nós nos comportamos exatamente da maneira oposta! Isto é, seria como dizer: pensar é perigoso, não pensar me protege.

O que isso tem a ver com a inveja? Não estou falando, obviamente, da inveja que eu sinto pelo outro, porque esta é cegueira. De fato, quando há inveja de outro, não se tem inveja pelo outro em si, mas são invejados recursos próprios que se nega ter, que não se conhecem ou que se ignoram, mas recursos que potencialmente temos, porque, se não os tivermos, haverá conhecimento, e não precisamos invejar nada e ninguém. Por exemplo, eu não posso invejar aquele atleta da Jamaica, o corredor que voa como o vento. Não tem chance. Ou seja, se houver conhecimento, a cilada da inveja desaparece porque então eu conheço quais são meus recursos. Portanto, eu não concebo a inveja, quando se trata de inveja para com o objeto, senão como segundo momento ou segunda instância de uma observação carente de minhas potencialidades e de meus recursos.

Por que a fobia? Mas já disse antes, posso ter medo de conhecer quem eu sou. Vamos partir daí! Gostaria de ter de mim uma imagem estereotipada, que o ambiente externo me dá. Por exemplo, por que não, aquela imagem dada pela mãe. Vamos usar o exemplo da criança. Há um adágio popular italiano segundo o qual até mesmo uma baratinha seria maravilhosa aos olhos da mãe. Não duvido disso, é claro e evidente, e o que vou dizer agora emerge do segundo desafio,[2] porque essas coisas se veem nos protocolos de crianças e pré-adolescentes. A criança confronta-se com o quê? Com a contínua exaltação de suas qualidades, e tudo isso impede que a criança ou o adolescente se aproxime realmente do núcleo de sua identidade. Tudo, aqui, pareceria relacionado com o problema da identidade. Gostaria então que o problema da identidade se tornasse um ponto fundamental da observação. Faz-se oportuna uma extensão do conceito de identidade para coletar nele comportamentos que definem a "pedridade" ou a "joãodade" ou a "Ferraridade" de cada um de nós. Porque se analisarmos bem, no fim das contas, tudo está entre nós e as coisas que possuímos ou acreditamos possuir, ou que conhecemos ou não conhecemos.

Uma jovem colega de vocês trouxe-me um grande problema em análise com um paciente muito grave e, em determinado momento, disse-me que estava experimentando uma enorme dificuldade. Tentamos examinar todo o material e depois ela disse: "Sabe, professor, fui até o porão para arrumar algumas coisas velhas e encontrei uma foto de meu ex-marido quando ainda era novo. Então, me perguntei: mas este é aquele paciente!". Estão me acompanhando? Nós mesmos temos um conhecimento muito escasso de nossos "porões", porque não temos sempre bem à mente esses aspectos fóbicos e "fílicos", esta

2 Aqui Ferrari refere-se à adolescência.

alternância de fobia e "filia" em relação a nós mesmos e às ações, aos pensamentos, aos modos, aos estados de espírito, paixões e tudo mais.

Por que o senhor fala em fobia? A fobia lembra imediatamente seu mecanismo de funcionamento, que é o deslocamento, como ocorre na neurose fóbica, razão pela qual aquilo que dá medo não é o verdadeiro objeto que provoca medo, aliás, aqui há uma deformação da realidade do objeto, que assume o lugar do verdadeiro objeto considerado perigoso. E a angústia primária é desencadeada pelo objeto originário. Digo isso porque não consigo compreender bem o laço entre inveja e fobia. Este discurso me lembrou de um caso clínico, aquele da mulher de 43 anos que nunca troca suas roupas, não fala quase nunca etc. Ela não pode, nunca, estar à frente de quem quer que seja. Por exemplo, na escola não suportava que fosse reconhecida como aluna melhor que o irmão e tinha o terror de ser invejada.

É o terror de expor-se e, portanto, de ser conhecida pelo que é. Mas a coisa curiosa é que ela não sabe quem ela é, de fato.

Com efeito, eu reconduzi a inveja a uma modalidade dela de relação interna, em que ela domina a tendência a achatar tudo porque, caso contrário, haveria discrepâncias ou diferenciações. Mas ela não encontra seus recursos. Quando esses recursos são evidenciados pela análise, o que acontece? Ela tem medo de reconhecer uma melhora de sua situação e então volta para a situação fechada antecedente.

Certamente, viu só? Eis a fobia do crescimento, se preferir essa denominação, ou da percepção, que leva a paciente a amar o fechamento.

Mas nós estávamos procurando a conexão entre inveja e fobia e o senhor, antes, tinha dito que é possível sentir inveja quando os próprios recursos parecem não pertencer a si. Esta paciente espera sempre que alguém aja por ela. Por exemplo, vai sair de férias? Então é a amiga que propôs a viagem que vai cuidar de passagens e hospedagem, mas esta amiga deve também ir à casa dela para arrumar as malas! Aqui, parece-me, o "alguém deve fazer as coisas por ela" poderia ser entendido como a transposição alienada de si mesma com as suas qualidades no outro! A cada vez, o outro pode mudar na pessoa, mas não na função, que é aquela de representar suas mesmas qualidades, por vezes vitais, que tutelam sua própria saúde!

A responsabilidade daquela viagem não é dela! Talvez o senhor esteja certo ao insistir sobre este ponto, mas eu penso que aqui reside o núcleo problemático, a dificuldade de reconhecer a viagem como pertencente ao seu horizonte de possibilidade e, portanto, rejeita a ideia de considerar dentro de si esse reconhecimento. A inveja ativa-se quando eu posso reconhecer uma qualidade como minha, no primeiro momento de descriminação que levaria a uma ampliação do meu ser, de meu conhecimento, e a uma superação da situação claustrofóbica, por exemplo.

Isso é muito claro nas crianças. Examinei um grande número de protocolos de entrevistas e de análises infantis na idade de latência e de pré-adolescentes etc. e pude ver com extrema clareza a tentativa das crianças de contornar esse reconhecimento por meio de modelos que a dimensão horizontal oferece a todos, aderindo e fazendo parte do grupo sem atritos e sem conflitos. Dessa forma, porém, não são eles que estão aí, mas apenas as coisas externas que eles adotam para camuflar-se na situação. Ou o grande e perigoso vazio que dá a sensação do tédio, mas que não é o tédio do adulto, é o tédio da morte. Já perceberam o grande número de adolescentes que cometem suicídio... Ou, ainda, manifesta-se a recusa a prosseguir, isto é: "Não, não quero crescer, eu permaneço no meu jogo etc.". A síndrome de Peter Pan, como é chamada.

Certamente, quando os analisandos têm a percepção de que algo está chegando, que esperam como o perigo "agora vai acontecer algo", podem dizer: "Para mim, é suficiente, estou contente com isso, isso me basta e não queria mais da análise". Ou vêm em análise e nos dizem que vêm por uma razão precisa, que desejam focalizar um determinado aspecto porque têm uma percepção inconsciente de que o problema não é aquele e, prosseguindo, deveriam assumir a si mesmos, por aquilo que isso possa significar. E poderia ser melhor ou pior que o modo como eles efetivamente são. Aqui não se trata do valor, mas do receio de ter acesso a si mesmos. Pouco importa se esse acesso significará tornar-se um grande homem ou uma grande mulher. Ou não. Não depende disso.

Outra forma para evitar assumir a si mesmos é destruir a percepção dos próprios recursos, das próprias qualidades, o que se pode manifestar, de maneira mais refinada, com um "Sim, mas depois, o que vou fazer com isso?". Ou: "Certamente, é possível, mas somente porque o senhor está aqui!". Até o absurdo de dizer "Não, eu não posso me separar da análise porque se fizer isso não terei mais a máscara de oxigênio". Como podem ver, há um aspecto harmônico da inveja. Nesse sentido, Melanie Klein teve uma grande intuição, só que depois a focou totalmente no objeto: "eu invejo o outro". Não, nada disso!

Então, a fobia nasceria quando há um enorme e descomunal medo do vazio, entendido como não conhecido, mas disponível? Como quando se fala do despencar. Quando não há nada, há o vazio e alguém despenca, mas não é o mesmo vazio que se apresenta como espaço vazio a ser explorado ou ocupado.

Certamente, um segundo antes que o senhor pense, o senhor tem o vazio. Ou será que já sabe o que irá encontrar? O nosso é um contínuo viver entre uma situação de vazio e outra em que algo emerge, como neste momento em que estou falando com vocês: eu não sei de onde provém tudo isso que estou dizendo, mas é óbvio que se trata de uma metabolização de quem sabe o quê, e não me importa saber, mas estou transformando essas coisas internas minhas em um idioma que não é minha língua nativa, mas com a qual posso fazer com que vocês me compreendam. Então, procurem se dar conta do processo em andamento, tentem entusiasmar-se justamente com o aspecto dinâmico do sistema. Ou seja: eu estou dizendo algo e vocês ouvem algo. O que irá acontecer? O que houve antes, já esquecemos, o que haverá ainda não sabemos, mas neste instante há algo que eu vou conquistando, algo que estou tentando propor a vocês. Exatamente algo que não é dizível e que se torna dizível no momento que eu consigo fazer experiência disso ou consigo observar algo em relação a que me oriento.

Em determinado momento, nós falamos de aspectos desarmônicos e harmônicos da inveja. Os aspectos harmônicos são coordenadores psíquicos, e sem eles como posso imaginar a gratidão? A gratidão é o reconhecimento que alimentamos por alguém que, ao mesmo tempo, nos desperta inveja. Aquela pessoa é capaz, mas aqui a inveja é construtiva, a inveja me permite avaliar o que essa pessoa possui. E, se a inveja for harmônica, é realmente portadora das coisas que eu vejo nela. E é por causa disso que eu posso me apropriar dessas coisas! Compreende como, em determinado momento, a inveja se torna um veículo de comunicação? E se eu puder reconhecer a existência das capacidades do outro, eis que a gratidão aparece! Senão, de onde vem a gratidão? A competição! Mas sem competição não progredimos, meus caros! E como se dá? Dá-se pelo fato de que eu posso reconhecer as qualidades de Fulano e Fulano pode reconhecer as qualidades que eu tenho. Esta é a base da troca, inclusive em nível científico, e não certamente a briga de facas das sociedades psicanalíticas! E ainda tem o aspecto desarmônico. Mas o aspecto desarmônico que se manifesta com "Eu invejo Beltrana porque Beltrana é bonita e eu não sou, porque Beltrana tem qualidades etc." é totalmente errado, a meu modo de ver. Tudo acontece dentro de mim, e é lá que existem aqueles aspectos aos quais eu não quero, não posso ou não consigo ter acesso, são os aspectos que eu coloco no objeto, que vão de mim ao objeto. E vejam que são sempre, curiosamente, qualidades positivas. Por que será que nunca invejamos o negativo? Digam-me. De um ponto de vista clínico, no momento que se amplia o espaço mental, surge esse medo porque falha o controle e então, por exemplo, o controle pode passar ao analista.

Quando esta paciente fica calada e eu pergunto o que é que ocupa a mente dela, quase sempre responde que pensa naquilo que lhe aconteceu no trabalho, durante a manhã. O que me perguntava era como fazer para favorecer a pessoa, de maneira que permaneça no espaço que se abriu, como fazer para aliviar a angústia que domina naquele momento. A paciente da qual estava falando referiu ter feito durante as férias uma viagem à Grécia e outra para a ilha de Elba – e pensem que antes não se movia nunca.

Isso aconteceu graças ao senhor!

Mas ela não pode reconhecer isso!

É óbvio, porque senão vai dar com os burros n'água, e que água! Por quê? Porque até quando todo esse jogo acontece entre mim e eu mesmo, perfeito, ainda estou com tudo sob controle. Mas quando eu, no jogo perverso, acabo imaginando que o oxigênio só sai da máscara que me dá o analista, acabou. Porque o que tinha me impulsionado a criar essa complicada besteira – que é o controle – acaba por ser a situação mais impotente que se possa imaginar. É algo em nível do cordão umbilical. Estão me acompanhando? Podem, por sinal, servir-se do desenvolvimento fetal: da dependência total à independência, quando começamos a fazer funcionar nossos pulmões e aí nascemos.

Isso está em sintonia com aquilo que estava dizendo antes, isto é, como se pode intervir clinicamente para baixar a angústia quando o espaço psíquico à disposição aumenta e há essa tendência a pedir ao outro que dê algo, de modo a usufruir daquilo que já foi pensado ou recorrer a algo já previamente constituído. Clinicamente, eu fui na direção que valorizava os recursos que essa mulher colocou em prática quando, ao ir à ilha de Elba, fora à estação a pé, sem pegar um taxi, e, depois de ter pedido o trem, reorganizou o trajeto.

Mas isso não poderia ser contraproducente? Porque é justamente aquilo de que ela tem medo. Assim, curiosamente, vamos afetar logo a defesa, no lugar de ver o que tem por trás. Se nós evidenciarmos à analisanda que conseguiu andar dois quilômetros a pé, com mala e tudo, estamos atingindo justamente aquilo que ela não quer, porque ela não quer se reconhecer capaz. Mas e se em vez de falar disso eu disser que Sophia – vamos chamá-la assim – move um ataque tão maciço às suas qualidades e potencialidades a ponto de tornar impossível, para ela mesma, conceber aqui, comigo, durante a sessão, não o fato dos dois quilômetros, mas imaginar a capacidade dos dois quilômetros? Isto é, eu tiro dela o gosto do fazer, subtraio-lhe a concretude e a conduzo à impossibilidade que tem de imaginar uma situação em que ela, em vez de estar deitada em uma maca, é capaz de conceber, em sua mente, um laço entre uma posição e outra. O fato de que essa posição requer que ela caminhe e, portanto, se trata de uma posição no espaço pode ser interessante, mas poderia ser uma posição temporal ou, melhor ainda, emocional. Já que eu acredito que o problema seja emocional, e, portanto, não espacial ou temporal, não falaria com ela daquilo que conseguiu fazer na Grécia, mas perguntaria por qual razão Sophia não deixa que Sophia... etc. Porque Sophia está diante de dados de fato, mas é ela que tem que lidar com isso, eu não os conheço, não conheço a Grécia ou outras coisas, não me interessa. Por que, diversamente, não pode concebê-la em sua mente, já que a coisa aconteceu? Que tenha acontecido aí fora, ela mesma diz, mas o problema não é se foi capaz de fazer, e sim que ela não seja capaz de mentalizar aquilo que aconteceu.

Dessa forma, eu contorno o aspecto fóbico e formulo uma pergunta muito simples. Aqui não se trata de ir à estação a pé com a mala na mão, aqui o assunto é mentalizar uma operação que reconhece a Sophia – uma Sophia que ela se recusa totalmente a considerar – capacidades e potencialidades. Agora, podemos ver juntos qual seria essa sua angústia. Por exemplo, se ela se mostrar capaz, do que teria medo? Que a mãe, o pai, o irmão etc., comecem a exigir dela o inexigível? Ou é ela a ser tão hiperexigente a ponto de precisar esconder por baixo do tapete seus recursos e ainda pisar neles e dizer: "Ah, mas eu não tenho nada, eu sou a última da fila!". Estão me acompanhando? Não se fixem tanto naquilo que digo, mas no estímulo que pode derivar das coisas que estou dizendo.

Uma paciente minha retorna das férias e me conta de todas as mudanças que fez, coisas bem grandes, a ponto de eu afirmar que sim, de fato o processo analítico a ajudou. Mas ela me conta isso dizendo que está muito mal e que compreendeu que terá que fazer análise até aos 70 anos. Ao invés de reconhecer sua evolução, destaca a dependência.

Mas reconhecer a evolução significa crescer!

E o que significa crescer para cada um de nós?

Vou responder logo, é bem simples. Vamos pegar o exemplo que acabou de fazer. O analisando está na metade do trabalho analítico, provavelmente. Por que será que o fim da análise determina "filia", enquanto o começo desperta a fobia? Como termina a análise? Quando o sujeito diz: sou capaz. Esse é o problema e é disso que nasceu minha dúvida, porque a criança mostra isso de imediato, começa a análise e termina dois minutos depois. Porque é livre e diz: "Não, não!", e depois: "Sim, viu só, consegui!". Eis o xis da questão: *o fim da análise é a filia dos próprios recursos, o início da análise é a fobia dos próprios recursos*. Porque devem ter bem claro na mente que o que nós fazemos é simplesmente libertar as potencialidades do sujeito, nós não damos nada, mas nada mesmo, e, portanto, temos que chegar a esta conclusão: quem veio bater à nossa porta já era portador de capacidades. E nós as libertamos passando do aspecto fóbico dos próprios recursos ao aspecto amante dos próprios recursos, e, portanto, ao reconhecimento dos dados de realidade interno e externo. Pronto, não precisamos de mais nada.

Mas seria preciso que o fim da análise fosse percebido também pelo analista, porque a mim já aconteceu duas ou três vezes de o analisando dizer que para ele é suficiente, que quer terminar a análise.

Não podemos fazer mais nada quando o paciente não quer mais prosseguir. Nós podemos reconhecer a um homem ou a uma mulher a capacidade de ir até certo ponto de si e depois parar. Mas não permito que alguém que queira ser analista adote esta postura, porque até quando estiver comigo teremos que derrubar todas as barreiras e ir à frente. Certamente, vai aonde eu posso ir também, e daí a necessidade e a validade de outra análise. Agora, porém, pode acontecer que um analisando, em determinado momento, diga: "Chega!". Lembram-se dos mapas antigos que traziam a escrita *hic sunt leones*? Um pedaço do caminho pode ser feito, até as colunas de Hércules, mas enfrentar o mar aberto, somente Ulisses o fez. Portanto, não podemos exigir que nossos analisandos sejam todos Ulisses. Por que falei disso? Porque isso me oferece outra maneira, embora um tanto grosseira e muito simples, para poder observar os comportamentos de seu analisando, em relação às suas potencialidades e à capacidade de pô-las em relação com os próprios aspectos invejosos, vividos como muito perigosos para o próprio sistema geral. Esse é o caminho que pode nos ser útil. O analisando vem e nos diz isso e aquilo, mas nos diz de imediato que até os 70 anos deverá fazer análise, assim se protege da inveja.

Quanto mais eu destacava as capacidades, mais ela piorava. Começou na segunda, na terça e hoje, e continuou piorando, sempre menos capaz. Chegou a envolver o corpo, hoje chegou adoentada.

É evidente que o ponto terminal é a fisicidade. Porque quando eu estiver na "impossibilidade de", acabou. A somatização tem esta razão de ser, não há outras. É a contraprova de que eu não tenho recursos.

Sobre este ponto, gostaria que fosse esclarecido algo. Quando falamos da psicose, foi dito que, se a ocasião se apresentasse, era oportuno destacar as capacidades expressas pelo paciente.

Mas este não é um aspecto psicótico, aqui está o erro. Aqui há uma avaliação muito importante, me acompanhem, por favor. O senhor colocou o dedo bem na ferida, mas atenção porque não estamos em uma situação de desarmonia caótica, estamos na situação de emersão, com tudo aquilo que comporta, da percepção das potencialidades que poderiam ser ativadas no viver. Portanto, não estamos mais na situação de marasmo e de caos, estamos já na situação de percepção: eu vejo os recursos, mas os enxergo como perigosos, como inimigos. Isto é, vejo os sistemas de recurso e de potencialidade como inimigos, mas do quê? De minha possibilidade de controle geral sobre o sistema. Talvez, aqui deveríamos levar em conta que, embora sendo algo que ocorre única e exclusivamente na vertical, a imagem que se tem do mundo externo ou da horizontalidade poderia ser de tipo persecutório. Mas há um emergir de percepção e não estamos na psicose, a paciente não está desestruturada, tem aspectos de estrutura consolidados.

Outra imagem que posso oferecer é aquela do garoto que tentou o suicídio quatro vezes. Ele inveja e tem ciúmes de seus coetâneos que têm namorada. Durante um encontro, me trouxe esta imagem: não sabe se é um sonho ou uma fantasia, mas está na cabine de pilotagem de um avião supersônico e diante dele tem o controle de todos os instrumentos do avião, e são todos de altíssima tecnologia.

Aqui acabou, o analista pode ir embora, não serve mais para nada, aliás, é um nada. Proceda e depois chegaremos à conclusão.

Isso me deixou um interrogativo, porque eu pensava que ele, em relação a seu corpo, assumisse uma posição de onipotência, mas não tinha certeza que houvesse também certa engenhosidade para considerar seus instrumentos, que são suas sensações, possuídas tiranicamente.

Não, são ignoradas e substituídas por um leque de coisas tão perfeitas que são inexistentes. Somente assim ele pode aceitar seus recursos, porque este é o controle, não é? Não partimos do espaço pequeno rumo ao espaço grande? O espaço pequeno é o não conhecimento e o espaço grande é o conhecimento. Mas nós invertemos e afirmamos "quanto mais conheço, mais me exponho", porque afinal a situação é essa. Portanto, nós mesmos somos tomados pela ansiedade. Digamos a verdade, quando nós formulamos um julgamento, e fazemos isso em momentos de entusiasmo, logo depois ficamos com medo, ficamos com medo das consequências de nossa percepção e de nossa intuição. Amiúde, quando corrijo minhas hipóteses, faço-o na esteira dessa angústia, depois volto atrás, apago tudo aquilo que escrevi e recoloco a temática no começo. Em uma entrevista de um ano atrás, uma colega me disse: "Professor, eu fui aluna do senhor e o senhor me ensinou isso e aquilo outro e tal", e eu respondi que sim, eu também pensava daquela forma naquele momento, mas agora penso de outra forma. Naquela ocasião, porém, senti-me muito exposto, então a garota prosseguiu e disse que os psicanalistas não estavam assim tão de acordo com aquilo que eu pensava. Aí, respondi que sim, os 99,9% não concordam com o que eu penso, mas o que quer dizer isso? "A senhora experimentou clinicamente o que eu estou dizendo?" "Sim". "E então, o que a senhora acha?" "Acho que funciona." "Então fique contente consigo mesma!". Claro, se eu pensar em tudo aquilo que há nessa biblioteca aqui na frente, vou sair bradando e correndo! Em qualquer nível, quer seja um recém-nascido, uma criança ou um adulto, o jogo do viver é este: conter as angústias e os impulsos angustiantes que a cada instante nos acometem em relação a novas situações às quais temos que responder.

O que gostaria de evidenciar é a necessidade de enriquecer sua bagagem instrumental de forma a observar o mesmo fenômeno segundo dez, quinze, vinte, trinta formas diferentes, de modo a reconhecer bem o fenômeno que estão observando e obter dele uma possibilidade clínica mais adequada para poder ajudar seus pacientes. Antes, o senhor dizia que insistia em mostrar à paciente como possuía concretamente algumas capacidades. É inútil dizer-lhe isso porque depois ela vai responder que sim, tudo bem, mas não tem pernas! E reconhece sempre menos suas capacidades e sempre mais as capacidades do analista. É um círculo perverso, ao passo que o senhor deveria dizer-lhe: "Como é difícil elaborar mentalmente todas essas imagens, aqui com a senhora", e não se trata de coisas factuais e concretas.

Esta seria a área psicótica da personalidade da qual fala Bion, tão adversa e hostil ao conhecimento e ao pensamento?

Sim, mas aqui já há percepção, prestem atenção, porque aqui estamos um ou dois graus a menos daquilo que consideramos o momento psicótico, caótico e marasmático. De fato, eu sou Antônio e Antônio sabe fazer algo, mas quanto mais ele fizer, mas me complica a vida. Fique aí, quietinho, não se mexa e depois vamos ver direito a situação. Minha descrição aqui é paradoxal, mas vejam bem que eu mesmo sou vítima desse jogo, todos nós somos e isso deve-se às vivências de minha experiência pessoal, eis por que a substância é sempre aquela. É o modo e a forma, que são dados pela experiência que cada um de nós teve desde que nasceu até o dia de hoje, dentro e fora, com o mundo.

Por que batem à nossa porta? Porque não têm mais dinheiro no banco. Chegam, deitam-se no divã e percebemos logo que ali tem algo que está bem parecido com a historinha da "sopa de pedra".[3] Esta é a parábola de nossos pacientes, que dizem não ter mais uma conta bancária e nós mostramos que podemos pegar aqui, pegar acolá, usando-os e não sendo nós a fazer. Nós colocamos a pedra. Isto é, colocamos nossa competência e nada mais. O restante caberá ao analisando. Se

---

3 Trata-se da história de dois viajantes que, chegando a um pobre vilarejo, começam a cozinhar uma sopa em uma panela, dentro da qual colocam água e uma pedra. A cena não passa despercebida aos habitantes do vilarejo, que se perguntam a razão daquele curioso comportamento dos dois forasteiros. No fim, vários habitantes decidem aprofundar a questão e aproximar-se dos dois viajantes, começando a conversar. Daí a pouco, um ar de alegria permeou o local, já que os dois forasteiros, que se demonstraram especialmente amigáveis, começaram a contar histórias de lugares e de povos que tinham encontrado na longa viagem que os havia conduzido até o vilarejo. Aí, um garoto perguntou aos viajantes: "Expliquem-me, por que estão fervendo uma pedra?". E um dos dois respondeu: "Para comer uma sopa de pedras". "Deve ser insípida" – disse uma velha – "mas eu tenho aqui uma couve-flor, que vai lhe dar um pouco mais de sabor". "E eu tenho umas cenouras, que darão um pouco de cor" – disse outro habitante do vilarejo. "Eu tenho batatas", falou outro, até que, *com a contribuição de pouco dado por muitos*, foi preparada uma sopa abundante, que serviu de jantar aos forasteiros e a todo o vilarejo. E, enquanto jantavam, narravam histórias, compartilhavam experiências e conhecimentos, tornando-se amigos ao longo da madrugada. Na manhã seguinte, os dois viajantes (que não podiam mais ser chamados de *forasteiros*) retomaram sua viagem, deixando o vilarejo e seus moradores. Mas eles nunca esqueceram os viajantes nem a lição aprendida com eles [N. O.].

não tiver panela, a gente emprestará, se não tem água, nós daremos a primeira água, se não tem fogo, nós atearemos o primeiro fogo, mas depois, em determinado momento, aos poucos, ele deverá colocar na panela o que tem.

Aproveito esta analogia justamente porque hoje tinha a intenção de discutir com vocês um trecho da sessão que se refere à conta bancária. Trata-se da mulher da qual falei antes, que, retornando das férias na Grécia e na ilha de Elba, pede para passar de três para um encontro semanal. Fundamentou o pedido dizendo que durante as férias havia gastado muito dinheiro e o saldo de sua conta estava baixando, porque as entradas dela são sempre as mesmas, mas as despesas não, aumentam continuamente. Talvez, esta seja uma demonstração da potência da inveja em relação às próprias potencialidades, porque aqui vemos os efeitos contrários do sucesso. Seja como for, quando a paciente formulou o pedido, eu me dei conta de que era algo muito importante, mas não encontrei imediatamente a chave de leitura oportuna. Aí, havia um elemento concreto, o fato de que, com seu trabalho, ela ganha sempre o mesmo valor, e que suas despesas, das quais a análise parece representar uma parte importante, aumentam mais do que o salário, razão pela qual ela tem que retirar dinheiro de sua conta, que, porém, está diminuindo e vai acabar se extinguindo.

Pois é, mas o que Sophia faz para Sophia? Nada, assim a conta bancária dela, ao invés de diminuir, permanece intocada ou até mesmo aumenta. Porque ela está muito feliz, agora passou à conta corrente (sua atitude de anulação de si mesma) e aí se livra disso, trata-se de números e quem é que vai discutir os números? Com efeito, é a razão derradeira de nossos analisandos. O que faz Sophia de Sophia? Agora passou aos números, no lugar dela há a conta bancária: "Eu não tenho nada a ver, é a conta, o saldo da conta que diminui". E então? Esta é a extrema defesa. E aí o que é que ela faz? Diminui os encontros!

A paciente continuou com este tom, acrescentando que então, se as sessões têm que ser três, como eu já tinha esclarecido, deverá solicitar um empréstimo ao Estado, garantido com o salário dela. Eu achei esta modalidade muito agressiva.

Perfeito, o Estado empresta-lhe dinheiro e ela o devolve lentamente. Certamente é agressiva, o analista é o responsável por isso. Veja, aqui o senhor tem muita munição para revidar, porque não se trata mais da capacidade de ir à Grécia ou à ilha de Elba, esta é uma estratégia para passar a batata quente para a mão de outros. A paciente coloca-se como incapaz, impotente, portanto, apela para o Estado, é o Estado que tem que pagar. Então o analista é o Estado e a paciente vai embora, ou seja, é o Estado que paga a análise, não é mais Sophia. A conta bancária é a tentativa extrema de defesa, quando não se quer mais assumir responsabilidade, ela retorna das férias, foi tudo ótimo e o que é que ela diz? Vamos passar a um encontro! É típico. A conta bancária diminui? Claro, porque a ideia é "Usar é perder". Prestem atenção porque aqui está a cilada e esse aspecto defensivo deve ser posto em evidência. Usar é crescer, não é perder. O saldo médio diminui, mas aumenta a capacidade mental.

Enquanto aguardamos o grupo se reunir, gostaria de ler um curtíssimo trecho que faz pensar uma possível relação entre crescimento corporal e crescimento psíquico. Uma paciente refere, enquanto o tema de nossa conversa era o crescimento psíquico, que, quando tinha 15 anos, fizera uma associação: crescimento = infelicidade. Isso representou para mim um elemento para refletir sobre a importância da experiência da adolescência, em que, se o crescimento corporal se tornar alheio, se poderia implantar uma teoria acerca do crescimento em geral, isto é, que o crescimento é sempre portador de desgraça e dor.

Falta o registro da dor no crescimento físico, no caso da paciente de seu tornar-se mulher, ter que abandonar o mundo paradisíaco, o Éden, a irresponsabilidade etc., por um lado, e depois sua correspondência especular, mas oposta, do crescimento da mente, sem o qual não há crescimento de vida, portanto, não há percepção, não há nada. Assim, os dois crescimentos, em vez de contrastarem-se ou funcionarem em paralelo, opuseram-se e começou a dor. Dor que a paciente trouxe até hoje, em análise com o senhor. E qual é essa dor? É a perda de um mundo onde tudo isso não acontecia. Não se esqueçam da infância como sendo um ato único ou como um dia muito comprido, e a adolescência, em comparação, como uma peça de teatro. Sucedem-se personagens que não são mais controláveis, não são mais absolutamente domesticáveis nem adaptáveis às suas próprias exigências, às suas necessidades. O grande drama é justamente essa sucessão, real ou simplesmente fruto da fantasia, amada ou odiada, isso não importa, o signo que tem para nós é irrelevante. Isso desde que ao protagonista da peça importe algo de uma série de personagens que são fundamentais para seu ser e seu viver. Aqui estamos diante do problema da adolescência, porque o adolescente foi acostumado a ser sempre o referente, o ponto de referência constante, e depois passa a perder esta característica, e a propriedade de ser uma constante passa aos personagens que o rodeiam, e ele deve se tornar uma variável. Mais catastrófico é impossível. E esse é o aspecto fundamental dessa passagem, e a paciente aqui viveu este choque, conheceu o sofrimento.

Por que dizemos que "conheceu o sofrimento"? Também a criança sofre, certamente, mas o grau de sofrimento de uma criança está limitado ao seu ser criança. Aqui, porém, não se trata de graus de intensidade, mas de qualidade de sofrimento. Diz-se sempre "beatos os pobres porque deles será o Reino dos Céus" e, pelo contrário, as pessoas que têm percepção da vida são pessoas que têm maior sofrimento. Aqui é o caso de aplicar esse mesmo modelo, lembrando que, em determinado momento, essa analisanda passou de uma situação em que, afinal, essa dor era ainda não apenas manipulável, mas até transformável, porque tudo ou quase estava em suas mãos – de forma mágica, obviamente – a uma situação em que essa dor era uma constante e não mais uma variável. E então precisava adaptar a própria mente a esse novo contexto – o que significa tornar-se variável, no sentido de reconhecer tanto uma realidade interna quanto uma realidade externa, ou manter essa dor e carregá-la como um impedimento, até o encontro analítico de quinta, em que transmitiu essa angústia, colocando-a no passado. Mas a dor é uma coisa presente. A paciente afirma que deriva daquele período, 12, 13 anos, isso mesmo, e é justamente a passagem de uma pré-adolescência a uma situação de adolescência. De uma situação ainda imprecisa de latência a uma situação de presença, não quista, não procurada, mas imposta internamente pelo desenvolvimento físico, e externamente pelas solicitações da horizontalidade, dos adultos.

Por que uma pessoa inveja? Porque vê em outra pessoa algo muito desejável; e como consegue saber que outra pessoa tem algo que considera muito desejável? Como consegue saber isso? Não suspeitam que a pessoa conheça essas suas possibilidades e que, portanto, ela não seja outra coisa senão invejosa de suas próprias potencialidades? Depois veremos as razões, depois veremos a função. Mas vamos começar pela descrição da situação. Então, para invejar é preciso ter uma refinada possibilidade de percepção e investigação. Já viram alguém invejar um cocô? Que curioso, inveja-se sempre alguém que, supõe-se, possua não se sabe bem o quê, mas algo maravilhoso. Se fosse verdadeiro o princípio kleiniano da inveja, a inveja seria remetida, inicialmente, ao fato de que a mãe tem um seio cheio de leite que a criança não tem. Mas não é verdade, porque a criança apropria-se do seio. Aqui, eu concordo com Freud, a criança apropria-se de tudo. Se o seio estiver vazio ou cheio e se a criança está satisfeita, já não lhe interessa mais. Se não está satisfeita e o seio estiver vazio, não continua a sugar, porque não lhe interessa mais, aguarda um seio que tenha leite. Então, em todos os casos, tanto em modo positivo quanto negativo, a certa altura a criança se desfaz daquele seio. Quando o tem e funciona, é dela. Se nós pegarmos esse modelo, e é Melanie Klein que diz isso, e continuarmos a ser coerentes com ela, chegamos ao paradoxo de minha proposição sobre a inveja. Isto é, eu posso invejar somente algo de que tenho uma percepção suficientemente precisa, uma percepção precisa das funções das coisas que invejo. Para tê-la, tenho que conhecê-la e, para conhecê-la, deve ser minha! O momento invejoso dá-se na verticalidade. Se eu não tiver percepção, é ainda um momento que pode passar, mas se eu passar a invejar, devo negar minhas capacidades, devo ser completamente cego em relação às minhas potencialidades e, portanto, dependente exclusivamente de uma situação paradoxal: o objeto possui tudo. Porém, não erro na escolha, nunca invejo o cocô, invejo sempre alguém que tenha algo. O que quer dizer? Que tenho capacidade de discriminar. Mas não posso aplicar essa capacidade às minhas potencialidades.

E esse é um primeiro momento da inveja. Depois há outro momento, mas está mais relacionado com a avidez. Isto é, eu posso até me reconhecer capaz de algo, mas não me é suficiente! Por exemplo, invejo alguém que ganhou na loteria. Não me basta aquilo que tenho, como se fosse possível ter o que não tenho. Por exemplo, é difícil invejar algo de outra cultura, de outra etnia, porque não se conhece. Porque falta-me o referencial dentro de mim! Por favor, lembrem, o ponto de referência não está fora, está dentro! E isso está coerente com a proposição kleiniana. O resto é avidez, porque aí tem onipotência, porque não sou capaz de metabolizar, porque não sou capaz de digerir o que tenho.

Mais uma vez, eis a presença dos aspectos invejosos que deterioram minhas potencialidades e fazem-me sentir pobre! E isso enfatiza a avidez!

Isso tem a ver tanto com o leite para a criança quanto com o dinheiro para o adulto. Claro, eu também vez por outra penso, com a loteria, com as raspadinhas, não lamentaria vencer uma bolada. E é um pensamento que vem a todo mundo, a mim como a vocês. Quem recusaria um prêmio importante em dinheiro? Atenção, esta passagem é delicadíssima. O que quero dizer com isso? Que não existem mecanismos de defesa, mas existe *um* mecanismo de defesa, que assume as mais variadas formas. Existe um aparato para pensar, e é só um, não são cem! Temos uma única mente – embora eu afirme que há duas, porque uma é do corpo, que é nosso auxiliar, e aquela existe mesmo, mas não quero confundi-los, e por isso digo que temos uma única mente e uma única defesa. Essa defesa, em seguida, ganhará as características necessárias para que seja uma defesa. Diversamente, nós dividimos as defesas em vários mecanismos individuais: identificação, inveja, anulação, isolamento, formação reativa, negação etc., mas essas são as muitas e distintas formas de uma mesma e única defesa, que se especializa a depender do ponto de urgência do momento. Porém, considerá-la como única defesa, que consequência terá na clínica? Que nós temos que estar sempre atentos à função! É a função que nos diz o que prevalece na defesa geral, qual é o aspecto que prevalece e o específico da defesa. Freud falava de várias defesas. Na verdade, só tem uma e responde às múltiplas exigências do funcionamento da mente. A defesa é a resposta a situações mentais que não encontram via de fuga. Podem ser identificadas as modalidades de defesa, e pode-se notar que, amiúde, é o mesmo modo de se defender ou de se tutelar que se torna origem de lesão ou de comprometimento da função mental, tanto é que, em seguida, instala-se uma desarmonia. Mas isso somente quando excede, senão é parte integrante da função mental!

Vejam como este ponto de vista contrasta com a visão psicanalítica oficial, que torna a análise da defesa a pedra angular de toda a análise, afirmando que somente quando o motor pulsional vier à tona é possível analisá-lo. Frequentemente, ouvimos dizer nos seminários clínicos, por exemplo falando da neurose obsessiva, que os mecanismos de função reativa, de isolamento ou de anulação devem estar como suspensos para que possa emergir a força da pulsão sádico-anal subjacente, para poder analisá-la. Ademais, dá-se a esses mecanismos uma configuração moral, no sentido de que uma pessoa, ao aplicá-los, faz algo errado que não deveria fazer (aqui, talvez, não distinguindo entre a força pulsional em questão e a defesa, que, como afirma Melanie Klein, é feita, ela mesma, de pulsionalidade). Isso ativa sentimentos de culpa que encerram a mente ao invés de predispô-la e abri-la à percepção.

Concordo plenamente. Nunca incomodar a defesa, não interessa a defesa, nós temos que investigar qual seria a angústia! A diferença substancial entre minha posição e a posição da psicanálise clássica está justamente no fato de que, a meu ver, é uma situação processual, e essa é a grande diferença. O que quero dizer com isso? Quero dizer que, a mim, pouco importa da defesa, o que me interessa é saber qual seria a urgência, qual é o ponto de angústia, e é por meio da situação processual e dinâmica que eu posso modificar a estrutura de defesa. Porque não é correto agir na estrutura de defesa, se está defendendo algo! Seria como se eu desse um pontapé em uma pessoa que anda de muletas. Vocês dão um pontapé na muleta, achando que estão ajudando. Mas vão tirar o ponto de apoio e não ouvem o grito de dor. O grito de dor do paciente que não é escutado.

15. O fim da análise[1]

O início da experiência analítica implica a presença constante de sua conclusão. Quando se começa uma análise, estabelece-se uma Relação Analítica e é importante, todas as vezes que for possível, indicar, alertar, fazer com que o analisando tenha ciência de que a relação implica uma conclusão. Isso é importante tanto para a motivação quanto para a tensão do percurso analítico.

Fazer com que um analisando tenha consciência – porque ouve o analista dizer isso –, mesmo que não queira aceitá-lo, torna a própria experiência muito mais válida, mais rica, porque evita o mal-entendido inconsciente do infinito, da continuidade, do estar aí, do ter o analista etc., coisas que empobrecem e degradam a própria Relação Analítica.

Grosso modo, são duas as formas como um paciente deixa a análise, ou dois os tipos de pacientes que terminam a análise. Um é o paciente que está tomado pela angústia do fim da análise e parece reviver todas as fases de sua experiência analítica no curto tempo que ainda resta, quase para verificar que foi feito algum trabalho, que ele, tudo considerado, conquistou alguns meios, que possui recursos para poder prosseguir

---

1 Este é um seminário que ocorreu em 5 de abril de 1993.

sozinho. Outro é aquele que manteve um diapasão muito intenso de busca e de curiosidade e que, em determinado momento, cede ao fim da análise, mimetiza-se numa normalidade, ou aparente normalidade, ou banalidade, nas quais não mais são procuradas as pontas que provocavam dor, ou curiosidade, ou preocupação, ou que o perseguiam.

Neste caso, o fim é considerado como um fato e é introduzido em uma espécie de afastamento da pessoa; entre os acontecimentos e a pessoa não há mais contato direto, mas algo mediado. Digamos que muitos analisandos usam a análise para estabelecer um espaço, interpor uma distância entre os acontecimentos que são chamados a viver e eles mesmos, isto é, servem-se da análise para proteger-se da própria análise. Se, entre mim e as coisas que faço, colocar a análise, o que aprendi em análise, então a análise forma uma espécie de ilha. Daqui também a necessidade da percepção do fim da análise.

O final de uma experiência analítica significa que alguns instrumentos são parte da "caixa de ferramentas" do analisando. Quais são esses instrumentos? *Certa capacidade de avaliar e uma escala de prioridades.* Não há mais a deformação angustiante do início da análise, onde tudo era posicionado no mesmo plano, deformado, e por isso não se sabia se uma coisa era mais importante do que outra; isso ocorria porque os referenciais internos não estavam adequados. Arrumada a casa, as coisas assumem seu valor e sua distância, a depender da funcionalidade que lhes é dada pelo observador. O fim de uma análise, em última instância, é esta capacidade de arrumar segundo prioridades que correspondem às hipóteses do próprio viver, às concepções da própria vida. Portanto, há espaço, distância, tempo.

As coisas adquirem um ajuste elegante dentro do dia; é o cotidiano, um andamento do dia que se desenvolve em determinado tempo, em determinado contexto, que é visto e abordado com os instrumentos adequados, sem ser mais fascinados ou escorraçados ou aterrorizados. É uma banalidade que não é banal, mas são as coisas de todos os dias, em que o cotidiano é a parte essencial de nosso viver. Na pessoa transtornada, o cotidiano é um desafio e uma ameaça. Na pessoa analisada, diversamente, é a aceitação natural daquilo que acontece.

Mas a pergunta mais importante é: por que chegamos a conceber o fim de uma experiência analítica? Quais são as bases sobre as quais nos movemos para poder dizê-lo? Cada um tem um instrumento próprio de avaliação, mas o instrumento de avaliação mais funcional para o fim da análise é a adequação.

Quando o sujeito se mostra adequado às coisas que ele espera de si mesmo ou que deseja, e isso não mais implica situações de angústia ou de dor, ou confusão e incapacidade, então podemos supor que a pessoa esteja suficientemente adequada. Não quero dizer que se chegue a uma espécie de paz dos sentidos. Fatos, emoções podem acontecer e acontecem à nossa frente, mas nós os observamos sem deformá-los excessivamente. Certamente, deformamos sempre, porque é nosso olho que vê, são nossos sentidos que registram, e é óbvio que não podemos registrar a realidade em sua essência. Mas podemos registrar sem excessivas transformações e isso pode ser um bom critério para avaliar o fim de uma análise.

Problemas e quesitos

A seguir, algumas sugestões de reflexão que não foram objeto de discussão aprofundada durante o encontro de 5 de abril de 1993, mas que foram destacados para serem retomados nos encontros sucessivos. Deixamos aqui ao leitor as mesmas sugestões, como ocasião de reflexão pessoal.

1. Põe-se em discussão o problema da mimetização, que se apresenta quando um analisando adquiriu ferramentas analíticas e utiliza-as de forma falsificadora, para não estar dentro da experiência, em que a curiosidade, a intensidade, o estar em análise vão desaparecendo por meio do instrumento já adquirido de modular, de colocar uma distância da experiência. Surge o interrogativo de até que ponto isso

deve ser concedido ou não em análise, de quanto o analista pode aceitar uma hipótese de fim nessa modalidade. Se um analisando que traz esse aspecto, até bem equilibrado, deve ser apoiado ou se é preciso intervir para reacender a curiosidade e, em certo sentido, a deformação (que era também informação).

2. A respeito do tipo de paciente que traduz o período do fim da análise em "Lembra como eu era?", perguntamo-nos se o paciente não está utilizando as ferramentas analíticas para poder aceitar a separação e isso é considerado perigoso porque há o risco de utilizar as ferramentas como um idioma "psicanalês". Estamos nos referindo a situações em que coisas que se referiam especificamente à experiência analítica foram utilizadas banalmente na situação cotidiana de todos os dias, em que as ferramentas analíticas foram utilizadas como uma cobertura. Destaco como estas podem ser consideradas análises interrompidas, em que há um uso defensivo mediante a intelectualização das ferramentas analíticas. Amiúde, esses pacientes interrompem a análise até para não viver a experiência do fim da análise.
3. Tece-se uma reflexão sobre muitas análises que terminam com um bom rendimento, mas pouco sofrimento, e perguntamo-nos se neste não sentir o sofrimento há algo que não funcione como deveria.

A separação traz um sentimento depressivo que acompanha o analisando; é um sentimento de perda e é natural que seja assim. Pode haver perguntas que indaguem onde estará o analista, se estará disponível ao telefone ou outras. É uma série de interrogativos que a criança se põe e que remete a "não me deixe só", "o que vou fazer agora", "aonde você vai" e assim por diante. Trata-se de perguntas relativas ao surgir de angústias extremamente arcaicas, formuladas em um contexto de percepção, em que a emoção pode ser tão forte que até um sujeito muito equilibrado pode ser compelido a verbalizá-la.

Com efeito, deve ser lembrado que há uma situação completamente nova, ou seja, de um dia para outro ocorre o assumir-se do analisando, mesmo que esse assumir-se possa ter sido preparado. A separação deve ter o tempo certo para ser elaborada, porque o sujeito tem à sua frente, pela primeira vez e concretamente, uma contagem regressiva. A análise vinha acontecendo, ele ia se conhecendo e é diferente ouvir do analista que irá acabar, mesmo que saiba disso desde o começo. Há também uma expectativa, e é algo extremamente lisonjeador para o sujeito, porque é referido ao alcance da autonomia e, logo, de sua liberdade, no sentido autêntico da palavra.

Ele está livre consigo mesmo, mas com o tempo isso tem também o significado do fim de uma experiência que teve uma intensidade não comparável nem cotejável com nenhum outro tipo de experiência. Há uma intensidade do laço na relação analítica que não pode ser igualada a nenhuma outra relação; é uma relação tão profunda, tão total e englobante, tão verdadeira na medida de sua capacidade de enfrentar a vida que não tem comparação com nenhuma outra.

Por isso, o fim da análise deve ser comunicado desde o começo, no sentido da solução de uma relação. Que, por sinal, não é uma solução, não é verdade que haja o denominado retorno do projetado, nada disso. Cada um de nós vai embora de sua experiência analítica carregando seu jacá que contém tudo aquilo que ganhou lá. A separação analítica é traumática, mas, em contrapartida, se foi uma verdadeira separação analítica, acontece ao longo do tempo.

Terminar uma análise é algo que depende muitíssimo do ser capaz de terminar algo. Que não é terminar, porque o uso da expressão "terminamos" é impróprio, por tratar-se de um sistema em movimento, que continuará funcionando pelo resto da vida. Fazer uma análise significa favorecer, facilitar, construir, corrigir, modificar. É uma forma de introspecção dinâmica que não para nunca. Se a máquina estiver em movimento, não há um fim da análise, há uma continuação em outros contextos, em outros níveis; há o fim com um operador especializado, que ajudou o outro a colocar a máquina em movimento, mas, se a experiência analítica tiver um significado, se foi compartilhada pelos dois, o analisando vai embora levando também a mim, quer eu queira ou não.

Tudo isso pode ser visto no fim da análise, não no começo, até porque o ruído, no começo, é muito alto, há muitas coisas presentes na sessão, mas no fim já aprendemos uma linguagem comum, sabemos o que dizer, porque aprendemos a nos compreender durante cinco ou seis anos. É um conhecimento de vários níveis de escuta, de sensibilidade, de respostas, em que também os do analista são conhecidos pelo analisando.

Ele poderá ignorar a história do analista, mas já compreendeu como o analista se move, senão não teriam chegado ao fim. Não esqueçamos que esse fim é também o fim da possibilidade de o analista dar algo a alguém, e também o limite de esse alguém receber mais do analista. Ele declara-se saturado, satisfeito. Nós podemos até estar carregados ao máximo, mas os tempos e os modos do analisando devem ser respeitados.

Por isso, o fim da análise é algo extremamente delicado, porque deve levar em conta os dados de realidade, a adequação do sujeito a esses dados de realidade, e tudo isso sem que o sujeito tenha perdido suas características fundamentais e fundantes de sua personalidade.

Não deve haver um perder-se, mas um reconquistar, em certo sentido, um perfil muito mais preciso e incisivo do que aquele que o sujeito apresentava quando bateu à nossa porta. Desse ponto de vista, a análise termina todo dia, a cada sessão, e vai adiante porque ambos têm a sensação de que há algo mais a fazer. Se houver algo de agudamente dramático, é justamente a percepção de que cada sessão é única em relação aos sentimentos que naquele dia foram postos na mesa e às emoções que estão sendo vividas.

Se enxergamos as coisas dessa forma, vemos de maneira muito correta o que é a experiência analítica e o fim dela. Então, lembrar que a análise é "findável" é importantíssimo, porque dá ao sentido da experiência aqui e agora todo o impacto e a importância de algo que amanhã não será mais.

Outro aspecto: a dificuldade do fim da análise está no fato de que o analista não pode deixar de se pôr expectativas, e isso é um problema, porque o analista não deveria pôr-se expectativas, mas não é isso que acontece. Quando o paciente chega e conta as coisas bem, com um sentido, o analista diz: "Ótimo, ele conseguiu". Pois esse dizer é a questão. Se o analista for suficientemente atento consigo mesmo e com esse perigo, pode vigiar-se e não estabelecer como meta todas as avaliações e as expectativas que ele mesmo tem em relação ao analisando, deixando-o livre para fazer o que quiser, desde que o modo e a forma como se aproxima desses fatos sejam modos e formas adequados às suas necessidades e funções.

Em última instância: quem decide sobre um comportamento ou a saída? O sujeito, e se o sujeito for capaz de ver que, segundo ele, funcionalmente, um comportamento – que a nossos olhos pode parecer dispendioso, ou mais perigoso, ou menos entusiasmante – lhe corresponde, então devemos levar em conta que aquele é o modo como ele pode resolver uma situação, porque tem objetivos, passagens, pontos de referência. E essa é uma atitude saudável em relação a uma atitude psicótica, do tipo "posso morrer, adoecer, não aguentar mais". Dá-se então a catástrofe, tudo fica tenebroso, falta a capacidade de conter essa ameaça.

O problema é ser capaz de conter uma ameaça, é como viver e morrer de forma adequada e não se abandonar a situações inexistentes, somente fantasiadas. Esta é a maturidade, ou seja, a capacidade de tolerar, conter também proibições que não são necessariamente otimísticas, facilitadoras, entusiasmantes.

Fontes

Textos teóricos

"Tendências atuais da técnica psicanalítica". *IV Congresso Brasileiro de Psicanálise*, São Paulo, 1973.

"Contribuição ao estudo de uma função: a função beta" (com Breno I. Ribeiro), *Revista Brasileira de Psicanálise*, 9(2), 193-205, 1975.

"Klein, teorias do objeto. Símbolo, representações e o objeto concreto", texto datilografado entre 1979 e 1982, publicado postumamente com o título "Klein, teorie dell'oggetto. Simbolo, rappresentazioni e Oggetto Concreto", in Carignani, P., Bucci, P., Ghigi, I., & Romano, F. (Orgs.), *Armando B. Ferrari: il pensiero e le opere. Saggi psicoanalitici* (Volume 1: la teoria, p. 79-85). FrancoAngeli, 2022.

"Eclipse do objeto concreto", *Alter: Jornal de Estudos Psicodinâmicos*, *13*(1), 9-12, 1983.

"O eclipse do objeto originário concreto", *Revista Brasileira de Psicanálise*, 29(2), 253-262, 1995.

"Relação analítica: sistema ou processo?", *Revista Brasileira de Psicanálise*, *16*(3), 335-363, 1982.

"La proposizione analitica", in Vv. Aa., *L'Interpretazione psicoanalitica*, Bulzoni, 1986, novamente publicado in Carignani, P., Bucci, P., Ghigi, I., & Romano, F. (Orgs.), *Armando B. Ferrari: il pensiero e le opere. Saggi psicoanalitici* (Volume 1: la teoria, pp. 97-109). FrancoAngeli, 2022.

Datas dos seminários clínicos

Técnica psicanalítica com crianças	1990 e 1994
Pré-adolescência	1994 e 1996
O adolescente em análise	1995 e 1997
Semelhanças na abordagem técnica com pacientes psicóticos e adolescentes	1994
Problemas da técnica psicanalítica	1987, 1993 e 1994
Da cisão à responsabilidade	1993, 1994 e 1995
Inveja e fobia	1994
O fim da análise	1993

Bibliografia de Armando B. Ferrari

Ferrari, A. B. (1946). *Che cos'è l'anarchia?* Allegranza.

Ferrari, A. B. (1959). *O esquilo no deserto*. Edições do Centro Cultural Brasil-Israel de São Paulo.

Ferrari, A. B. (1961). *Arnaldo Pedroso d'Horta*. Texto de apresentação de sala especial no catálogo da VI Bienal do Museu de Arte Moderna de São Paulo.

Ferrari, A. B. (1961). Revisão do livro: De Martino E., morte e pianto rituale nel mondo antico. Dal lamento al pianto di Maria. *Revista de Antropologia*, *9*, 131-132.

Ferrari, A. B. (1963). Revisão dos livros: Bianchi U., problemi di storia delle religioni e Bianchi U., Teogonie e cosmogonie. *Revista de Antropologia*, *11*, 136-137.

Ferrari, A. B. (1967). Instinto de morte: contribuição para uma sistematização de seu estudo: primeira parte. *Revista Brasileira de Psicanálise*, *1*(3), 324-350.

Ferrari, A. B. (1967). Instinto de morte: contribuição para uma sistematização de seu estudo: segunda parte. *Revista Brasileira de Psicanálise*, *1*(4), 487-525.

Ferrari, A. B. (1971). Tópicos de um esquema referencial analítico para a pesquisa antropológica. *Alter – Jornal de Estudos Psicodinâmicos*, *1*(3), 18-22.

Bicudo, V. L., & Ferrari, A. B. (1971). Estudo psicanalítico da agressão: aspectos teóricos e clínicos. *Revista Brasileira de Psicanálise*, *5*(3-4), 181-205.

Ferrari, A. B. (1972). A profissão do psicanalista. *Revista Brasileira de Psicanálise*, *6*(1-2), 5-27.

Bicudo, V. L., & Ferrari, A. B. (1973). *Critério para a formação de novos núcleos no Brasil*. Relatório oficial, São Paulo, SBPSP.

Ferrari, A. B. (1973). *Tendências atuais da técnica psicanalítica*. IV Congresso Brasileiro de Psicanálise, São Paulo.

Ribeiro, B. I., & Ferrari, A. B. (1975). Contribuição ao estudo de uma função: a função beta. *Revista Brasileira de Psicanálise*, *9*(2), 193-205.

Ferrari, A. B. (1977). Anotações para um reconhecimento sobre o tema: fim de análise. *Alter – Jornal de Estudos Psicodinâmicos*, *7*(3), 7-10.

Ferrari, A. B., & Garroni, E. (1979). Esquema de projeto para um estudo da "relação analítica". *Revista Brasileira de Psicanálise*, *13*(3), 269-320.

Ferrari, A. B. (1979-1982). Klein, teorie dell'oggetto. Simbolo, rappresentazioni e Oggetto Concreto. In P. Carignani, P. Bucci, I. Ghigi, & F. Romano (Orgs.), *Armando Ferrari. Il pensiero e le opere. Saggi psicoanalitici* (Vol. 1: la teoria). FrancoAngeli, 2022.

Ferrari, A. B. (1982). Melanie Klein. *Revista Brasileira de Psicanálise*, *16*(3), 256-265.

Ferrari, A. B. (1982). Relação analítica: sistema ou processo? *Alter – Jornal de Estudos Psicodinâmicos*, *12*(1-3), 123-130.

Ferrari, A. B. (1982). Relação analítica: sistema ou processo? *Revista Brasileira de Psicanálise*, *16*(3), 335-363.

Ferrari, A. B. (1983). Para Arnaldo. In *Arnaldo Pedroso d'Horta. Desenhos, incisões, xilogravuras*. Centro Cultural São Paulo.

Ferrari, A. B. (1983). Eclipse do objeto concreto. *Alter – Jornal de Estudos Psicodinâmicos, 13*(1), 9-12.

Ferrari, A. B. (1984). La théorie de la transmission de la psychanalyse (sa signification). *Revue Française de Psychanalyse, 48*(1 spécial), 355-362.

Ferrari, A. B., Milana, G., & Tirelli, L. (1985). O eclipse do objeto originário concreto: OOC. *Revista Brasileira de Psicanálise, 19*(2), 281-290.

Ferrari, A. B. (1986). La proposizione analitica. In Vv. Aa., *L'Interpretazione psicoanalitica*. Bulzoni.

Ferrari, A. B., Garroni, E. (1987). La narrazione originaria. La temporalità nella relazione analitica e nel racconto. In Vv. Aa., *Psicoanalisi e narrazione* (33-54). Il Lavoro Editoriale.

Ferrari, A. B. (1992). *O eclipse do corpo: uma hipótese psicanalítica*. Imago, 1995.

Ferrari, A. B. (1994). La seconda sfida. Transcrição da gravação da palestra proferida em 25 de fevereiro de 1994 na Università Cattolica del Sacro Cuore, policlinico A. Gemelli, Roma, publicada em Armando B. Ferrari, Festschrift sul pensiero e l'opera. In A. Ciocca, C. La Rosa, R. Lombardi, & M. Turno (Orgs.), *Psicoterapia e Istituzioni, V*(1), 1998.

Ferrari, A. B. (1994). Il trattamento psicoanalitico delle psicosi. Entrevista de Martini G. *Interazioni, 1*, 100-103.

Ferrari, A. B. (1994). *Adolescência: o segundo desafio*. Casa do Psicólogo, 1996.

Ferrari, A. B. (1995). O eclipse do objeto originário concreto. *Revista Brasileira de Psicanálise, 29*(2), 253-262.

Ferrari, A. B. (1995). Incontro. Entrevista conduzida por Montani P. In *Senso e storia dell'Estetica. Studi offerti a Emilio Garroni.* Pratiche Editrice.

Ferrari, A. B. (1995). *Hipóteses sobre o objeto originário concreto: aplicações.* SBPSP.

Ferrari, A. B. (1995). Entrevista conduzida por S. Azambuja, T. Stzerling Rosenthal, M. Rozemberg, F. Stzerling e L. Tenório de Oliveira Lima. *Revista Brasileira de Psicanálise, 29*(1), 173-191.

Ferrari, A. B. (1995). *As (novas) confissões de um italiano. Armando Ferrari contando de si a seu amigo Luigi Santucci.* Chimera Editore, 2010. Edição não comerciável desejada por Barbara Ferrari por ocasião do convênio "Dos fenômenos de conversão à função organizadora da corporeidade", Casa La Salle, Roma.

Ferrari, A. B., Stella, A. (1998). *A aurora do pensamento.* Casa do Psicólogo, 2000.

Ferrari, A. B. (1998). A Psychoanalytic Perspective on Eating Disorders. In P. Bria, A. Ciocca, & S. De Risio (Orgs.), *Psychotherapeutic issues on eating disorders: models, methods, and results.* Società Editrice Universo.

Ferrari, A. B., Lombardi, R. (1998). Il corpo dell'inconscio. *MicroMega, 3*, 197-208.

Ferrari, A. B. (2000). Il Tempo della vita. *Psiche, 8*.

Ferrari, A. B. (2000). Tempo da vida: algumas reflexões psicanalíticas sobre o medo da morte. *Alter – Jornal de Estudos Psicodinâmicos, 19*(2), 279-286.

Ferrari, A. B. (2000). Entrevista conduzida por B. Tanis, F. Romano, R. Weinfeld Reiss, De Curvo Azambuja S., *Jornal de Psicanálise, 33*(60/61), 51-61.

Ferrari, A. B. (2001). Indivíduo: universo dos mitos. *Revista Brasileira de Psicanálise, 35*(2), 305-316.

Ferrari, A. B. (2003). Corporeità e psichicità. Entrevista conduzida por N. Bonanome. *Psiche, 11*(1), 61-74.

Ferrari, A. B. (2004). *From the eclipse of the body to the dawn of thought*. Free Association Books.

Ferrari, A. B. (2005). *Il Pulviscolo di Giotto. Saggi psicoanalitici sullo scorrere del tempo*. FrancoAngeli. trad. port. por Paladino S. Vida e Tempo, Casa do Psicólogo, São Paulo, 2004.

Ferrari, A. B. (2005). Intervista ad Armando B. Ferrari conduzida por D. Fasoli. Recuperado de: www.spiweb.it/la-ricerca/libri psicoanalisi/con-autore/intervista-ad-armandob- ferrari.

Ferrari, A. B. (2006). Intervista ad Armando B. Ferrari conduzida por P. Carignani P. e F. Romano. In P. Carignani, & Romano, F. (Orgs.), *Prendere corpo. Il dialogo tra corpo e mente in psicoanalisi: teoria e clinica*. FrancoAngeli.

Ferrari, A. B. (2012). Sulla dissociazione. Seminário de 7 de março de 2000. *Rivista di Psicoanalisi, LVIII*(2), 383-397.

Ferrari, A. B. (2022). *Armando Ferrari. Il pensiero e le opere. Saggi psicoanalitici* (Vol. 1: la teoria; Vol. 2: la clinica). P. Carignani, P. Bucci, I. Ghigi, & F. Romano (Orgs.). FrancoAngeli.

Sobre os organizadores

Paolo Carignani

Psicólogo e psicanalista, membro do Centro Studi Martha Harris e da Tavistock Society of Psychotherapists. Docente em várias escolas de psicoterapia psicanalítica, colabora com revistas especializadas, italianas e estrangeiras, sobre os temas da relação corpo-mente, da psicanálise de crianças e adolescentes e da relação entre filosofia e psicanálise. É sua a organização da edição inglesa das obras de A. B. Ferrari, *From the eclipse of the body to the dawn of thought*, por conta da Free Association Books e, em colaboração com Fausta Romano, de *Prendere corpo*, pela FrancoAngeli. Ainda, pelo *International Journal of Psychoanalysis*, publicou "'Psyche is extended: from Kant to Freud".

Fausta Romano

Psicóloga e psicoterapeuta do indivíduo e da família, desenvolve atividade clínica e supervisões clínicas individuais e em grupo. Como psicóloga responsável junto ao Serviço de Saúde Mental de Roma, foi discípula e colaborou com o prof. Armando B. Ferrari de 1985 a 2006, ou seja, até o final da vida de seu mentor. Um ano antes, em 2005, Ferrari fundou o Istituto Psicoanalitico di Formazione e Ricerca "A.B. Ferrari", do qual Fausta Romano é presidente desde 2006. Publicou artigos sobre psicose e adolescência. Em colaboração com G. Margherita, organizou o número 38 da revista *Funzione Gamma*, "Adolescenti, gruppo e nuove rappresentazioni al tempo di Internet". Contribuiu com o número 47 da mesma publicação, "Polifonia del corpo in psicoanalisi", com um artigo intitulado "Da soma a psiche. Il viaggio dei sapiens", junto com Anna Siniscalco e Roberto Seghetti. Com Paolo Carignani organizou o livro *Prendere corpo*, publicado pela editora FrancoAngeli em 2006.

GRÁFICA PAYM
Tel. [11] 4392-3344
paym@graficapaym.com.br